AF172834

Quick Guide

Reihe herausgegeben von
Springer Fachmedien Wiesbaden
Wiesbaden, Deutschland

Quick Guides liefern schnell erschließbares, kompaktes und umsetzungsorientiertes Wissen. Leser erhalten mit den Quick Guides verlässliche Fachinformationen, um mitreden, fundiert entscheiden und direkt handeln zu können.

Cassandra Peinert-Elger
Alexander Magerhans

Quick Guide Usability

Wie Sie Produktflops vermeiden und eine nutzergerechte User Experience schaffen

Cassandra Peinert-Elger
Jena, Deutschland

Alexander Magerhans
Ernst-Abbe-Hochschule Jena
Jena, Deutschland

ISSN 2662-9240   ISSN 2662-9259 (electronic)
Quick Guide
ISBN 978-3-658-41468-9   ISBN 978-3-658-41469-6 (eBook)
https://doi.org/10.1007/978-3-658-41469-6

Die Deutsche Nationalbibliothek verzeichnet diese Publikation in der Deutschen Nationalbibliografie;
detaillierte bibliografische Daten sind im Internet über https://portal.dnb.de abrufbar.

Planung/Lektorat: Claudia Rosenbaum
Springer Gabler ist ein Imprint der eingetragenen Gesellschaft Springer Fachmedien Wiesbaden GmbH
und ist ein Teil von Springer Nature.
Die Anschrift der Gesellschaft ist: Abraham-Lincoln-Str. 46, 65189 Wiesbaden, Germany

Vorwort

Gratulation, Sie haben sich für einen spannenden Ratgeber aus der Quick-Guide-Reihe vom Springer Gabler-Verlag entschieden. Darin haben wir den Versuch unternommen, Ihnen aktuelle Erkenntnisse der Usability-Forschung zu präsentieren.

Produkt-Flops verursachen jedes Jahr enorme Kosten. Aus unserer Sicht müsste dies nicht so sein. Würden sich mehr Unternehmen bei der Analyse, Konzeption und Umsetzung ihrer Produktideen konsequent am User Centered Design, am Goal Directed Design und/oder Design Thinking orientieren, wären viele Produkt-Flops vermeidbar. Dies gilt für physische und digitale Produkte gleichermaßen.

Im Rahmen der folgenden Abhandlung konzentrieren wir uns auf die Analyse, Konzeption und Umsetzung von digitalen bzw. interaktiven Systemen. Im Mittelpunkt des Interesses stehen dabei Websites und mobile Applikationen. Die vorgestellten Usability-Methoden haben sich in der Praxis bewährt und können Ihnen dabei helfen, Produkt-Flops zu vermeiden.

Das Buch basiert auf unserer langjährigen Erfahrung in der Durchführung von Usability-Tests und dem Verfassen von Expertengutachten. Diese Erfahrungen konnten wir nur sammeln, weil uns sehr viele Probanden ihr Vertrauen geschenkt und an den Usability-Tests in Göttingen und Jena teilgenommen haben. Wir haben viel von den Probanden und ihren Web-Erfahrungen gelernt. Daher gilt ihnen unser ganz persönlicher Dank.

An dieser Stelle möchten wir uns auch ganz herzlich bei Beatrice Reich-Franke und Susann Siedentopf bedanken. Sie haben, trotz eines vollen Terminkalenders, das Manuskript Korrektur gelesen und uns sehr hilfreiche Verbesserungsvorschläge gemacht. Danke dafür, ihr seid ganz wunderbar. Ein herzliches Dankeschön geht auch an Luisa Czora vom Springer Gabler-Verlag. Sie hat uns während der Manuskripterstellung immer wieder gut beraten und motiviert.

Wir wünschen Ihnen, liebe Leserinnen und Leser, eine spannende und erkenntnisreiche Lektüre. Sie als Nutzer dieses Quick Guides sind aufgerufen, mit uns in einen Dialog einzutreten. Haben Sie Verbesserungsvorschläge oder Anmerkungen, dann lassen Sie uns das bitte wissen. Schreiben Sie uns einfach eine E-Mail. Wir werden auf jeden Fall antworten.

Jena, Deutschland   Cassandra Peinert-Elger
im März 2023   Alexander Magerhans

Inhaltsverzeichnis

1   Einleitung   1
    Literatur   5

2   Warum Usability wichtig ist (?) – Flop-Vermeidung   7
    2.1   Produkt-Flops und Flop-Quote – die
          Allgegenwärtigkeit von Produkt-Flops   7
    2.2   Ursachen und Beispiele   9
    2.3   Produkt-Flops aufhalten – Was bedeutet Usability
          und User Experience?   15
    Literatur   20

3   Wie integriere ich Usability-Management
    im Unternehmen (?) – Make or Buy   23
    3.1   User Centered Design   23
          3.1.1   Grundsätze des User Centered Designs   25
          3.1.2   Phasen des User Centered Design-Prozesses   26
    3.2   Goal Directed Design   30
          3.2.1   Grundsätze des Goal Directed Designs   31
          3.2.2   Phasen des Goal Directed Design-Prozesses   32

3.3   Design Thinking   34
       3.3.1   Grundsätze des Design Thinkings   35
       3.3.2   Phasen des Design Thinking-Prozesses   40
3.4   UX-Reifegradmodelle   47
3.5   Eigen- vs. Fremdmarktforschung   52
3.6   Eine geeignete Agentur bzw. ein geeignetes
       Institut finden   53
Literatur   58

4   Wann erforsche ich die Usability (?) – von Planung bis
    Einsatz   59
4.1   Die Elemente des Nutzungskontextes und seine
       Bedeutung für die menschzentrierte Gestaltung   59
       4.1.1   Die Elemente des Nutzungskontextes   59
       4.1.2   Die Bedeutung des Nutzungskontextes
                für die menschzentrierte Gestaltung   64
4.2   Analyse – Nutzerforschung und -verständnis   65
       4.2.1   Beobachtungen   65
       4.2.2   Befragungen   71
       4.2.3   Beschreibung des Nutzungskontextes   86
4.3   Konzeption – Ideenkreation und
       Prototypenentwicklung   98
       4.3.1   Use Cases   98
       4.3.2   Wireframes   101
       4.3.3   Mockups und Prototypen   104
       4.3.4   Suchmaschinenoptimierung (SEO)
                und Keyword-Analyse   107
       4.3.5   Card Sorting   110
4.4   Durchführung – Ideenumsetzung und Testung   116
       4.4.1   Usability-Tests – Dem Nutzer über die
                Schulter geschaut   116
       4.4.2   Experten-basierte Evaluation   141
       4.4.3   Online- oder Onsite-Befragungen   149
Literatur   154

5 Welche Usability-Ansätze sind außerdem sinnvoll (?)   159
5.1   Eyetracking-Studien   159
5.2   Web-Analytics   161
5.3   A-/B-Tests und multivariate Tests   165
5.4   Social-Media-Monitoring   170
5.5   Zufriedenheitsanalysen   174
5.6   Benchmarking   177
Literatur   179

6 Wohin geht die Usability-Reise (?)   181
6.1   Menschen   182
6.2   Daten   186
    6.2.1   Big Data   188
    6.2.2   Künstliche Intelligenz   193
6.3   Daten & Menschen   194
Literatur   195

7 10 Top-Tipps für eine bessere Usability   197
Literatur   198

Literatur   199

Über die Autoren

Cassandra Peinert-Elger studierte an der Ernst-Abbe-Hochschule Jena im Bachelor Business Administration und im Master General Management. Vor allem lagen die Schwerpunkte ihrer Ausbildung auf Marketing, Wirtschaftsinformatik, Entrepreneurship und Innovation. Bereits im Rahmen ihrer Masterarbeit führte sie zahlreiche Interviews mit Experten ausgewählter Unternehmen zu den Themen Usability und User Experience mit der zentralen Fragestellung wie man digitale Produkt-Flops vermeiden kann. Derzeit ist sie in einem Großunternehmen des Online-handels im Produktmanagement sowie Online-Marketing beschäftigt. Zu ihren Aufgaben zählen insbesondere die Produkt- und Shop-Betreuung, strategische Produkt- und Sortimentsentwicklung, Content-erstellung, Markt- und Trendbeobachtungen sowie Wettbewerbsanalysen.

Prof. Dr. Alexander Magerhans war mehrere Jahre bei einer renommierten Usability-Agentur als Research Consultant tätig. Dort beschäftigte er sich mit der Optimierung von Websites, Apps und Intranets. Derzeit unterrichtet er an der Ernst-Abbe-Hochschule in Jena am Fachbereich Betriebswirtschaft Marketing. Als Leiter des Usability-Labors im Schwerpunkt Marketing führt er kontinuierlich Usability-Tests durch und schreibt Expertengutachten. Zu seinen Schwerpunkten in Forschung und Lehre zählen u. a. Online-Marketing und Usability und Engineering sowie Handelsmarketing und -management.

1

Einleitung

Herzlich willkommen auf Ihrer Reise durch die Welt der Usability-Forschung. Sind Sie gerade mit der Analyse einer Produktidee beschäftigt? Arbeiten Sie bereits an einem konkreten Produktkonzept? Oder wollen Sie wissen, wie gut Ihre Nutzer mit Ihrer Website und/oder App klarkommen? Dann sollten Sie gleich in Kapitel zwei einsteigen und sich mit den dort präsentierten Ansätzen des menschzentrierten Designs beschäftigen. Vorher können Sie aber noch einen Blick auf Abb. 1.1 werfen und sich mit den wichtigsten Gründen für Produkt-Flops vertraut machen.

Die Entwicklung von Benutzerschnittstellen, welche sämtliche Bestandteile von Soft- oder Hardware zur Aufgabenerledigung für den Benutzer beinhalten, sind für lange Zeit lediglich durch Mitarbeiter des Ingenieurwesens und der Informatik entwickelt und in interaktive Systeme eingebettet worden. Ferner schien es nur bedeutend, wie viele und welche Funktionen eines Systems angeboten werden, wohingegen die Gebrauchstauglichkeit erst mit zunehmender Funktionsvielfalt an Bedeutung gewann (vgl. UXQB e.V., 2018, S. 13). Die sich daraus ergebenden Konsequenzen entsprechen vermeintlich bereits erläuterten benutzerunfreundlichen Systementwürfen, welche im Nachhinein korri-

C. Peinert-Elger, A. Magerhans, *Quick Guide Usability*, Quick Guide, https://doi.org/10.1007/978-3-658-41469-6_1

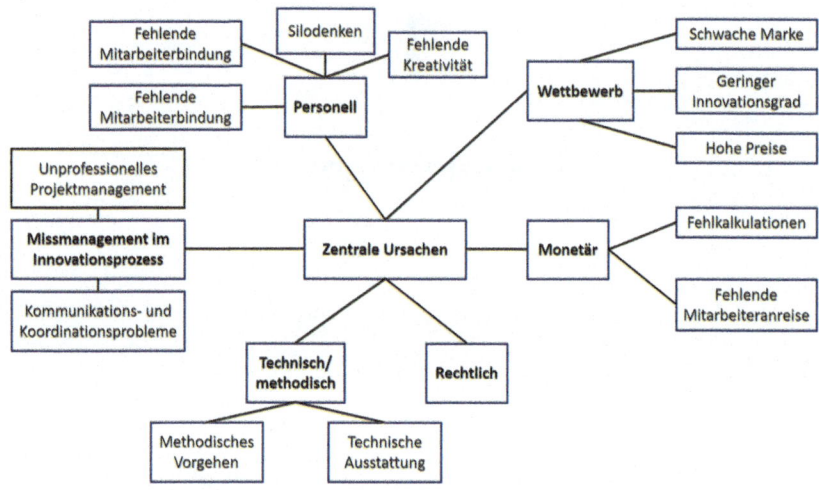

Abb. 1.1 Gründe für Produkt-Flops – eigene Darstellung

giert oder gar neugestaltet werden müssen. Der Einsatz von Zeit und Geld sowie die Erhöhung der Unzufriedenheit sind zudem denkbare Folgen dieses Vorgehens. Insofern nimmt die Berücksichtigung der Usability für die gesamte User Experience der Kunden sowie für Unternehmen und deren wirtschaftlichen Erfolg einen unvergleichlichen Stellenwert ein. Im Angesicht dessen ist entschieden anzunehmen, dass die Erstellung des Designs, welches als ganzheitliche Gestaltung insbesondere der Gebrauchstechnik und der Ästhetik verstanden wird (vgl. Meckel, o. J.), sowie des User Interfaces unter einer koordinierten und gelenkten Einbeziehung des Nutzers stattfinden müsste, um den Produkterfolg zu garantieren.

Das Buch ist in **fünf Kapitel** unterteilt, deren Inhalte wir Ihnen einleitend kurz vorstellen möchten:

- Im **zweiten Kapitel** klären wir die Frage: Warum sind Usability und User Experience für die Vermeidung von Produkt-Flops wichtig? Dafür ist es erforderlich, dass wir die Begriffe „Usability" und „User Experience" definieren und den Zusammenhang zwischen den beiden Konzepten aufzeigen.
- Wie lässt sich das Usability-Management im Unternehmen implementieren? Dieser Frage gehen wir im **dritten Kapitel** nach. Wir haben für Sie drei verschiedene Ansätze ausgewählt, die Ihnen dabei helfen können, Produkt-Flops zu verhindern. Konkret handelt es sich um den User Centered Design-Prozess, den Goal Directed Design-Prozess und das Konzept des Design Thinkings.
- Im **vierten Kapitel** stellen wir Ihnen zahlreiche Usability-Methoden vor, die Sie in zur Analyse, Konzeption und Umsetzung Ihrer digitalen Produktideen nutzen können.
- Im **fünften Kapitel** erweitern wir den Fokus und präsentieren Ihnen weiterführende Methoden und Marktforschungsansätze, die Sie je nachdem um was für ein Projekt es sich bei Ihnen handelt einsetzen sollten.
- Zum Schluss der Abhandlung wagen wir im **sechsten Kapitel** einen Blick in die Zukunft der Usability-Forschung und thematisieren den Zusammenhang zwischen Menschen und Daten.

Der Aufbau des Buches ist für Sie in Abb. 1.2 grafisch wiedergegeben.

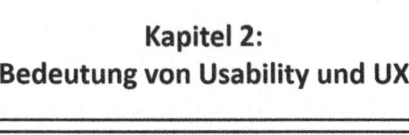

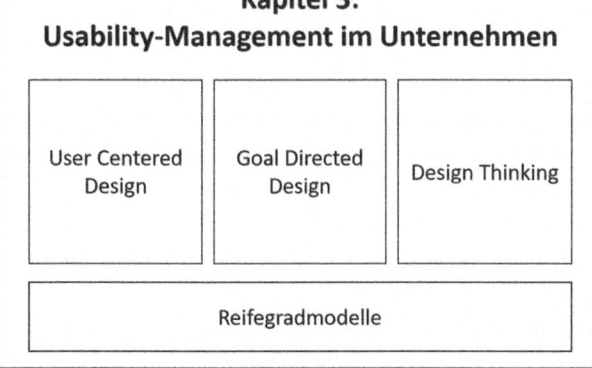

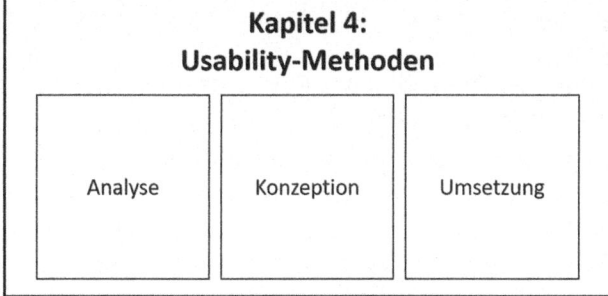

Abb. 1.2 Aufbau des Buches – eigene Darstellung

Literatur

Meckel, A. (o.J.). Design. Gabler Wirtschaftslexikon. https://wirtschaftslexikon. gabler.de/definition/design-31354. Zugegriffen am 04.11.2020.

UXQB e.V. (Hrsg.). (2018, März 23). CPUX-F Curriculum und Glossar. Version 3.15 DE.

2

Warum Usability wichtig ist (?) – Flop-Vermeidung

Was Sie aus diesem Kapitel mitnehmen:
* Warum kommt es zu Produkt-Flops?
* Was können Sie dagegen tun?
* Was versteht man unter Usability und User Experience?

2.1 Produkt-Flops und Flop-Quote – die Allgegenwärtigkeit von Produkt-Flops

Die Welt bewegt sich – schneller denn je. Die Globalisierung und Digitalisierung dynamisieren das Wirtschaftswachstum, welches bedeutsam für den Erhalt des Wohlstands einer Bevölkerung ist (vgl. Arend & Zimmermann, 2009, S. 57; Rockstroh & Zahn, 2019, S. 84). Damit wirtschaftlicher Erfolg garantiert werden kann, ist es offensichtlich notwendig, dass Waren und Dienstleistungen markt- sowie konkurrenzfähig sind und bleiben. Diese Wettbewerbsdynamik lässt sich unter anderem anhand der zahlreichen Firmenneugründungen und Start-ups erkennen, welche entscheidender Gegenstand des Innovationsantriebes sind (vgl.

© Der/die Autor(en), exklusiv lizenziert an Springer Fachmedien Wiesbaden GmbH, ein Teil von Springer Nature 2023
C. Peinert-Elger, A. Magerhans, *Quick Guide Usability*, Quick Guide, https://doi.org/10.1007/978-3-658-41469-6_2

Thönnessen, 2020, S. 41). Allerdings ist ebenfalls eine Überschwemmung von Produkten und ein damit einhergehender Angebots- und Informationsüberhang am Markt zu verzeichnen, welche eine Überforderung der Konsumenten zur Folge hat (vgl. Krengel, 2013, S. 3). Zudem existiert gegenwärtig eine Flop-Rate von bis zu 90 % aller Neueinführungen an deutschen Branchenmärkten, welche dem erhöhten Leistungs- und Produktangebot möglicherweise obliegt (vgl. Müller & Schroiff, 2013; Kreutzer & Land, 2017; Haller, 2018).

Produkt-Flops

„Diejenigen Neuentwicklungen, die sich am Markt nicht durchsetzen können und kurz nach der Markteinführung, also noch weit vor Beendigung des Produktlebenszyklus zurückgezogen werden, nennt man **Flops** (Moog, 2004, S. 185). Mit dem Begriff des **Produkt-Flops** ist also das Scheitern eines (digitalen) Gutes am Markt gemeint (vgl. Breiter, 2012, S. 19). Dieses Scheitern kann sämtlichen Phasen des Innovations- und Entwicklungs- sowie dem Vertriebsprozess zugrunde gelegt werden (vgl. Skowronek, 2016, S. 79). Demzufolge sind die Phasen vor und nach der Markteinführung eines Produktes zu betrachten. Setzt man deren Zahl mit der insgesamt am Markt neu platzierter Produkte ins Verhältnis, so errechnet sich daraus die **Flop-Rate**" (Moog, 2004, S. 185).

Wann also scheitert ein Produkt und was genau ist unter einem Produkt-Flop zu verstehen? Im Bereich der Fast Moving Consumer Goods (FMCG) ist grundsätzlich von einem Produktversagen die Rede, wenn es vom Markt genommen wird. Pro Jahr erfolgen ca. 30.000 deutsche FMCG-Neueinführungen, wovon bis zu 70 % im ersten Jahr den Markt verlassen. Demgegenüber sollen 17 % einen tatsächlichen Erfolg verzeichnen, welcher durch eine hohe Käuferreichweite und durch Wiederholungskäufe beschrieben ist (vgl. Müller & Schroiff, 2013, S. 15; Haller, 2018, S. 288). Jedoch ist dies nur eine von zahlreichen Ansichten und Definition für Produktversagen. Eine derartige Quote kann ebenfalls stark von der Branche und von dem Begriffsverständnis eines Flops abhängig sein. 25 bis 45 % der Innovationen, die es überhaupt an den Markt schaffen und nicht vorher schon aus dem Entwicklungs- und Einführungsprozess austreten, werden zu einem Verkaufsfiasko (vgl. Cooper,

2010, S. 11). Ebenso kann ein Produkt als gescheitert angesehen werden, wenn es keine Kostenamortisierung erreicht. Dies bedeutet aber auch, dass ein erfolgreiches Produkt nur kurzfristig am Markt bestehen bleiben kann, solange es die Entwicklungskosten erwirtschaftet. Wie man sieht, gibt es eine Vielzahl an Definitionen für einen Produkt-Flop.

Definieren Sie Produkt-Flops

Unternehmen sollten für sich im Vornherein einen Produkt-Flop definieren, um diesen auch im Unternehmen messen und alle dazu führenden Ursachen aufschlüsseln zu können.

2.2   Ursachen und Beispiele

Grundsätzlich kann das Scheitern eines Produktes zunächst in Barrieren und Hemmnissen von Innovationen gesehen werden. Dazu gehören der **Mangel an finanziellen Mitteln und Fachpersonal, rechtliche Regelungen** und das **unzureichende Management des Innovationsprozesses.** Zu personalen Hemmnissen gehören hierbei fehlende Kreativität, Widerstände aufgrund von Silodenken oder Unternehmensveränderungen sowie mangelnde Qualifikation der Mitarbeiter. Organisatorische Hemmnisse sind gekennzeichnet durch unternehmens-koordinative Probleme, unzureichende Kommunikation und minderwertiges Projektmanagement. Nicht kalkulierte Kosten, finanzielle Engpässe und fehlende Anreize für die Mitarbeiter werden der Kategorie monetärer Hemmnisse zugeordnet. Zu den technischen Hemmnissen als Ursache des Innovationsversagens werden mitunter veraltetes methodisches Vorgehen und überholte technische Ausstattung gezählt (vgl. Kaps et al., 2010, S. 14; Astor et al., 2013). Daneben üben der **Wettbewerb,** die **Marke** und der **Preis** Einfluss auf einen Produkterfolg aus. Dabei ist es wichtig herauszufinden, welche Vorteile die Konkurrenz aufweist, indes man sich an harten und weichen Faktoren orientiert. Leistungsdaten und Kosten gehören beispielsweise zu den harten Faktoren während Image, Werbung oder eine bessere Konsumentenfürsorge zu den weichen Faktoren zu zählen sind. Während

technische Probleme behoben werden können oder gar nicht erst auftreten müssen, möge die Überlegenheit der Mitbewerber demnach stets
als eine Flop-Voraussetzung berücksichtigt werden. Auch eine verkannte
potenzielle Nutzerschaft kann zum Versagen führen.

Gründe für Produkt-Flops

Das Nichtverstehen von Bedürfnissen, Forderungen und Nutzerfähigkeiten
stellen diesbezüglich Risiken dar, insbesondere hinsichtlich langer Ent-
wicklungszeiten, in welchen sich die Anforderungen der Zielgruppe ändern
können. Angebrachte Änderungen des Entwicklungsvorhabens als Reaktion dessen, fallen Unternehmen schwer. Auch aufgrund entstehender
Betriebsblindheit erfolgt möglicherweise keine notwendige Projekt-
anpassung und die Entwicklung ist zum Scheitern verurteilt.

Darüber hinaus ist ebenso der Preis, der bei 60 % aller Innovationen zu
hoch ist, maßgeblich für den Produkt(miss)erfolg (vgl. Haller, 2018).

Gegenüber der Hürde, der sich stetig wandelnden Kundenanforderungen, können zu innovative Produkte auch zu Kundenüber-
forderung führen. So ist ein erhöhter Innovationsgrad als Gefahr anzusehen, da sich die Anwender an diesen hinsichtlich eines technischen,
mentalen und sozialen Wandels anpassen müssen. Zudem ist ein
Flop-Faktor ein unbeständiger Entwicklungsrahmen. Zu diesem zählen
Misstrauen und Rivalität im unternehmenspersonellen Umfeld, vor
allem zwischen Unternehmensabteilungen und zwischen Entwicklern
sowie Unternehmensleitung. Dem hinzukommend können Ent-
wicklungsprojekte untereinander im Wettbewerb stehen und auch die
vom Staat auferlegte Innovationspolitik oder gar rechtliche Gegebenheiten,
welche möglicherweise ständigen Änderungen unterliegen, kann eine
Innovationsbarriere darstellen (vgl. Bauer, 2016, S. 127 f.).

Eine Flop-Rate von 80 % neu eingeführter Produkte ist außerdem der
fehlenden Markenstärke zu verdanken, wodurch keine Kundenbindung
erfolgt (vgl. Gutjahr, 2019, S. 3). Neben Gütern schwacher Marken
scheitern ebenso jene starker Marken aufgrund umsatzsteigernder Motive und toxischen Entschlüssen im Produkt- und Marketingmanagement
(vgl. ebd., S. 158).

Unser Buchtipp zu Produkt-Flops

Bezugnehmend zu Marke und Marketing als Flop-anfällige Bereiche, ist das Buch „Warum Produkte floppen – Die 10 Todsünden des Marketings" von Müller und Schroiff (2013) zu empfehlen.

Neben zentralen Ursachen betrachten wir nun genauer spezifische **Flop-Ursachen im digitalen Gebrauchskontext.** Dabei werden ausschließlich interaktive Systeme als digitale Güter beleuchtet, die beispielsweise Softwareprodukte auf technischen Geräten (Firmware, Betriebssysteme), Webanwendungen, Desktopanwendungen (Programme) oder Features, die eine Funktion einer Software darstellen, sein können.

Was sind digitale Güter?

Grundsätzlich handelt es sich bei digitalen Gütern um Systeme, die mit dem Menschen als Benutzer interagieren.

Probleme mit digitalen Gütern stellen sich zumeist als eine Systembenutzung heraus, die unangenehm, ineffizient oder nicht realisierbar in einem Nutzungskontext ist (vgl. Sarodnick & Brau, 2015). Zudem können **technisches Versagen, Konstruktionsfehler gestalterischer Gegebenheiten** und ein **negatives Nutzererlebnis** Gründe für einen Produkt-Flop sein. Technisches Versagen führt dazu, dass das System gar nicht wie angenommen funktioniert und somit nicht benutzt werden kann. Die Gestaltung der Software ist wichtig, damit der Nutzer auch erkennt, wie bspw. eine Anwendung zu benutzen ist. Wenn sich ein Anwender nicht sicher ist, wie ein System benutzt wird, dann liegt bereits ein Flop vor, obwohl die technische Funktionsfähigkeit vollständig gegeben sein kann. Ein negatives Erlebnis bedeutet, dass trotz vorhandener technischer und gestalterischer Voraussetzungen kein vom Benutzer wünschenswertes Erlebnis angesichts der Interaktion wahrgenommen wird. Während das Design und die Nutzeroberfläche qualitativ und objektiv ausgewertet werden können, sind die Gefühle und Gedanken der Nutzer subjektiv und somit nur schwierig einzuschätzen (vgl. Lombardi, 2013, S. 7).

Beispiele benutzerunfreundlicher Faktoren sind folgende **Gestaltungs-** und **Konstruktionsfehler** (Lombardi, 2013, S. 21–168):

- Unmöglichkeit der Steuerung und Bearbeitung eines Systems,
- kognitive Überlastung aufgrund mehrerer Funktionen, die zeitgleiche Aufmerksamkeit bedürfen,
- lange Warte- und Reaktionszeiten des Systems,
- fehlende Beschriftungen, Hinweise, Erklärungen sowie unzureichende Verwendung von Wortlauten und Begriffen (schlechtes Wording),
- verwirrendes Oberflächendesign mit fremden Beschriftungen, Farbkodierungen, Datenausrichtungen und Symbolen,
- unästhetisches bzw. uneinheitliches optisches Design und Haptik,
- verwirrende oder aufwendige Registrierungs- und Anmeldeprozesse,
- fehlende emotionale Verbundenheit zum Produkt,
- gezielte Usability-Hürden zur Vermeidung von Abonnement-Kündigungen oder Profil-Löschungen und
- fehlender Datenschutz.

Speziell im Hinblick auf die Bedienung von **Websites** sind Flop-Gefahren vor allem im **Website-Aufbau**, also falsche Domain-Endungen oder komplexe Domain-Bezeichnungen, ungeschickte Navigationsgestaltung und Menüführung, hohe Ladezeiten und schlechte Erreichbarkeit sowie eine generell schlechte Website-Umsetzung zu nennen.

Websites, die aussehen, als wären sie seit den 2000er-Jahren nicht mehr erneuert und keine Orientierung bieten, sind oftmals veraltet oder technisch nicht dem Content-Management-Standard gerecht umgesetzt. State-of-the-Art-CMS sind zum Beispiel

- Joomla!,
- TYPO3 oder
- WordPress.

Zusammenarbeit mit Agenturen

Es gilt also, falls ein Outsourcing der Websiteerstellung geplant ist, Agenturen und Designer zu beauftragen, welche Referenzwebsites aufzeigen und je nach Unternehmenszielen jeweilige Kompetenzbereiche abdecken können. Im Vorhinein ist es nützlich, sich einen Marktüberblick der Agenturen zu verschaffen (vgl. Keßler et al., 2018, S. 55 ff.).

In Tab. 2.1 sind die größten Internet-Agenturen Deutschlands aufgeführt. Die Zahlen stammen aus dem Jahr 2020.

Außerdem sind mobile Internetnutzer bei der Erstellung positiver Benutzererfahrungen nicht zu vernachlässigen. Gute Websites zeichnen sich dadurch aus, dass sie für den mobilen Gebrauch mit dem Smartphone, Tablet oder Laptop optimiert sind und eventuell ein reaktionsfähiges Design besitzen, wobei die Website je nach Endgerät immer an Displaygröße und -verhältnis angepasst wird. Dazu gehört ebenfalls das Navigationskonzept. Die Struktur einer Internetseite dient zur schnellen Informationsbeschaffung des Anwenders und sollte dementsprechend sinnvoll und übersichtlich sein. Dies kann man mit Tests überprüfen, indem man Feedback einholt oder Beobachtungen des Nutzerverhaltens auf der Website anstellt.

Tab. 2.1 Die größten Internet-Agenturen Deutschlands 2020

Platz	Agentur	Umsatz in Mio. €	Mitarbeiterzahl
1	Reply – Digital Experience	145,78	1027
2	PIA Group	107,72	885
3	Plan.Net Gruppe	103,29	965
4	team neusta	89,38	1102
5	]init[AG	88,84	670
6	diva-e	79,58	722
7	Valtech GmbH	77,84	495
8	Digitas Pixelpark	65,79	652
9	mgm technology partners GmbH	59,01	418
10	SYZYGY AG	45,33	400

Quelle: Statista GmbH 2022

Lange Ladezeiten sind zudem Ursache dafür, weshalb Nutzungs-
abbrüche vorliegen. Wenn der Server nicht erreichbar oder die Server-
kapazität begrenzt ist, sodass die Herstellung der Internetseite dauert,
verlassen Benutzer die Seite und brechen demnach die Anwendung ab.
Dies nennt man auch Bounce Rate oder Absprungrate. Die Ladezeit
einer Website sollte nicht länger als 3,2 s betragen, um einem Nutzungs-
abbruch entgegenzuwirken.

Bounce Rate

Die **Bounce Rate** gibt an, wieviel Prozent der Nutzer nach kurzer Zeit
(5–10 s) eine Seite wieder verlassen. Google Analytics jedoch definiert die
Bounce Rate als Anzahl der Nutzer, die nur eine Seite des gesamten Inter-
netauftritts in einer gesamten Zeitspanne besucht haben im Verhältnis zur
Gesamtanzahl der Nutzer. Somit kann ein Anwender eine halbe Stunde auf
einer Homepage verbringen, ohne eine Unterseite aufzurufen und gilt
demnach als „Bounce", also „Absprung", wenn keine weitere Aktivität gemessen werden kann (vgl. Alby, 2017, S. 495).

Weiterhin können falsche Annahmen über die **Zielgruppe** ausschlaggebend für einen Produktmisserfolg sein. Fehlende Kenntnisse über Ihre
potenzielle Kundschaft führen zu einer nicht optimalen Ansprache Ihrer
tatsächlichen Kunden. Ein Beispiel für falsch ausgerichtetes Marketing
ist das Einblenden von Online-Shop-Anzeigen mit Produkten, die der
Besucher der Website bereits gekauft hat. So können auch das Nutzerverhalten und für den Kunden wichtige Inhalte der Website falsch ein-
geschätzt werden. Indikatoren wie diese sollten nicht nach Bauchgefühl
evaluiert, sondern mithilfe einer Aufbereitung von Daten analysiert
werden.

Benutzerunfreundliche Websites zeichnen sich oftmals durch
Orientierungslosigkeit, Unübersichtlichkeit aufgrund zu vieler zu ver-
arbeitender Sinneseindrücke und unwichtiger Inhalte, unzureichende
Suchfunktionen, komplexe Registrierungsprozesse und Formularein-
gaben, Sackgassen-Seiten mit Error-Warnung ohne weiterführende Hilfe-
stellungen oder schlechtes Ranking in Suchmaschinen aus (Keßler et al.,
2018, S. 58 ff.).

2.3 Produkt-Flops aufhalten – Was bedeutet Usability und User Experience?

Nun konnten Sie bereits vieles über Gestaltung, Design und Nutzerfreundlichkeit lesen. Die Handhabung interaktiver Systeme und die Art und Weise der Bedienung scheinen also wichtig, damit auch das Nutzererlebnis während der Bedienung dieser Produkte positiv ist und folglich ein Produkterfolg verzeichnet werden kann.

Gibt man in der Suchmaschine Google den Suchbegriff Usability ein, erhält man 2 Mrd. Ergebnisse, wohingegen vor zehn Jahren lediglich rund 20 Mio. Einträge vorzufinden waren (vgl. Eberhard-Yom, 2010, S. 5). Folglich kommen verhältnismäßig viele verschiedene Begriffsbestimmungen vor. So definiert Usability-Vorreiter und der von der New York Times im Jahr 1998 getaufte „Guru der Benutzerfreundlichkeit von Internetseiten" (Richtel, 1998) Jakob Nielsen schon sehr früh den Begriff als „der Grad an Qualität, in welchem der Benutzer die Interaktion mit etwas erlebt." (Jakob Nielsen zitiert nach (Borsutzky, 2002). Analog dazu ist unter Usability ein „Gütekriterium für die Gestaltung einer Benutzeroberfläche" zu verstehen, die im Rahmen eines technischen Produktsystems in Bezug zur tatsächlichen und gegenwärtigen Verwendung und hinsichtlich des Nutzungskontextes beurteilt werden soll (Richter & Flückiger, 2016, S. 10). In anderen Worten bedeutet dies, dass festgestellt wird, wie gut oder schlecht ein Benutzer in der Lage ist, ein System als Hilfsmittel zur Aufgabenbewältigung einzusetzen. Somit kann Usability bereits vorliegen, wenn das Ziel des Nutzers durch adäquate Aufwandsbetreibung erreicht wird (vgl. Weichert et al., 2018, S. 22), wohingegen ebenso Usability auch als soziologisches Beziehungsmerkmal zwischen Mensch und Technik verstanden werden kann (vgl. Janda, 2019). Neben diesen Begriffsinterpretationen kann Usability unter anderem auch in Gebrauchstauglichkeit, Nutzungsfreundlichkcit, Benutzerfreundlichkeit, Benutzbarkeit oder Bedienbarkeit übersetzt werden. Kurzum sind vielfältige Erklärungen vorzufinden, gleichwohl der Inhalt der Norm DIN EN ISO 9241-11 als Leitdefinition anzusehen ist, welcher Usability als „das Ausmaß, in dem ein System durch bestimmte Benutzer in einem bestimmten Nutzungskontext genutzt werden kann, um bestimmte Ziele effektiv, effizient und zufriedenstellend zu erreichen", beschreibt (UXQB e.V., 2018, S. 10).

Während unter einer effizienten Zielerreichung ein geringer Aufwand zur Aufgabenerledigung gemeint ist (z. B. wenige Klicks, einfache Klickpfade zur gesuchten Information), ist unter Effektivität die sinnvolle Hilfestellung des interaktiven Systems bei der Zielerreichung gemeint (z. B. Suchvorschläge, Recommendation Systeme, FAQs). Schließlich müssen alle Aspekte zu einer Zufriedenheit führen, welche im Kunden den Wunsch einer erneuten Produktanwendung, wie beispielsweise einen Website-Besuch auslöst (vgl. Keßler et al., 2018, S. 442).

Das Zentrum aller Definitionen ist schließlich die wahrgenommene Benutzungsfreundlichkeit während der Benutzung eines interaktiven Systems, welches den User durch das Zusammenspiel von Soft- und Hardware sowie Dienstleistungen bei seiner Aufgabenerledigung und Zielerreichung unterstützt (vgl. UXQB e.V., 2018, S. 13; Sarodnick & Brau, 2015, S. 20).

Dimensionen der Usability

„Usability: Das Ausmaß, in dem ein interaktives System von bestimmten Benutzern benutzt werden kann, um in einem bestimmten Nutzungskontext bestimmte Ziele effektiv, effizient und zufriedenstellend zu erreichen." (DIN EN ISO 9241-11; Geis & Tesch, 2019, S. 14).

„Ziel: Das angestrebte Arbeitsergebnis" (Geis & Tesch, 2019, S. 14).

„Effektivität: Die Genauigkeit und Vollständigkeit, mit denen Benutzer festgelegte Ziele erreichen" (Geis & Tesch, 2019, S. 15).

„Effizienz: Die verwendeten Ressourcen in Bezug auf die erzielten Ergebnisse. (Anmerkungen: 1. Ressourcen umfassen Zeit, menschliche Anstrengung, finanzielle und materielle Ressourcen. 2. Effizienz ist ein Attribut von Usability, das auf die Erledigung einer Aufgabe mit einem akzeptablen Einsatz von Ressourcen verweist.)" (Geis & Tesch, 2019, S. 15).

„Zufriedenstellung: Das Ausmaß, in dem die physischen, kognitiven und emotionalen Reaktionen des Benutzers, die sich aus der Nutzung eines interaktiven Systems ergeben, die Bedürfnisse und Erwartungen des Benutzers erfüllen" (Geis & Tesch, 2019, S. 16).

Jacobsen und Meyer (2022, S. 31) weisen darauf hin, dass das Ziel der Usability darin besteht, eine interaktive Anwendung (z. B. Ihre Website oder App) zu konzipieren und umzusetzen, die sich sehr einfach benutzen lässt. Dies erfordert eine intuitive und nutzerfreundliche Gestaltung. Kurz gesagt: der Nutzer soll seine Aufgabe effektiv, effizient und zufriedenstellend lösen können. Die Kernfrage lautet daher: Kann der Nutzer zufriedenstellend seine Absicht bzw. sein Ziel erreichen?

User Experience

„Die Wahrnehmungen und Reaktionen eines Benutzers, die sich aus der Nutzung und/oder der erwarteten Nutzung eines interaktiven Systems ergeben" (DIN EN ISO 9241-210; Geis & Tesch, 2019, S. 17).

Die **Zielstellung der User Experience** ist laut Jacobsen und Meyer (2022, S. 31) weiter gefasst. Der Nutzer soll auch hier die interaktive Anwendung nutzen und damit zufrieden sein. Außerdem soll er sie mit positiven Gefühlen verlassen und im Idealfall zurückkommen und sie erneut nutzen. Außerdem soll er vor und nach der Nutzung positive Gefühle bzw. Emotionen entwickeln. Kurz gesagt: Er soll von der Anwendung rund um begeistert sein. Die Kernfrage lautet daher: Ist der Nutzer mit seinem Gesamterlebnis zufrieden?

Usability und User Experience

„Während **Usability** die Effektivität, Effizienz und Zufriedenstellung bei der tatsächlichen Nutzung eines interaktiven Systems betrachtet, richtet **User Experience** den Blick auf die subjektiven Wahrnehmungen und Reaktionen des Benutzers sowohl vor als auch während und nach der Nutzung" (Geis & Tesch, 2019, S. 19).

Allein die Betrachtung der unmittelbaren Nutzungssituation stellt jedoch nur einen Teil des gesamten Nutzererlebnisses dar, welches auch als User Experience (UX) bezeichnet wird. Die UX wird einerseits beeinflusst durch die Usability als Qualitätsmerkmal von Produkten, andererseits durch die vor und nach der Produktnutzung stattfindende Auseinandersetzung mit der Nutzungssituation (vgl. UXQB e.V., 2018, S. 22). Dies meint, dass vor der Nutzung gewisse Erwartungen (Antizipation) an die Produktinteraktion geknüpft sind sowie nach der Nutzung eine emotionale Annäherung oder Distanzierung (Verarbeitung) zur Nutzungssituation erfolgt. Der Zusammenhang zwischen der Usability und der User Experience ist in Abb. 2.1 visualisiert.

Dabei wirken Emotionen positiver und negativer Art, Verhalten sowie Überzeugungen, Interessen, Wahrnehmungsempfinden und Reaktionen physischer sowie psychologischer Hinsicht sowohl auf die Nutzungsantizipation (Auseinandersetzung) und Verarbeitung der Nutzungssituation als auch auf die tatsächliche Nutzung selbst. Indes sich Usability vorrangig auf die funktionale und pragmatische Interaktion mit dem technischen System bezieht, greift die UX-Betrachtungsweise eingehend die Nutzerperspektive auf (vgl. Richter & Flückiger, 2016, S. 12). Maßgeblich gehören zu dieser die erwartungsgemäße Ansprache und Erfüllung von Nutzerbedürfnissen, die erkannt und verstanden werden sollen, um eine gute UX zu schaffen. Als Grundlage dafür dient Eberhard-Yom (2010) zufolge die Bedürfnispyramide, in welcher vier Voraussetzungen für eine gute UX in Form von Bedürfnisqualitäten beschrieben (vgl. ebd., S. 6).

Usability wird dabei ebenfalls als ein Teil der User Experience aufgezeigt und stellt eine der vier Bedürfnisqualitäten dar. Eine grund-

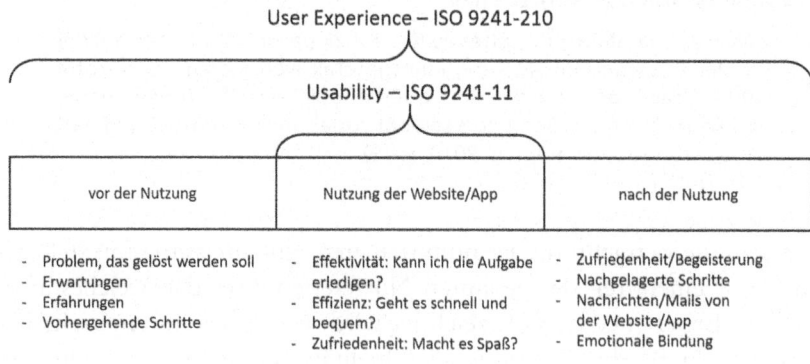

Abb. 2.1 Usability und User Experience – Jacobsen und Meyer 2022, S. 33

legende zu befriedigende Qualität dieser Darstellung nach ist Accessibility (engl. für Barrierefreiheit), also der absolut freie und ungehemmte Zugang, ungeachtet körperlicher oder funktioneller Einschränkungen, zu allen Technologien sowie Informationen. Dies bedeutet, dass sich bspw. Website-Inhalte vorlesen lassen oder dass sich die Schriftgröße und auch -kontrast bearbeiten lassen. Utility wird als Nutzwert unterschiedlicher Funktionalitäten eines interaktiven Systems beschrieben. Während es sich bei der Usability vielmehr darum handelt, wie eine Funktion gestaltet sein soll, bezieht sich die Utility darauf, welche Funktionen gestaltet werden sollen. An der Spitze steht die Freude an der Benutzung oder auch Joy of Use, die durch generelle Gestaltung von Inhalten (z. B. humoristisch oder seriös) sowie optische Schönheit und Design die Empfindungen während der Benutzung anregen, Spaß schaffen und zum erneuten Gebrauch bewegen soll (vgl. ebd., S. 6 ff.).

Ein **User Experience Professional** ist ein Fachmann bzw. eine Fachfrau, der bzw. die einen oder mehrere der folgenden Verantwortungsbereiche in einem Projekt hat (Geis & Tesch, 2019, S. 20):

1. Planung und Management des Prozesses menschzentrierter Gestaltung
2. Identifizieren und Beschreiben des Nutzungskontextes
3. Ableiten der Nutzungsanforderungen
4. Erstellen der Informationsarchitektur und der Navigationsstruktur
5. Definition und Konzeption der Interaktion zwischen Menschen und dem interaktiven System basierend auf dem Nutzungskontext und den Nutzungsanforderungen
6. Entwerfen des grafischen Teils der Benutzungsschnittstelle
7. Durchführung von Usability-Evaluierungen von Benutzungsschnittstellen in verschiedenen Umsetzungsphasen.

Ihr Transfer in die Praxis:

* Beschäftigen Sie sich intensiv mit möglichen Flop-Ursachen.
* Stellen Sie Best Practice-Beispiele der Flop-Vermeidung zusammen.
* Erarbeiten Sie sich ein umfassendes Usability- und User Experience-Verständnis.

Literatur

Alby, T. (2017). Analytics im eBranding. In E. Theobald (Hrsg.), *Brand Evolution* (S. 489–501). Springer.

Arend, J., & Zimmermann, V. (2009). Innovationshemmnisse bei kleinen und mittleren Unternehmen. *KfW-Reserach Mittelstands- und Strukturpolitik,* (43), 57–95. https://www.kfw.de/Download-Center/Konzernthemen/Research/PDF-Dokumente-KfW-Beitr%C3%A4ge-zur-Mittelstands-und-Strukturpolitik/KfW_VW-Beitrag_Nr_043_Langfassung.pdf. Zugegriffen am 22.08.2020.

Astor, M., Dorn, F., Gerres, S., Glöckner, U., Hühnermund, P., Rammer, C., Riesenberg, D., & Schindler, E. (2013). *Untersuchung von Innovationshemmnissen in Unternehmen – insbesondere KMU – bei der Umsetzung von Forschungs- und Entwicklungsergebnissen in vermarktungsfähige Produkte und mögliche Ansatzpunkte zu deren Überwindung.* Zentrum für Europäische Wirtschaftsforschung ZEW.

Bauer, R. (2016). Der Flop als Forschungsgegenstand. *Physik in unserer Zeit, 47*(3), 123–129.

Borsutzky, S. (2002). Web Usability – eine Einführung. Hrsg. v. interactive Tools GmbH. https://www.scoreberlin.de/usability-artikel/web-usability/. Zugegriffen am 24.08.2020.

Breiter, I. (2012). *Markensterben. Ursachen und auslösende Akteure der Markenwertvernichtung.* Zugl.: Bamberg, Univ., Diplomarbeit. Gabler Research.

Cooper, R. G. (2010). *Top oder Flop in der Produktentwicklung. Erfolgsstrategien: von der Idee zum Launch* (2. Aufl.). WILEY-VCH.

Eberhard-Yom, M. (2010). *Usability als Erfolgsfaktor. Grundregeln, User Centered Design, Umsetzung.* Cornelsen.

Geis, T., & Tesch, G. (2019). *Basiswissen Usability und User Experience. Systematisch und strukturiert vom Nutzungskontext zum gebrauchstauglichen Produkt. Aus- und Weiterbildung zum UXQB® Certified Professional for Usability and User Experience (CPUX) – Foundation Level (CPUX-F).* dpunkt.

Gutjahr, G. (2019). *Markenpsychologie. Wie Marken wirken – Was Marken stark macht* (4. Aufl.). Springer.

Haller, P. (2018). Herausforderungen an die Markenführung. In M. Bruhn & M. Kirchgeorg (Hrsg.), *Marketing Weiterdenken* (S. 285–300). Springer.

Jacobsen, J., & Meyer, L. (2022). *Usability und UX. Was alle wissen sollten, die Websites und Apps entwickeln* (3. Aufl.). Rheinwerk.

Janda, V. (2019). Usability ist keine Eigenschaft von Technik. In C. Schubert & I. Schulz-Schaeffer (Hrsg.), *Berliner Schlüssel zur Techniksoziologie* (Bd. 3, S. 347–374). Springer.

Kaps, K., Pfeil, S., Sauer, T., & Stoetzer, M.-W. (2010). Strategische Ausrichtung und Innovationstätigkeit von KMU im Raum Jena. Jenaer Beiträge zur Wirtschaftsforschung. Ernst-Abbe-Fachhochschule, Fachbereich Betriebswirtschaft 2010, 3, Jena.

Keßler, E., Rabsch, S., & Mandic, M. (2018). *Erfolgreiche Websites: SEO, SEM, Online-Marketing, Kundenbindung, Usability* (4. Aufl.). Rheinwerk.

Krengel, M. (2013). Kategorisierungseffekte. Eine verhaltenswissenschaftliche Analyse der Wirkung von Sortimentskategorisierungen auf den Auswahlprozess für komplexe Gebrauchsgüter. Zugl.: Wuppertal, Univ., Diss. Springer Gabler (Forschungsgruppe Konsum und Verhalten).

Kreutzer, R., & Land, K.-H. (2017). *Digitale Markenführung. Digital Branding im Zeitalter des digitalen Darwinismus. Das Think!Book.* Springer Gabler.

Lombardi, V. (2013). *Why we fail. Learning from experience design failures.* Rosenfeld Media.

Moog, R. (2004). Flop-Raten. In D. K. Tscheulin & B. Helmig (Hrsg.), *Gabler Lexikon Marktforschung A-Z* (S. 185–186). Gabler.

Müller, T., & Schroiff, H.-W. (2013). *Warum Produkte floppen. Die 10 Todsünden des Marketings.* Haufe.

Richtel, M. (1998). Making Web Sites More ‚Usable‘ IS Former Sun Engineer's Goal. Hrsg. v. New York Times. https://archive.nytimes.com/www.nytimes.com/library/tech/98/07/cyber/articles/13usability.html. Zugegriffen am 06.06.2022.

Richter, M., & Flückiger, M. (2016). *Usability und UX kompakt. Produkte für Menschen* (4. Aufl.). Springer Vieweg.

Rockstroh, J., & Zahn, A. (2019). Der Nutzer meines Kunden ist mein Kunde – UX Design als Service Design und warum es nicht reicht, den eigenen Kunden glücklich zu machen. In H. Fischer & S. Hess (Hrsg.), *Mensch und Computer 2019 – Usability Professionals* (S. 84–89). Gesellschaft für Informatik e.V./German UPA e.V.

Sarodnick, F., & Brau, H. (2015). *Methoden der Usability Evaluation. Wissenschaftliche Grundlagen und praktische Anwendung* (3. Aufl.). Hogrefe.

Skowronek, C. (2016). *Erfolgreiche Produktinnovation. Handlungsempfehlungen zur Reduktion von Flop-Raten.* Diplomica.

Statista GmbH. (2022). Ranking der größten Internetagenturen in Deutschland im Jahr 2020. https://de.statista.com/statistik/daten/studie/183783/umfrage/die-groessten-internetagenturen-in-deutschland/ Zugegriffen am 07.06.2022.

Thönnessen, F. (2020). Start-ups und Unternehmen zu Zeiten der digitalen Disruption. In S. G. Grivas (Hrsg.), *Digital Business Development. Die Auswirkungen der Digitalisierung auf Geschäftsmodelle und Märkte* (S. 27–52). Springer.

UXQB e.V. (Hrsg.). (2018, März 23). CPUX-F Curriculum und Glossar. Version 3.15 DE.

Weichert, S., Quint, G., & Bartel, T. (2018). *Quick Guide UX Management.* Springer.

3

Wie integriere ich Usability-Management im Unternehmen (?) – Make or Buy

Was Sie aus diesem Kapitel mitnehmen:

* Sie lernen das User Centered Design, das Goal Directed Design und den Design Thinking-Ansatz kennen.
* Sie verstehen die Grundidee des jeweiligen Ansatzes und Sie kennen die einzelnen Prozessphasen.
* Ihnen sind verschiedene UX-Reifegradmodelle bekannt.
* Wir zeigen Ihnen Kriterien für die Zusammenarbeit mit einer Agentur auf.

3.1 User Centered Design

Aufgrund der zahlreich genannten Probleme hinsichtlich der Usability, die das Nutzererlebnis nachhaltig beeinträchtigen können und somit eine Bedrohung für den Produkterfolg darstellen, ergibt sich die bedeutsame Konsequenz, Maßnahmen zur Identifizierung und Vermeidung derartiger Risikofaktoren zu ergreifen. Für Unternehmen, welche interaktive

© Der/die Autor(en), exklusiv lizenziert an Springer Fachmedien Wiesbaden GmbH, ein Teil von Springer Nature 2023
C. Peinert-Elger, A. Magerhans, *Quick Guide Usability*, Quick Guide,
https://doi.org/10.1007/978-3-658-41469-6_3

Güter bereitstellen, ist es also wichtig, besagte Probleme hinsichtlich der Usability zu ermitteln, zu erkennen und zu beheben. Diesbezüglich wird im Folgenden auf den entscheidenden Ansatz des menschzentrierten Gestaltungsprozesses, auf die Feststellung von Nutzungsproblemen anhand ausgewählter Evaluationsmethoden und auf Problem-Vermeidungsstrategien eingegangen.

Sie wollen eine möglichst optimale Usability bzw. User Experience Ihres Webangebots erreichen. Dabei kann Ihnen das sogenannte **User Centered Design** behilflich sein. Die Grundidee besteht darin, einen möglichst vollständigen Überblick über die Bedürfnisse, Wünsche und Vorlieben der Nutzer zu erhalten. Nur wenn Sie diese kennen, können Sie Ihre digitalen Angebote zielgruppengerecht gestalten. Daher müssen Sie den Nutzer zum Ausgangspunkt Ihrer Überlegungen machen (Broschart, 2010, S. 310–311).

User Centered Design

„Das Ziel des **User Centered Designs** (der nutzerorientierten Gestaltung) ist es, ein Produkt so zu gestalten, dass für Nutzer eine hohe Gebrauchstauglichkeit (Usability) entsteht. Im Mittelpunkt des Bestrebens liegt der zukünftige Nutzer" (Semler & Tschierschke, 2019, S. 259).

Menschzentrierte Gestaltung

„Herangehensweise bei der Gestaltung und Entwicklung von interaktiven Systemen, die darauf abzielt, diese gebrauchstauglicher zu machen, indem sie sich auf die Verwendung des interaktiven Systems konzentriert und Kenntnisse und Methoden aus den Bereichen der Arbeitswissenschaft, Ergonomie und Usability anwendet" (Geis & Tesch, 2019, S. 31).

3.1.1 Grundsätze des User Centered Designs

Geis und Tesch (2019, S. 36–37) geben einen stark komprimierten Überblick über die Grundsätze des User Centered Designs:

1. **Die Gestaltung beruht auf einem umfassenden Verständnis der Benutzer, Arbeitsaufgaben und Arbeitsumgebungen:** Sie benötigen dieses umfassende Verständnis des sogenannten Nutzerkontextes, damit Sie zuverlässig eine gute Usability und User Experience entwickeln bzw. erreichen können.

2. **Die Benutzer werden während der Gestaltung und Entwicklung einbezogen:** Dabei kann es um das Verstehen des tatsächlichen Nutzungskontextes, die Gestaltung von Lösungen oder die Bewertung von Gestaltungslösungen gehen. Wichtig ist, dass es nicht ausreicht, sich auf Expertenmeinungen oder auf Aussagen von Produktmanagern, Vertriebsmitarbeitern oder Online-Marketing-Managern zu verlassen. Vielmehr kommt es darauf an, dass Ihre Nutzer in die Entwicklung der Website oder App einbezogen werden.

3. **Das Verfeinern und Anpassen von Gestaltungslösungen wird fortlaufend auf der Basis benutzerzentrierter Evaluierung vorangetrieben:** Nur mithilfe einer benutzerzentrierten Evaluation wird es Ihnen gelingen, zu beurteilen, ob Ihre Website oder App über eine gute Usability und User Experience verfügen. Idealerweise erfolgt die Überprüfung in einem Usability-Test schon zu Beginn des Entwicklungsprozesses und später fortlaufend in der Gestaltungs- und Entwicklungsphase.

4. **Der User Centered Design-Prozess ist iterativ:** Um zuverlässig zu überprüfen, ob Ihre Website bzw. App über eine gute Usability oder User Experience verfügen, ist es notwendig immer wieder, das heißt iterativ zu testen. Planen Sie daher entsprechend viele Wiederholungen in Ihrem Testplan ein.

5. **Bei der Gestaltung wird die gesamte User Experience berücksichtigt:** Dazu müssen Sie ganzheitlich alle Einflussfaktoren in der Lösungsgestaltung berücksichtigen.

6. **Im Gestaltungsteam sind fachübergreifende Kenntnisse und Perspektiven vertreten:** Stellen Sie daher ein interdisziplinäres Usability-Team zusammen. Dies ist grundlegend für den Erfolg der menschzentrierten Gestaltung einer Website oder App.

3.1.2 Phasen des User Centered Design-Prozesses

Den Prozess des User Centered Designs sehen Sie in Abb. 3.1 visualisiert.

Phase 1: Empathisierung
Im Mittelpunkt dieses Schrittes stehen die Probleme, die die Anwender mit der Website bzw. App lösen wollen. Dabei geht es nicht um die Probleme, die Sie als Designer oder Entwickler haben. Die Herausforderung besteht für Sie darin, sich in die Nutzer hinein zu fühlen und zu verstehen, wie diese „ticken". Betrachten Sie Ihre Website bzw. App durch die Augen der Nutzer und fragen sich: Was erwarten die Nutzer? Was sind ihre Ziele? Und was könnten auf dem Weg dorthin mögliche Stolpersteine bzw. Hürden sein? Dabei können Ihnen Empathy Maps und Personas behilflich sein (Semler & Tschierschke, 2019, S. 260).

Phase 2: Analyse des Nutzungskontextes
Dieser Schritt dient der Datensammlung. Dabei interessieren Sie sich als Usability Engineer für alle möglichen Daten zum zukünftigen Anwender, um daraus Nutzerprofile bzw. Personas zu erstellen. Zu denken ist an

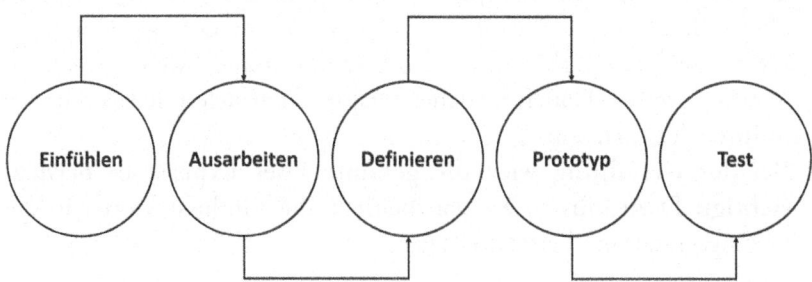

Abb. 3.1 User Centered Design Prozess – Semler und Tschierschke 2019, S. 259

Informationen zu Aufgaben, Zielen, Arbeitsabläufen, Arbeitsumgebung und technische Rahmenbedingungen. Sobald diese Informationen zusammengetragen sind, werden sie ausgiebig analysiert. Basierend auf den gewonnenen Erkenntnissen werden die ersten Entscheidungen über die zu realisierenden Haupt- und Nebenfunktionen der Website bzw. App getroffen (Semler & Tschierschke, 2019, S. 260).

Phase 3: Definition der Anforderungen
Hier erstellen Sie ein Anforderungsprofil in schriftlicher bzw. tabellarischer Form. Dabei müssen Sie die Analyseergebnisse des Nutzungskontextes berücksichtigen. Dieses Anforderungsprofil benötigen Sie später im Prozess in der Entwurfsphase (Schritt 4). Im Kern handelt es sich beim Anforderungsprofil um die Idee der Website bzw. App. Wichtig ist, dass die Anwender damit umgehen können müssen. Daher enthält das Anforderungsprofil eine Liste aller Features, die auf der Website bzw. in der App umgesetzt werden sollen. Damit werden funktionale Wege beschrieben, sogenannte User Journeys, die die Anwender bei der Nutzung des Online-Angebots durchlaufen. Ein weiterer wesentlicher Nutzen des Anforderungsprofils besteht darin, dass Sie in der Lage sind, Ihr Konzept in kurzen Worten zu beschreiben. Dies kann stichpunktartig oder als kurzer Text erfolgen (Semler & Tschierschke, 2019, S. 260).

Anforderungsprofil einer Hörbuch-App

Der Nutzer soll (Semler & Tschierschke, 2019, S. 261):

- schnell umfangreiche Audioinhalte (MP3, WAV, M4U, ZIP, RAR etc.) importieren und sofort hören können
- einen Sleeptimer einstellen können
- die Kapitel eines Hörbuchs einsehen können
- die Metadaten des Hörbuchs bearbeiten können
- Bookmarks setzen können
- einen individuellen Player ausgerichtet für Hörbücher nutzen können

---

Phase 4: Konzeption und Entwurf
In diesem Schritt entwickeln Sie verschiedene Konzepte für die zukünftige Website bzw. App. Die User Journeys bilden dafür die Basis. Sie

helfen Ihnen dabei erste Wireframes zu erstellen. Außerdem visualisieren Sie erstmals den Prozess, den die Anwender auf der Website bzw. in der App durchlaufen sollen. Dazu benötigen Sie Wireframes oder auch Klick-Dummys. Diese sind die Grundlage für weitere Iterationen, um das Wireframe-Konzept zu optimieren. Dadurch erkennen Sie erste Schwachstellen, Zustände und Funktionen, die Sie zuvor noch nicht im Blick hatten. Sie müssen sich in dieser Phase auch mit dem Entwicklungsbereich abstimmen. Schließlich muss sichergestellt sein, dass alles technisch und im Zeitrahmen umsetzbar ist. Meist äußern die Entwickler Einwände. Sie haben aber oft auch gute Verbesserungsvorschläge und Tipps parat. Diese sollten Sie auf jeden Fall auf Ihrer Website bzw. in Ihrer App berücksichtigen (Semler & Tschierschke, 2019, S. 261).

Phase 5: Evaluierung

Dieser Schritt dient dazu, die erstellten Konzepte und Entwürfe mit einer möglichst repräsentativ ausgewählten Nutzergruppe zu besprechen und zu testen. Die zentrale Frage lautet: Wird das Anforderungsprofil erfüllt? Darüber hinaus soll in Erfahrung gebracht werden, ob die Anwender die Website bzw. App auch verstehen und nutzen können. Erst nachdem die Wireframes und Click-Dummies kritisch geprüft wurden und erkennbar ist, dass sie dem Anforderungsprofil entsprechen, können sie von der Entwicklung realisiert bzw. umgesetzt werden (Semler & Tschierschke, 2019, S. 261).

In Tab. 3.1 ist eine idealtypische Rollenverteilung der verschiedenen Akteure des User Centered Design-Prozesses wiedergegeben.

Tab. 3.1 Rollenverteilung im User Centered Design-Prozess

Rolle	Beschreibung
Usability Engineer/User Experience Manager	Diese Person betreut in einer Querschnittsfunktion den menschzentrierten Gestaltungsprozess: - Planung der Teilprojekte - Qualitätssicherung bei allen Aktivitäten im Prozess - erfahren und sicher im Methodeneinsatz - Planung der menschlichen Ressourcen (Teamleitung) - Berichterstattung an das Management
User Requirements Engineer/User Researcher	Diese Person identifiziert und beschreibt den tatsächlichen oder geplanten Nutzungskontext von Nutzern: - Ableitung von Nutzungsanforderungen - Ableitung von organisatorischen Anforderungen
Usability Tester	Diese Person evaluiert die Benutzerschnittstellen in verschiedenen Entwicklungsstadien: - Planung und Leitung der Evaluationen - Kommunikation der Ergebnisse - Interviewer oder Protokollant bei Usability-Tests
Informationsarchitekt	Diese Person kreiert und organisiert die Informationsstruktur in interaktiven Systemen für das effiziente Auffinden durch jede Benutzergruppe: - nutzergerechte Definition und Aufbereitung der Inhalte - nutzergerechte Definition und Aufbereitung der Navigationsstrukturen - konsistente und erwartungskonforme Aufbereitung der Menüpunkte
Interaktionsdesigner	Diese Person definiert und konzipiert die Interaktion zwischen dem Nutzer und dem System: - Berücksichtigung der Nutzungsanforderungen - Berücksichtigung des Nutzungskontextes
User Interface Designer	Diese Person definiert bzw. gestaltet das Benutzererlebnis: - Berücksichtigung des Designs - Berücksichtigung der Nutzungsszenarien (in enger Zusammenarbeit mit dem Interaktionsdesigner) - Erzeugung von interaktiven Prototypen

Quelle: Ludewig 2020, S. 146

3.2 Goal Directed Design

Mittlerweile befinden wir uns im postindustriellen Zeitalter, denn das Industriezeitalter ist endgültig vorbei. Dies ist daran erkennbar, dass unsere Wirtschaft heute von digitalen Technologien und Software-lösungen dominiert wird (Stichwort: Industrie 4.0 und das Internet der Dinge) (Cooper et al., 2010, S. 21).

> **Goal Directed Design**
>
> „Goal Directed Design kombiniert Techniken aus Ethnografie, Stake-holder-Interviews, Marktforschung, detaillierten User-Modellen, Sze-nario-basiertem Design und einem Kernsatz von Interaktionsprinzipien und -mustern. Es stellt Lösungen zur Verfügung, die die Bedürfnisse und Ziele der User befriedigen und gleichzeitig geschäftliche, organisa-torische und technische Requirements erfüllen" (Cooper et al., 2010, S. 49).

Laut Cooper et al. (2010, S. 54–55) lassen sich mittels des Goal Directed Designs die folgenden **Fragestellungen** beantworten:

- Wer sind meine User?
- Was wollen meine User erreichen?
- Wie denken meine User über das, was sie erreichen wollen?
- Welche Arten von Erfahrungen sind für meine User ansprechend und belohnend?
- Wie sollte sich mein Produkt verhalten?
- Welche Form sollte mein Produkt haben?
- Wie wird der User mit meinem Produkt interagieren?
- Wie können die Funktionen meines Produktes am effizientesten orga-nisiert werden?
- Wie stellt sich mein Produkt einem Erstverwender vor?
- Wie kann mein Produkt der Technologie ein verständliches, an-sprechendes und kontrollierbares Gesicht geben?
- Wie kann mein Produkt mit den Problemen umgehen, auf die die User stoßen?

- Wie wird mein Produkt nicht regelmäßigen und unerfahrenen Usern helfen zu verstehen, wie sie ihre Ziele erreichen können?
- Wie kann mein Produkt erfahrenen Usern einen hinreichenden Funktionsumfang und genügend Leistung bieten?

3.2.1 Grundsätze des Goal Directed Designs

Cooper et al. (2010, S. 35) heben in ihrer Definition der auf den Menschen gerichteten Designaktivitäten die folgenden Aspekte als wesensbestimmende Grundsätze des Goal Directed Designs hervor:

- Es kommt darauf an, dass Sie die Wünsche, Bedürfnisse, Motive und Kontexte der User verstehen.
- Darüber hinaus müssen Sie die wirtschaftlichen, technischen und fachspezifischen Möglichkeiten, Anforderungen und Einschränkungen verstehen und beachten.
- Darauf basierend können Sie Pläne zur Erstellung von Produkten entwickeln, deren Form, Inhalt und Verhalten soll nützlich, brauchbar und wünschenswert sein. Außerdem sollen sie wirtschaftlich sinnvoll und technisch machbar sein.

Ziele vs. Aufgaben

„Ziele" sind nicht dasselbe wie **Aufgaben** oder **Aktivitäten**. Ein Ziel ist eine Erwartung eines Endzustands, während sowohl Aktivitäten und Aufgaben Zwischenschritte (auf verschiedenen Ebenen der Organisation) sind, die jemanden helfen, ein Ziel oder einen Satz von Zielen zu erreichen (Cooper et al., 2010, S. 45).

Zudem weisen Cooper et al. (2010, S. 48–49) darauf hin, dass Designern eine umfangreichere Rolle zukommen muss als dies traditionell bei Designern üblich ist. Dies gilt ganz besonders für den Fall der Entwicklung komplexer, interaktiver Systeme, wie z. B. Websites oder Apps. Die Hauptaufgabe bzw. Herausforderung besteht für die Designer darin, die Lücke zwischen Design und Research zu schließen. Designer müssen, basierend auf empirisch erhobenen Daten und so gewonnenen Erkenntnissen, Personas definieren, Design-Anforderungen festlegen und all dies in einem Interaction-Framework festhalten.

3.2.2 Phasen des Goal Directed Design-Prozesses

Im Folgenden stellen wir Ihnen die Phasen des Goal Directed Design-Prozesses in ihren Grundzügen dar. Eine Visualisierung dieses Prozesses sehen Sie in Abb. 3.2.

1. Schritt: Research
Während der Research-Phase kommen ethnografische Techniken für Feldstudien zur Anwendung. Zu denken ist hierbei an Beobachtungen und kontextuelle Interviews. Damit können Sie qualitative Daten über potenzielle und/oder tatsächliche Nutzer der Website oder App erheben. Denken Sie dabei auch an die Beurteilung von Konkurrenzangeboten aus Nutzersicht. Darüber hinaus können Sie auch Eins-zu-eins-Interviews mit Stakeholdern, Entwicklern, Fachleuten und Technologie-Experten führen. Als Hauptergebnis dieser Felduntersuchungen und Nutzer-Interviews erhalten Sie einen Satz von Verhaltensmustern bzw. identifizierbaren Verhaltensweisen, die die Kategorisierung verschiedener Nutzungsmodi einer potenziellen oder vorhandenen Website unterstützen. Mithilfe dieser Verhaltensmuster können Sie auf die Ziele und Motive der Nutzer schließen. Hierdurch legen Sie die Basis für die Bildung von Personas, die in der Modellierungsphase erfolgt. Durch die Stakeholder-Interviews ergänzende Literaturstudien und Produktvergleiche wird Ihr Fachverständnis als Designer vertieft (Cooper et al., 2010, S. 51).

2. Schritt: Modellierung
Während der Modellierungsphase erfolgt eine Synthetisierung der Verhaltensmuster zu Fachgebiet- und Nutzer-Modellen bzw. Personas. Fach-

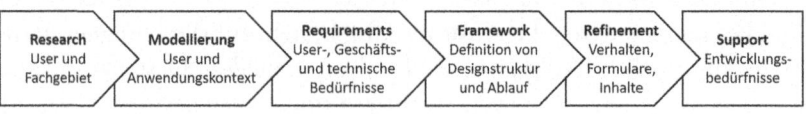

Abb. 3.2 Der Goal Directed Design Prozess – Cooper et al. 2010, S. 49

gebiet-Modelle werden in Form von Information-Flow- und Workflow-Diagrammen dargestellt. Bei Personas handelt es sich um detaillierte, zusammengesetzte Nutzer-Archetypen. Diese repräsentieren unterschiedliche Gruppen von Verhaltensweisen, Einstellungen, (Ab-)Neigungen, Zielen und Motiven. Die Datengrundlage dafür haben Sie sich in der Research-Phase erarbeitet (Cooper et al., 2010, S. 51).

3. Schritt: Requirements-Definition
Szenario-basierte Designmethoden stehen im Mittelpunkt dieser Phase. Die Innovation besteht darin, dass sie nicht abstrakt auf Nutzer-Aufgaben, sondern ganz konkret auf die Erfüllung der Bedürfnisse und Ziele der Personas abzielen. Die gebildeten Personas sagen Ihnen, auf welche Aufgaben Sie sich konzentrieren sollten. Darüber hinaus vermitteln sie Ihnen ein Verständnis dafür, warum dies im konkreten Einzelfall erforderlich ist. Dadurch erhalten Sie eine Website oder App, die die erforderlichen Aufgaben bzw. den erforderlichen Aufwand minimiert und gleichzeitig das Ergebnis bzw. den Ertrag maximiert. Ihre Personas spielen dabei gewissermaßen die Hauptrolle. Ihre Designer treten in einen Dialog mit den Personas und erkunden so in einem Art Rollenspiel den Designraum (Cooper et al., 2010, S. 52).

4. Schritt: Framework-Definition
In dieser Phase erstellen Ihre Designer das übergreifende Produktkonzept. Damit wird der grundlegende Rahmen für das Verhalten und das visuelle Design abgesteckt. Ihr Team, das für das Interaction Design zuständig ist, erarbeitet zudem einen Interaction Framework. Dabei greifen sie auf einen Satz von allgemeinen Interaction-Design-Prinzipien zurück. Dies sind Richtlinien für die Definition des angemessenen Systemverhaltens in verschiedenen Nutzungskontexten. Außerdem kommen Interaction-Design-Patterns zur Anwendung. Diese stellen allgemeine Lösungen für zuvor analysierte Problemklassen zur Verfügung. Vorteilhaft ist, dass die Kreativität des Designers nicht eingeschränkt wird. Vielmehr liefern die Interaction-Design-Patterns bewährtes Designwissen zur Lösung schwieriger Probleme. Als Ergebnis erhalten Sie ein stabiles Design-Konzept (Cooper et al., 2010, S. 52).

5. Schritt: Refinement
Die Details und die Implementierung stehen im Mittelpunkt des Interesses der Refinement-Phase. Die Interaction-Designer konzentrieren sich
auf die Aufgabenkohärenz und erarbeiten Storyboard-ähnliche Pfade.
Die Visual Designer konzipieren ein System von Schriftstilen und -grö-
ßen, Icons und anderen visuellen Elementen. Ziel ist die Vermittlung
einer überzeugenden Erfahrung. Bei physischen Produkten kommt es zu
einer engen Zusammenarbeit zwischen Designern und Ingenieuren. Sie
legen gemeinsam Materialien fest, planen die Produktion und lösen andere technische Probleme. Im Ergebnis erhalten Sie am Ende dieser Phase
eine detaillierte Dokumentation des Designs. Dies kann in Papierform
oder als interaktives Medium erfolgen (Cooper et al., 2010, S. 53).

6. Schritt: Development Support (Entwicklungsunterstützung)
Auch wenn Sie sehr durchdacht vorgehen und Ihre Designlösung validieren, werden Sie es nicht schaffen, alle Entwicklungsprobleme und technischen Fragen vorwegzunehmen. Sie müssen auf jeden Fall verfügbar sein,
um die Fragen der Entwickler zu beantworten, die während der Konstruktion auftauchen. Häufig müssen enge Abgabetermine eingehalten
werden. Dann priorisiert das Entwicklungsteam seine Arbeit und geht
Kompromisse ein. Die Folge davon ist dann oft, dass das Design angepasst und der Umfang der Designlösungen reduziert wird. Daher ist es
in einem solchen Fall sehr wichtig, dass das Interaction-Design-Team
verfügbar ist und die Entwickler bei der Anpassung berät und unterstützt
(Cooper et al., 2010, S. 53–54).

3.3   Design Thinking

Unter Design Thinking versteht Langenfeld (2019, S. 4) eine Methode,
um Probleme praktisch und kreativ zu lösen. Er weist darauf hin, dass am
Ende des Prozesses eine Problemlösung stehen muss. Dabei kann es um
ganz konkrete (Alltags-)Probleme oder um zukünftig erwartete Probleme
der Menschen gehen. Wichtig ist zudem, dass eine innovative Lösung für

die identifizierten Probleme gefunden wird. Die Kernfrage lautet: Wie lässt sich eine ungewöhnliche – d. h. innovative – Lösung für die jeweilige Problemstellung finden?

Design Thinking

„**Design Thinking** ist ein Ansatz zum Lösen von Problemen und zur Entwicklung neuer, innovativer Ideen. Im Gegensatz zur Forschung werden Lösungen aus Anwendersicht gesucht. Auf diesem Weg sollen Innovationen hervorgebracht werden, die sich am Nutzer orientieren und dessen Bedürfnisse erfüllen" (Semler & Tschierschke, 2019, S. 245).

3.3.1 Grundsätze des Design Thinkings

Schallmo (2018, S. 7) weist darauf hin, dass Design Thinking durch vier Prinzipien (1. Was, 2. Wer, 3. Wie und 4. Wo) geprägt wird, die in Abb. 3.3 visualisiert sind.

Prinzip 1 – Was: Der Mensch als Ausgangspunkt
Menschen stehen im Mittelpunkt des Design Thinking-Ansatzes. Einerseits als potenzieller Nutzer der zu entwickelnden Innovation und

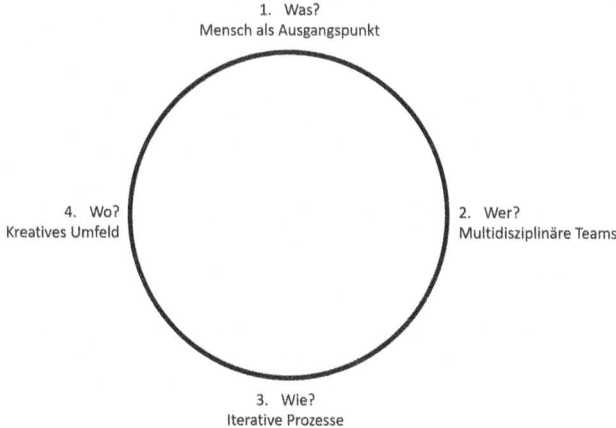

Abb. 3.3 Design Thinking Prinzipien – Schallmo 2017, S. 14, zitiert nach Schallmo 2018, S. 7

andererseits als Mitglied eines kreativen, möglichst interdisziplinären Design Thinking-Teams. Sie sind daher die Inspirationsquelle für neue Ideen. Durch diese Philosophie lässt sich die Flop-Rate signifikant verringern (Gürtler & Meyer, 2016, S. 19; Schallmo, 2018, S. 7–8).

Prinzip 2 – Wer: Multidisziplinäre Teams
In multidisziplinären Teams kommt es nicht so sehr auf die kreative Leistungsfähigkeit einer einzelnen Person an, sondern das Kreativitätspotenzial der gesamten Mannschaft soll geweckt werden. Empfehlenswert sind Teams mit vier bis sechs Teilnehmern aus unterschiedlichen Unternehmensbereichen. Achten Sie bei der Teamzusammenstellung auf eine gleichmäßige Geschlechterverteilung (Schallmo, 2018, S. 8).

In Tab. 3.2 sind verschiedene Design Thinking-Anwender voneinander abgegrenzt.

Prinzip 3 – Wie: Die richtige Herangehensweise – ein iterativer Prozess
Ein wesentliches Merkmal von interdisziplinären Teams ist, dass die Teammitglieder über z. T. sehr unterschiedliche Ausbildungen und Erfahrungshintergründe verfügen. Daher bringen sie auch sehr verschiedene Arbeitsweisen in das Team ein. Wenn Sie Design Thinking erfolgreich

Tab. 3.2 Design Thinking-Anwender

Pionier	Der Aufwand, Design Thinking anzuwenden, steht in einem positiven Verhältnis zum Wert des Ergebnisses.	Ca. 100 Praxisstunden = ca. 2 Wochen Training
Experte	Die Anwendung fällt leicht und wird immer flexibler, geschieht aber noch nicht automatisch.	Ca. 4800 Praxisstunden = ca. 3 Jahre Praxiserfahrung
Master	Design Thinking entwickelt sich zum Prinzip und wird intuitiv und selbstverständlich angewendet.	Ca. 10.000 Praxisstunden = gut 6 Jahre Praxiserfahrung

Quelle: Kerguenne et al. 2017, S. 13

Tab. 3.3 Überblick über die richtige Herangehensweise

1. Die richtigen Fragen stellen	Zu Beginn eines Design Thinking-Projekts geht es darum, eine Fragestellung zu definieren, die spezifisch genug ist, ohne den dabei möglichen Lösungsraum allzu sehr einzuschränken.
2. Lernen und verstehen	Jedes Design Thinking-Projekt beginnt mit einer unvoreingenommenen und offenen Recherche im vorgegebenen Problemfeld.
3. Die Essenz extrahieren	In der Synthese werden die gesammelten Informationen strukturiert und in einem anschaulichen Format kondensiert.
4. Fragestellung anpassen	Die ursprüngliche Fragestellung wird basierend auf den Ergebnissen der Recherche oft mehrmals umformuliert, bevor mit der Lösungsfindung begonnen wird.
5. Die richtigen Antworten finden	Während der Ideenfindung geht es zuallererst darum, möglichst viele Ideen zu finden. Erst dann wird sich das Team für eine bis drei Ideen entscheiden, die weiterentwickelt werden.
6. Ideen erlebbar machen	Das schnelle und einfache Prototyping von Ideen hilft, die Tragfähigkeit einzelner Ideen zu ermitteln und darauf aufbauend Ideen zu verwerfen oder weiterzuentwickeln.
7. Schnell Feedback einholen	Selbst sehr unfertige und rudimentäre Prototypen für einzelne Lösungsideen werden von Anfang an mit den potenziellen Benutzern diskutiert und validiert.
8. Iterativ arbeiten	Beispielsweise werden die drei Phasen der Ideenfindung, des Prototypings und der Validierung in einem typischen Design Thinking-Prozessmehrmals durchlaufen, wobei sich eine Lösung dabei Schritt für Schritt verfeinert.

Quelle: Gürtler und Meyer 2016, S. 26–31

umsetzen wollen, müssen Sie sowohl den Analytiker als auch den intuitiv veranlagten Kollegen abholen und ihm den Design Thinking-Prozess verständlich erläutern. Um im laufenden Prozess Verbesserungen der Problemlösungen zu erzielen, hat es sich zudem bewährt ein iteratives Vorgehen mit entsprechenden Rückkopplungen zwischen den einzelnen Prozessphasen zu wählen (Schallmo, 2018, S. 9).

Tab. 3.3 fasst die richtige Herangehensweise noch einmal stichpunktartig zusammen.

Prinzip 4 – Wo: Die nötigen (Frei-)Räume
Als Design Thinker betrachten Sie Räume als Kreativinstrument und passen sie Ihren Wünschen und Bedürfnissen an. Im Kreativraum wollen Sie konzentriert arbeiten, sich mit anderen Teammitgliedern austauschen und Gedanken sowie Arbeitsergebnisse visuell darstellen. Für die Visualisierung können Sie beispielsweise große Wand- und Tischflächen oder die Fenster nutzen. Tische und Stühle, die momentan nicht gebraucht werden, können Sie einfach vor die Tür stellen und durch Bistrotische aus der Cafeteria ersetzen (Kerguenne et al., 2017, S. 26).

Wie Sie ein normales (Großraum-)Büro in einen Kreativraum verwandeln sagt Ihnen Tab. 3.4.

Darüber hinaus sollten Sie als Design Thinker über die folgenden fünf Eigenschaften verfügen:

Eigenschaft 1: Optimismus
Ambitionierte Design Thinker gehen optimistisch an die Lösung der relevanten Probleme heran. Sie sind davon überzeugt, dass sich mithilfe des Design Thinking eine Lösung finden lässt (Schallmo, 2018, S. 8).

Eigenschaft 2: Empathie
Damit Sie in der Lage sind, die Welt der Nutzer mit deren Augen zu sehen, müssen Sie ein gerütteltes Maß an Einfühlungsvermögen mit- bzw. aufbringen. Schließlich wollen Sie die Wünsche, Bedürfnisse, Wahrnehmungen und Empfindungen Ihrer Nutzer verstehen. Dabei ist es besonders wichtig, nach den Gründen für eine bestimmte Wahrnehmung der Nutzer zu fragen, um auch nicht erfüllte Wünsche und Bedürfnisse der Nutzer zu identifizieren (Schallmo, 2018, S. 8).

Eigenschaft 3: Integratives Denken
Sie sollten in der Lage sein, Produkte, Prozesse und (interaktive) Systeme ganzheitlich zu analysieren. Ziel ist es, offensichtliche aber auch verdeckte Fehler zu erkennen. Darüber hinaus müssen Sie sich mit bestehenden und neuen Lösungen beschäftigen. Entweder Sie wählen unter den bestehenden Lösungen die Beste aus, entwickeln eine neue Lösung oder

Tab. 3.4 Einen Kreativraum einrichten

Was es ist	- ein Inspirationswerkzeug für den ersten Schritt im Design Thinking-Prozess
Wobei es hilft	- vorhandene Örtlichkeiten in kreative Arbeitsräume zu verwandeln, ohne großen Aufwand und hohe Kosten
Anwendungsschritte	1. Platz schaffen: Einrichtungsgegenstände inklusive Stühle und Tische, die nicht als Materialunterlage genutzt werden, entfernen.
	2. Aktivität unterstützen: Nach Möglichkeit erhöhte Steh- und Sitzgelegenheiten, wie z. B. Bistrotische und Barhocker, beschaffen.
	3. Arbeitsfläche kreieren: Metaplanwände und Whiteboards aufhängen bzw. Bilder und störende Objekte entfernen und die Wandfläche mit Packpapier auskleiden.
	4. Materialbehältnis füllen: Ein transportierbares Behältnis mit Time Timer, DIN-A4- und DIN-A3-Papier und Bastelmaterial bestücken. Pro Teammitglied außerdem mit folgender Grundausstattung versehen: ein bunter, rechteckiger Post-it-Block (12 cm breit), ein schwarzer und ein bunter Filzstift.
Tipps und Tricks	- Ein idealer Kreativraum hat viele Fenster und eine inspirierende Atmosphäre.
	- Musik und gesunde Verpflegung unterstützen eine motivierte Grundhaltung.
	- Möbel auf Rollen ermöglichen eine flexible Anpassung der Räumlichkeiten.
Zeit und Ressourcen	- Max. 60 Min.

Quelle: Kerguenne et al. 2017, S. 28

verändern eine bestehende Lösung derart, dass Ihre Nutzer bessere Ergebnisse erzielen können (Schallmo, 2018, S. 8).

Eigenschaft 4: Experimentierfreude

Haben Sie Spaß am Ausprobieren von neuen Dingen? Dann ist Design Thinking genau richtig für Sie. Seien Sie neugierig und gespannt auf neue Problemlösungen. Sammeln Sie neue Erfahrungen. Das geht allerdings nur, wenn Sie auch bereit sind, Risiken einzugehen und Fehler zu machen, um daraus zu lernen. Stellen Sie daher immer wieder neue Annahmen auf und testen Sie diese (Schallmo, 2018, S. 8).

Eigenschaft 5: Kooperationsfähigkeit
Als Design Thinker sollten Sie kooperationsfähig sein. Es hat sich schließlich bewährt, an komplexen Problemen gemeinsam mit anderen Design Thinkern zu arbeiten. Dies gelingt besonders gut, wenn Ihre Mitstreiter aus anderen Disziplinen kommen (Schallmo, 2018, S. 9).

3.3.2 Phasen des Design Thinking-Prozesses

Beim Design-Thinking-Prozess handelt es sich ebenfalls um einen iterativen Ansatz. Zunächst müssen Sie das vorliegende Problem möglichst gut und ganzheitlich verstehen. Erst danach dürfen Sie sich mit der Lösungsfindung beschäftigen (Gürtler & Meyer, 2016, S. 34). Die einzelnen Prozessphasen stellen wir Ihnen im Folgenden in den Grundzügen dar.

Phase 1: Das Problem Verstehen – die Design Challenge definieren
In der ersten Phase geht es darum, dass Sie in die Materie und die Problemwelt möglichst tief eintauchen. Daher wird diese Phase auch Immersions- oder Empathie-Phase genannt. Stellen Sie sich am besten vor, dass Sie in die Schuhe Ihrer Kunden steigen, um in deren Welt herumzulaufen (Langenfeld, 2019, S. 26).

In dieser Phase stellen sich Ihnen die folgenden **Fragestellungen** (Schallmo, 2018, S. 17):

* Anhand welcher Quellen können Themenfelder abgeleitet werden?
* Wie können Themenfelder bewertet werden?
* Wie kann eine Design Challenge, die es zu lösen gilt, formuliert werden?
* Wie lassen sich typische Nutzer ableiten?
* Wie kann ein Projektplan festgelegt werden?

> **Design Challenge**
>
> „Zu Beginn eines jeden Design-Thinking-Projekts wird mit der sogenannten Design Challenge, also dem Innovationsauftrag, der Rahmen für den Themenraum abgesteckt" (Gürtler & Meyer, 2016, S. 26).

Tab. 3.5 Ziele, Aktivitäten und Ergebnisse der 1. Phase: Das Problem verstehen

Ziele	- Zulassen eines breiten Blickfeldes und Konzentration auf eine Design Challenge
Aktivitäten	- Ableitung und Bewertung unterschiedlicher Themenfelder
	- Formulierung einer Design Challenge
	- Festlegung des Projektplans
Ergebnisse	- Themenfeldpool mit bewerteten Themenfeldern
	- Design Challenge mit typischen Usern
	- Projektplan mit Terminen, Kosten und Ergebnissen

Quelle: Schallmo 2017, S. 59, zitiert nach Schallmo 2018, S. 47

Einen Überblick über die Ziele, Aktivitäten und Ergebnisse dieser Phase gibt Tab. 3.5.

Phase 2: Beobachten – die Design Challenge verstehen

Falls Sie noch keine Erfahrungen mit Nutzer-Interviews gesammelt haben, könnte dies eine erste Herausforderung für Sie sein. Schließlich geht es für Sie nicht nur um das Abarbeiten bzw. Abfragen von vorbereiteten Fragebögen, sondern Sie wollen die (potenziellen) Nutzer und ihre Haltung zu der jeweiligen Fragestellung verstehen. Ihr Ziel muss es daher sein, über erzählte Erlebnisse, Anekdoten und Gefühle mehr und mehr Empathie bzw. Einfühlungsvermögen zu entwickeln. Dann gelingt es Ihnen auch sich Stück für Stück in die Rolle der (potenziellen) Nutzer zu versetzen (Gürtler & Meyer, 2016, S. 40).

In dieser Phase stellen sich Ihnen die folgenden **Fragestellungen** (Schallmo, 2018, S. 21):

- Wie kann innerhalb des Teams ein gemeinsames Verständnis hinsichtlich der zu lösenden Herausforderung sichergestellt werden?
- Wie kann eine Orientierung der Lösung an den Nutzern erfolgen?
- Wie kann Fachwissen zur Lösung der Design Challenge aufgebaut werden?
- Wie lassen sich bestehende Lösungen testen?

Einen Überblick über die Ziele, Aktivitäten und Ergebnisse dieser Phase gibt Tab. 3.6.

Tab. 3.6 Ziele, Aktivitäten und Ergebnisse der 2. Phase: Beobachten

Ziele	- Sicherstellen eines gemeinsamen Verständnisses
	- Orientierung an Usern
	- Aufbau von Fachwissen
Aktivitäten	- Beobachtung der typischen User
	- Befragung der typischen User
	- Testen bestehender Lösungen
	- Befragung von Experten
	- Erhebung weiterer Informationen
Ergebnisse	- Beobachtungsprotokoll der typischen User
	- Interviewprotokoll der typischen User
	- Testprotokoll bestehender Lösungen
	- Interviewprotokoll der Experten
	- ausgewertete Informationen

Quelle: Schallmo 2017, S. 59, zitiert nach Schallmo 2018, S. 47

Phase 3: Standpunkte bzw. Sichtweisen definieren – die Synthese
Nachdem Sie die Phase des Lernens, des Erforschens und der Informations-
sammlung hinter sich gebracht haben, geht es jetzt – in der Synthese –
darum, die Vielzahl der gesammelten Erkenntnisse zu strukturieren und
für die weiteren Schritte zu priorisieren (Gürtler & Meyer, 2016,
S. 43–44).

In dieser Phase stellen sich Ihnen die folgenden **Fragestellungen**
(Schallmo, 2018, S. 27):

• Wie können die gewonnenen Erkenntnisse aus der Phase „Beobachten –
  die Design Challenge verstehen" zur Erstellung von Nutzerprofilen
  genutzt werden?
• Wie können typische User beschrieben und visualisiert werden?
• Wie kann die Nutzung des Produkts bzw. der Dienstleistung aus Sicht
  der Nutzer dargestellt werden?
• Wie lassen sich Bedürfnisse der Nutzer konkretisieren?

Einen Überblick über die Ziele, Aktivitäten und Ergebnisse dieser Phase
gibt Tab. 3.7.

Tab. 3.7 Ziele, Aktivitäten und Ergebnisse der 3. Phase: Standpunkte definieren

Ziele	- Zusammenfassen aller relevanten Erkenntnisse
	- Erstellung von typischen Nutzerprofilen
Aktivitäten	- Erarbeitung von Nutzerprofilen
	- Ableitung von Bedürfnissen
Ergebnisse	- User Empathy Map
	- User Journey
	- User Needs

Quelle: Schallmo 2017, S. 59, zitiert nach Schallmo 2018, S. 47

Point of View (POV)

„Das Ergebnis der Synthese wird in den meisten Fällen als Point of View (POV) zusammengefasst und besteht aus einer oder mehreren Personas, deren Bedürfnissen und den wichtigsten damit zusammenhängenden Informationen aus der Recherchephase" (Gürtler & Meyer, 2016, S. 49).

Phase 4: Ideengenerierung

Wenn Sie sich einmal ausgiebig der Recherche und Synthese gewidmet haben, wissen Sie, dass damit viel Arbeit verbunden ist. Diese Phasen sind zeit- und arbeitsintensiv. Die Ideenfindung wird daher von vielen Design Thinkern wie eine Befreiung empfunden. Für den Fall, dass bereits in der Forschungsphase Ideen entstanden sind, sollten Sie diese gut dokumentieren und in die Phase der Ideengenerierung einbringen (Gürtler & Meyer, 2016, S. 51).

In dieser Phase stellen sich Ihnen die folgenden **Fragestellungen** (Schallmo, 2018, S. 34):

- Wie können für die Bedürfnisse von Nutzern Lösungsideen abgeleitet werden?
- Wie lassen sich Ideen einheitlich beschreiben?
- Wie können Ideen bewertet werden, um sich auf relevante Ideen zu konzentrieren?

Tab. 3.8 Ziele, Aktivitäten und Ergebnisse der 4. Phase: Ideengenerierung

Ziele	- Gewinnung von zahlreichen Ideen
	- Konzentration auf relevante Ideen
Aktivitäten	- Ableitung von Ideen
	- Gruppierung von Ideen
	- Überarbeitung von Ideen
	- Beschreibung von Ideen
	- Bewertung von Ideen
Ergebnisse	- Ideen zur Erfüllung von Bedürfnissen
	- gruppierte und überarbeitete Ideen
	- beschriebene und bewertete Ideen

Quelle: Schallmo 2017, S. 59, zitiert nach Schallmo 2018, S. 47

Einen Überblick über die Ziele, Aktivitäten und Ergebnisse dieser Phase gibt Tab. 3.8.

Phase 5: Prototypen entwickeln

Solange Sie Ihre Ideen nur auf dem Papier notiert haben, haben diese noch keinen großen Wert für Sie. Erst wenn Sie versuchen, diese zu realisieren, können Sie erkennen, ob sie in der Lage sind, das jeweilige Problem zu lösen. Die Kernfrage dieser Phase lautet daher: Funktionieren unsere Ideen überhaupt? Am einfachsten ist es natürlich für Sie, wenn Sie Ihre Ideen physisch sichtbar machen können. Dies geschieht mithilfe eines Prototyps. Diese werden, je nach Grad der Realisierung oder der Abstraktion als abstrakte oder konkrete Prototypen bezeichnet (Langenfeld, 2019, S. 74–75).

> **Prototyp**
>
> „Eine Repräsentation von Teilen oder des gesamten interaktiven Systems, die in einem bestimmten Maße für Analyse, Design und Usability-Evaluierung benutzt werden kann" (Geis & Tesch, 2019, S. 159).

Prototypen können des Weiteren danach unterschieden werden, ob es sich um einen Low-Fidelity- oder High-Fidelity-Prototypen handelt.

Low- und High-Fidelity-Prototyp

„**Low-Fidelity-Prototyp:** Eine preiswerte, einfache Veranschaulichung eines Designs oder eines Konzepts, das benutzt wird, um Feedback von Benutzern und anderen Interessenvertretern während früher Phasen der Entwicklung einzuholen" (Geis & Tesch, 2019, S. 159).

„**High-Fidelity-Prototyp:** Ein Software-Prototyp der Benutzungsschnittstelle des zu entwickelnden interaktiven Systems. Ein High-Fidelity-Prototyp ähnelt dem fertigen interaktiven System" (Geis & Tesch, 2019, S. 162).

In dieser Phase stellen sich Ihnen die folgenden **Fragestellungen** (Schallmo, 2018, S. 39):

- Wie können Ideen in Form von Prototypen visualisiert werden?
- Welche unterschiedlichen Formen von Prototypen gibt es und welche Hilfsmittel lassen sich einsetzen?
- Wie können Prototypen geprüft, verbessert und miteinander kombiniert werden?

Einen Überblick über die Ziele, Aktivitäten und Ergebnisse dieser Phase gibt Tab. 3.9.

Phase 6: Prototypen testen
Sobald Sie den ersten Prototypen fertig gestellt haben, geht es darum, ihn zu testen. Je früher, desto besser! Im Mittelpunkt des Interesses steht die Akzeptanz der (potenziellen) Nutzer. Die Kernfrage lautet: Wie kommt der Prototyp bzw. die Idee bei den Nutzern an? Sie wollen also zunächst ein grundsätzliches Feedback zu Ihren Ideen bekommen (Langenfeld, 2019, S. 83).

Tab. 3.9 Ziele, Aktivitäten und Ergebnisse der 5. Phase: Prototypen entwickeln

Ziele	- Umsetzung von relevanten Ideen in sichtbare Lösungen
Aktivitäten	- Entwicklung von unterschiedlichen Prototypen (= Lösungen) auf Basis der relevanten Ideen
	- Prüfung, Verbesserung und Kombination von Prototypen
Ergebnisse	- Prototypen in unterschiedlichen Ausführungen (z. B. Skizze, Story, Film, Modell)

Quelle: Schallmo 2017, S. 59, zitiert nach Schallmo 2018, S. 47

Tab. 3.10 Ziele, Aktivitäten und Ergebnisse der 6. Phase: Prototypen testen

Ziele	- Auswahl des Erfolg versprechenden Prototyps
Aktivitäten	- Test von Prototypen mit Nutzern zur Gewinnung von Erfahrungen
	- Weiterentwicklung von Prototypen
	- Bewertung von Prototypen
Ergebnisse	- Testprotokoll der Prototypen
	- Feedbackprotokoll mit Ideen von Nutzern
	- Bewertungsprotokoll Prototyp

Quelle: Schallmo 2017, S. 59, zitiert nach Schallmo 2018, S. 47

In dieser Phase stellen sich Ihnen die folgenden **Fragestellungen** (Schallmo, 2018, S. 41):

- Wie können Prototypen mit Nutzern getestet werden?
- Wie lassen sich Erfahrungen einheitlich dokumentieren?
- Wie kann das Feedback der Nutzer in den Prototyp integriert werden?
- Wie lassen sich Prototypen bewerten, um den Erfolg versprechenden Prototyp auszuwählen?

Einen Überblick über die Ziele, Aktivitäten und Ergebnisse dieser Phase gibt Tab. 3.10.

Phase 7: Lösungen implementieren
Mithilfe des Design Thinking-Projekts wollen Sie innovative Produkte, Dienstleistungen oder sonstige „Erlebnisse" erschaffen. Diese sollen den Wünschen und Bedürfnissen der Nutzer entsprechen. Das alles muss zudem technisch machbar sein und sich für Ihr Unternehmen wirtschaftlich rechnen (Gürtler & Meyer, 2016, S. 58).

Tab. 3.11 Ziele, Aktivitäten und Ergebnisse der 7. Phase: Lösungen implementieren

Ziele	- Integration des Prototyps in ein tragfähiges Geschäftsmodell
Aktivitäten	- Erarbeitung eines Geschäftsmodells anhand eines einheitlichen Rasters
Ergebnisse	- Einheitliche Beschreibung des Geschäftsmodells anhand fünf Dimensionen (Kunden-, Nutzen-, Wertschöpfungs-, Partner- und Finanzdimension)

Quelle: Schallmo 2017, S. 59, zitiert nach Schallmo 2018, S. 47; Schallmo 2018, S. 45

In dieser Phase stellen sich Ihnen daher die folgenden **Fragen** (Schallmo, 2018, S. 44):

- Wie lässt sich der Erfolg versprechende Prototyp in ein tragfähiges Geschäftsmodell integrieren?
- Wie kann ein Geschäftsmodell entwickelt und einheitlich beschrieben werden?

Einen Überblick über die Ziele, Aktivitäten und Ergebnisse dieser Phase gibt Tab. 3.11.

3.4 UX-Reifegradmodelle

Die heutige Wettbewerbssituation und das Verhalten der Kunden zwingen die Unternehmen dazu, die Usability und User Experience ihrer Produkte und Dienstleistungen stetig zu verbessern. Daher benötigt jede Organisation geeignete Methoden zur Bewertung und Steigerung ihrer UX-Kompetenz. Um dieser Forderung nachzukommen, wurden so genannte Reifegradmodelle entwickelt (Jendryschik, 2020, S. 1).

> **Reifegradmodelle**
>
> „**Reifegradmodelle** dienen der ganzheitlichen qualitativen bzw. quantitativen Beurteilung der Aktivitäten und Prozesse einer Organisation in einem bestimmten Bereich. Ihr Ziel ist es, auf Basis der Erhebung des Status Quo Handlungsempfehlungen zur Erreichung eines höheren Reifegrades abzuleiten und so zur Weiterentwicklung des Gesamtsystems beizutragen" (o. V., 2020, S. 1).

UX-Reifegrad 1: Fehlendes bzw. nicht vorhandenes UX-Bewusstsein
Den Verantwortlichen in den Unternehmen ist nicht bewusst, was es mit
der Usability und der User Experience auf sich hat. Im Fokus der Entwickler stehen die Funktionen des Produktes. Nicht beachtet werden dagegen die Nutzer und ihre Bedürfnisse. Dies stellt heutzutage ein großes
Risiko für Unternehmen dar. Denn schließlich haben die Nutzer von
Websites und Apps bereits positive Usability- und UX-Beispiele kennengelernt. Eine schlechte Usability wird von ihnen daher nicht mehr akzeptiert. In der Folge sinken die Nutzerzahlen und die Supportkosten steigen
dramatisch an. Bedingt durch das fehlende Problembewusstsein, wird es
Ihnen auf dieser Stufe sehr schwer fallen, Usability- und UX zu einem
(Entwicklungs-)Thema zu machen. Hier ist Ihre Überzeugungskraft als
Usability-Pionier gefragt (Meyer, 2017, S. 1).

UX-Reifegrad 2: Ad-Hoc-User Experience
Bei diesem Reifegrad hat sich ein erstes Usability- und UX-Bewusstsein
im Unternehmen herausgebildet. Vielleicht war jemand aus der Geschäftsführung auf einer Online-Marketing-Konferenz und hat etwas
über die Vorzüge einer guten Usability und User Experience erfahren. In
dieser frühen Phase kann es vorkommen, dass Designer-Teams einige
Testpersonen für einen einfachen Usability-Test rekrutieren oder ein ex-
terner Usability-Berater wird im Rahmen eines Expert Review um seine
Expertenmeinung gebeten. Häufig scheitern derartige Initiativen jedoch,
da diesen Unternehmen die Kompetenzen und Erfahrungen fehlen, um
ein professionelles Usability-Engineering in die bestehenden (Entwi-
cklungs-)Prozesse zu implementieren. Es fehlt an kompetenten
Usability-Beauftragten und an einem freigegebenen Usability-Budget.
Daher erfolgt die Usability- und UX-Research eher sporadisch und stützt
sich im Wesentlichen auf die Initiativen Einzelner. Hinzu kommt, dass
den Designern die nötige Autorität fehlt, um konsistent nutzerzentrierte
Maßnahmen im Unternehmen durchzusetzen. In der Folge wird die Usability nicht voll gelebt und praktiziert. Bleiben Sie daher am Ball und
leisten Sie weitere Überzeugungsarbeit, es lohnt sich. Einer systemati-
schen Dokumentation Ihrer Usability- und UX-Aktivitäten kommt jetzt
eine große Bedeutung zu. Mithilfe von Vorher-Nachher-Vergleichen
müssen Sie belegen, dass es sich beim Usability-Engineering um einen
strategischen Erfolgsfaktor handelt. Verbreiten Sie diese Erkenntnis im

Unternehmen und überzeugen Sie die Geschäftsführung vom Nutzen des nutzerzentrierten Designs. Nach und nach wird sich dann das erforderliche Bewusstsein bei den Beteiligten herausbilden (Meyer, 2017, S. 1).

UX-Reifegrad 3: Projekt-UX
Die vorgestellten Reifegrade 1 und 2 werden auch als Pre-UX-Reifegrade bezeichnet. Erst mit dem dritten Reifegrad wird die Usability und die User Experience zu einem festen Bestandteil des Entwicklungsprozesses. Hinzu kommt, dass wichtige Entscheider im Unternehmen erkennen, dass es sich dabei um einen strategischen Erfolgsfaktor handelt. Besonders hilfreich sind natürlich erste Erfolge der von Ihnen durchgeführten Ad-Hoc-UX-Projekte, die Sie auch gegenüber Ihren Vorgesetzten und der Geschäftsführung kommunizieren sollten. Wenn diese das Potenzial erkennen, das sich durch ein professionelles Usability-Engineering erschließen lässt, werden sie auch ein entsprechendes Budget für zukünftige Projekte bereitstellen. Ihre Aufgabe ist es dann, die ersten formellen UX-Prozesse einzuführen und ein UX-Team zu bilden. In größeren Unternehmen wird evtl. sogar eine eigene UX-Abteilung gegründet. Seien Sie jedoch nicht zu euphorisch. Meist werden bei diesem Reifegrad erst am Ende der Produktentwicklung Usability-Tests durchgeführt. Eine umfassende Bedürfniserforschung oder frühzeitige Prototypentests finden dagegen eher nicht statt. Das zentrale Problem besteht darin, das eine unternehmensweite UX-Implementierung noch nicht stattgefunden hat. Für Sie ist es daher entscheidend, dass Sie den ROI Ihrer UX-Aktivitäten aufzeigen. Dafür benötigen Sie in erster Linie Zeit und eine ganze Reihe Erfolgsgeschichten, die belegen, dass Sie durch die Verbesserung der Usability die Conversion Rate steigern und die Supportanfragen signifikant verringern konnten. Beziehen Sie dabei die gesamte Customer Journey in Ihre Argumentation ein (Meyer, 2017, S. 1).

UX-Reifegrad 4: Business-UX
Auf dieser Stufe werden Usability- und UX-Projekte auf Unternehmensebene angegangen. Ein Ux-Manager leitet ein eigenes UX-Team, das kontinuierlich UX-Projekte durchführt. Zum ersten Mal steht die holistische, projektübergreifende User Experience des Unternehmens im Mittelpunkt des Interesses. Der nutzerzentrierte Fokus wird beibehalten

und gefördert. Für den UX-Manager und sein UX-Team besteht die Herausforderung darin, durch konsistente Prozesse eine gute Design-qualität und gute Usability zu erreichen. Dies sei am Beispiel einer mobi-len Online-Store-App verdeutlicht. Dabei handelt es sich zunächst um ein eigenständiges UX-Projekt. Es wird jedoch erkannt, dass dadurch zahlreiche Geschäftsprozesse beeinflusst werden. Falls Nutzer mit der mobile App Probleme haben, muss das Kunden-Support-Team sie unter-stützen und ihnen behilflich sein. Hinzu kommt, dass die Buchhaltung alle finanziellen Aspekte der App-Transaktionen verarbeiten können sollte. Außerdem muss die Logistik wissen, welche Produkte, wann zu welchen Kunden geschickt werden sollen. Damit tragen all diese Unter-nehmensbereiche zur User Experience der App-Kunden bei. Auf dieser Reifegradstufe besteht jedoch die Gefahr, dass die beteiligten Abteilungen nicht immer alle erforderlichen Informationen erhalten. Es kann zu Missverständnissen, Ineffizienzen und Fehlern kommen. Sie sollten daher dafür Sorge tragen, dass alle Geschäftsprozesse angepasst und alle relevan-ten Stakeholder involviert werden (Meyer, 2017, S. 1).

UX-Reifegrad 5: Strategische UX-Kultur
Auf der fünften Stufe hat das Unternehmen die Notwendigkeit eines ho-listischen User Centered Design-Prozesses erkannt. Dies kommt darin zum Ausdruck, dass bevor überhaupt erste Designarbeiten in Angriff ge-nommen werden, zunächst einmal für wichtige Projekte eine ausführ-liche User Research erfolgt. Unternehmen, die über eine strategische Usa-bility- und UX-Kultur verfügen, haben oft interne Design-Systeme entwickelt und Pattern-Libraries aufgebaut. Dies garantiert eine einheit-liche Design-Sprache über alle Kanäle hinweg. Mithilfe von KPIs wird die Qualität der User Experience gemessen und überwacht. Sollte es ein-mal vorkommen, dass Projekte nicht den UX-Standards entsprechen, werden diese gestoppt und das Produkt (z. B. die Website oder App) wird verbessert. Erst danach wird es den Kunden zur Verfügung gestellt. Es ist bekannt, dass bessere Produkte entstehen, wenn mehrere Design-Feedbackrunden durchlaufen werden. Das UX-Team testet immer wie-der die Produkte und verfeinert diese. Dabei kommen beispielsweise Low-Fidelity-Prototypen zum Einsatz. Idealerweise werden die Nutzer schon in die Projektdefinition miteinbezogen. Feldstudien und Needfin-

ding sind daher an der Tagesordnung. Das UX-Team lebt einen iterativen Designprozess und setzt frühzeitig Usability-Tests ein (Meyer, 2017, S. 1).

UX-Reifegrad 6: Holistische UX-Kultur
Diese Stufe ist durch eine nutzerzentrierte Unternehmenskultur gekennzeichnet. Das UX-Design wird zum integralen Bestandteil der Denk- und Handlungsweisen im Unternehmen. Dies erkennen Sie daran, dass jeder Mitarbeiter im Unternehmen, vom Geschäftsführer bis zum Praktikanten, die strategische Bedeutung der User Experience für den Unternehmenserfolg erkannt und verinnerlicht hat. Zudem ist jeder Mitarbeiter bestrebt, das Kundenerlebnis auf allen Ebenen miteinzubeziehen und kontinuierlich zu verbessern. Die Vorteile dieser holistischen UX-Kultur sind offensichtlich. Das Unternehmen wird agiler, kundenzentrierter und verfügt über durchdachte, interne Prozesse. In der Folge lassen sich innovative Produkte schneller auf den Markt bringen (Meyer, 2017, S. 1).

In Tab. 3.12 sind die sechs Reifegradstufen noch einmal stichwortartig zusammengefasst.

Tab. 3.12 Die UX-Reifegrad-Skala

Reifegrad 1: Fehlendes UX-Bewusstsein	UX ist kein Thema und das UI wird hauptsächlich von Entwicklern designed.
Reifegrad 2: Ad-Hoc-UX	UX wird zum internen Thema, die Durchführung ist aber sehr inkonsistent.
Reifegrad 3: Projekt-UX	Projekte bekommen dezidierte UX-Budgets und UX-Designer bereitgestellt, aber es existieren noch keine unternehmensweite Integrationen.
Reifegrad 4: Business-UX	UX-Prozesse werden konsistent in den Produktentwicklungszyklus integriert.
Reifegrad 5: Strategisch integrierte UX-Kultur	Ein iterativer Designprozess wird gelebt, der mehrere Runden von Prototyping und User-Testing erlaubt. Das User Research wird immer früher in Projekten platziert und erste Needfinding-Initiativen gestartet.
Reifegrad 6: Holistische UX-Kultur	Die User Experience gehört zur unternehmensweiten Strategie und alle Produkte, die für einen Menschen als Enduser entwickelt werden, folgen dem UX-Design-Prozess.

Quelle: Meyer 2017, S. 1

3.5   Eigen- vs. Fremdmarktforschung

Sie können Ihr Forschungsprojekt entweder selbst im Unternehmen organisieren und durchführen, dann spricht man von Eigenmarktforschung. Alternativ können Sie auch professionelle Institute bzw. Agenturen damit beauftragen, diese Auftragsforschung wird auch als Fremdmarktforschung bezeichnet. Darüber hinaus kann für Sie auch eine Kombination aus Eigen- und Fremdmarktforschung infrage kommen (Weis & Steinmetz, 2008, S. 42).

> **Betriebliche Markt- bzw. Usability-Forschung**
>
> „Als **betriebliche Markt-** bzw. **Usability-Forschung** werden Forschungsaktivitäten bezeichnet, welche im Unternehmen selbst realisiert werden; typischerweise handelt es sich um eine eigene Marktforschung- bzw. Usability-Forschungsabteilung oder einen hauptamtlich mit Markt- und Usability-Forschungsaufgaben betrauten Mitarbeiter" (Fantapié Altobelli, 2017, S. 23).

Die Eigenmarktforschung ist mit verschiedenen **Vor-** und **Nachteilen** verbunden, die wir Ihnen in Tab. 3.13 präsentieren.

Aber auch die Fremdmarktforschung weist **Vor-** und **Nachteile** auf, wie Sie in Tab. 3.14 sehen können.

Tab. 3.13 Vor- und Nachteile der Eigenmarktforschung

Vorteile	Nachteile
- keine Einarbeitungszeit	- eigene Erhebung i. d. R. nicht möglich (z. B. bei Panels)
- mit Problematik vertraut	- Betriebsblindheit
- evtl. geringere Kosten	- Self-fullfiling Prophecy
- Datenschutz eher gewährleistet	- evtl. subjektiv geprägt
- bessere Kontrolle und Koordination der Forschungsaktivitäten	- Fehlen von Experten und Mitarbeitern
	- flächendeckende Großerhebungen i. d. R. nicht möglich
	- evtl. lange Bearbeitungszeit

Quelle: Weis und Steinmetz 2008, S. 43

Tab. 3.14 Vor- und Nachteile der Fremdmarktforschung

Vorteile	Nachteile
- Größere Objektivität	- Einarbeitungszeit erforderlich
- im Prinzip alle Erhebungsmethoden	- evtl. höhere Kosten
- schnelle Durchführung	- Geheimhaltung eher gefährdet
- keine Betriebsblindheit	- evtl. mangelnde
	Branchenkenntnisse
- Einsatz von Experten	- Kommunikationsprobleme
- höhere Fachkenntnis im Hinblick auf	
Erhebungsmöglichkeiten	
- höhere Akzeptanz im Unternehmen	
- größere Erfahrung	

Quelle: Fantapié Altobelli 2017, S. 24; Weis und Steinmetz 2008, S. 43

3.6 Eine geeignete Agentur bzw. ein geeignetes Institut finden

Angenommen, Sie stellen fest, dass die Usability Ihrer Website oder App überprüft und optimiert werden soll und Sie dies nicht allein bewerkstelligen können, dann benötigen Sie einen kompetenten und erfahrenen Partner – eine professionelle Usability-Agentur (Kempe, 2015, S. 1).

Die richtigen Kompetenzen
Häufig wird, nach der Entscheidung eine Usability-Agentur zu engagieren, mit der Sondierung möglicher Kandidaten begonnen. Die ersten Anfragen dazu an die eigene PR-, Werbe- oder Webdesign-Agentur gestellt. Sie sollten dabei auf jeden Fall darauf achten, dass die jeweilige Agentur über die entsprechende Usability-Expertise verfügt. Dies können Sie sich durch Referenzprojekte bzw. -unterlagen nachweisen lassen oder direkt im Gespräch mit der entsprechenden Agentur prüfen. Wichtig ist, dass sich die Agentur bzw. deren Mitarbeiter in Ihrer Branche sehr gut auskennen. Dabei reicht es aus, wenn sich die Agentur in der „Oberbranche" auskennt. Eine genaue Eingrenzung auf Ihre „Teil- bzw. Unterbranche" ist nicht immer zielführend und auch gar nicht nötig. Des Weiteren sollten Sie hinterfragen welche Methodenkenntnis bei der Agentur vorliegt. So bekommen Sie schon früh ein Gefühl dafür, ob der jeweilige Kandidat für Ihre Aufgabenstellung geeignet ist. Fragen Sie: „Auf welcher

Grundlage erstellen Sie Ihre Konzepte?" Wichtig dabei ist, ob die eigentlichen User in den Research-Prozess einbezogen wurden. Fragen Sie zudem: „Wie testen bzw. validieren Sie Ihre Ergebnisse?" Auch hierbei sollten die User eine tragende Rolle spielen (Kempe, 2015, S. 1).

Das Briefing
Parallel zur Kandidatensichtung sollten Sie ein erstes **Briefingdokument** erstellen. Zentral dabei ist, dass Sie Ihre Anforderungen so präzise wie möglich formulieren. Für das erste Briefing spielen aus Sicht von Kempe (2015, S. 1) die folgenden vier Themen sowie die aufgeführten Leitfragen eine zentrale Rolle:

- **Das Produkt/die Website/die App:** Welchen Nutzen hat unser Produkt/unsere Website bzw. App für unsere Nutzer. Welches Problem löst es/sie? Welche 3–5 Hauptfunktionen hat unser Produkt/unsere Website bzw. App? Wann kann das Produkt auf den Markt/unsere Website oder App online gehen?
- **Der Einsatz des Produkts/der Website/der App:** Wo und von wem wird es/sie eingesetzt? Welche Aufgaben erfüllt mein Produkt/meine Website bzw. App beim Einsatz? Wieso wird gerade unser Produkt/unsere Website bzw. App eingesetzt?
- **Die Kunden:** Auf welchen Kanälen kommunizieren wir mit unseren Kunden? Werden unsere Kunden in die Entwicklung unseres Produkts/unserer Website bzw. App einbezogen? Und wenn ja, wie? Worauf basiert unser Wissen über die Bedürfnisse unserer Kunden?
- **Der konkrete Anlass:** Warum wollen wir gerade jetzt die Usability verbessern? Was erhoffen wir uns von einer Überarbeitung? Weshalb suchen wir externe Unterstützung?

Für die erste Sondierung reicht eine stichwortartige Beantwortung der Leitfragen völlig aus. Fassen Sie diese in einem Briefingdokument zusammen und besprechen Sie die einzelnen Punkte mit den Vertretern der Agenturen. So können Sie Verständnisschwierigkeiten und Fragen direkt klären. Eine gute Usability-Agentur bzw. die jeweiligen Ansprechpartner versuchen ein Gespür für Ihr Produkt/Ihre Website oder App, den Stellenwert der Usability im Allgemeinen und die Nutzer im Besonderen zu bekommen (Kempe, 2015, S. 1).

Das Kennenlernen

Die Informationen aus dem Briefing nutzen die Agenturen als Basis für Ihre Vorbereitung auf den ersten persönlichen Termin. Für das eigentliche Kennenlernen sollten Sie genügend Zeit einplanen. Schließlich handelt es sich um einen gegenseitigen Kennenlernprozess. Als Auftraggeber müssen Sie die Agentur kennenlernen. Umgekehrt müssen auch die Ansprechpartner der Agentur Sie kennenlernen, um eine fundierte Empfehlung für die weitere Vorgehensweise abgeben zu können. Am besten planen Sie mindestens zwei Stunden, bei komplexeren Usability-Projekten gern auch einmal drei bis vier Stunden ein. Sorgen Sie zudem dafür, dass alle internen Perspektiven des geplanten Usability-Projekts vertreten sind. Andernfalls besteht die Gefahr, dass die Agentur in die falsche Richtung denkt (Kempe, 2015, S. 1).

Das Angebot

In einer Projektskizze, in einem Projektentwurf oder einem konkreten Angebot (inklusive der Preise) beschreibt die Agentur die geplante Vorgehensweise, das heißt, mit welchen Schritten und Methoden die Agentur Ihr Usability-Problem zu lösen beabsichtigt. Durch Usability-Projekte werden i. d. R. langfristige Partnerschaften initiiert. Denn eine grundlegende Überarbeitung einer Website oder App benötigt Zeit. Dies gilt ganz besonders für „historisch gewachsene" Anwendungen. Lassen Sie sich jedoch nicht von der Langfristigkeit und den oft teuer erscheinenden Gesamtkosten entmutigen. Finden Sie vielmehr gemeinsam mit Ihrer Usability-Agentur gangbare Wege. Empfehlenswert sind mehrere Abstimmungsrunden, in denen Sie das Vorgehen zunächst erst einmal ganz grob, dann immer feiner skizzieren. Nehmen Sie sich dabei für die Fragen der Agentur genügend Zeit. Die Agentur sollte diesen Abstimmungsprozess gut strukturieren und nachvollziehbar aufbauen. Beispielsweise sollten Angebotsdokumente nicht nur kommentarlos übermittelt werden. Diese sind vielmehr, von den Ansprechpartnern auf Agenturseite zu erläutern. Definieren Sie gleich zu Beginn Feedback- und Abstimmungstermine: Wer gibt wann Feedback und was wird wann eingearbeitet? So können Sie Meilensteine festlegen und bei deren Erreichung erste Erfolge feiern. Was Sie auf jeden Fall offen besprechen sollten, ist das zur Verfügung stehende Budget. Dies führt für alle Beteiligten zu einem besseren

Endergebnis. Sprechen Sie auf Augenhöhe mit den Ansprechpartnern der Agentur. Dann lässt sich ein Paket schnüren, welches das verfügbare Budget zielführend einsetzt (Kempe, 2015, S. 1).

Die Entscheidung
Nachdem Sie in mehreren Kick-Off-Workshops verschiedene Usability-Agenturen kennengelernt haben, steht die Auswahlentscheidung an. Dabei sollten Sie auf die folgenden **Leitfragen** zurückgreifen, die Sie als Diskussionsgrundlage in Ihrem Entscheidungsgremium nutzen können (Kempe, 2015, S. 1):

- Wie genau hat die Agentur nachgefragt? Ist mit spezifischen Fragen ein maßgeschneiderter Projektentwurf entstanden oder eher eine allgemeine Lösungsskizze?
- Wie verständlich und schlüssig ist der Projektentwurf?
- Wie gut hat die Agentur die Website bzw. die App und Probleme rund um das Produkt verstanden?
- Wie sehr war die Agentur inhaltlich an Ihrer Website bzw. App interessiert?
- Wie flexibel und genau ist die Agentur auf Wünsche und Vorgaben eingegangen?
- Wie passend ist das Leistungsportfolio der Agentur für Sie als Auftraggeber?
- Wie gut passt die Kundenstruktur der Agentur zu Ihrem Unternehmen?

Die Projektdurchführung
In Tab. 3.15 sind die wichtigsten Dos and Don'ts aufgeführt, die Sie im Projektablauf beachten sollten.
Ihr Transfer in die Praxis:

- Sie können die vorgestellten Ansätze beurteilen und an Ihre unternehmensspezifische Situation anpassen.
- Sie können Ihren eigenen UX-Reifegrad beurteilen.
- Sie sind sicher im Umgang mit externen Dienstleistern und Agenturen.

Tab. 3.15 Dos and Don'ts im Projektablauf

Dos	Don'ts
- Vereinbaren Sie regelmäßige, kurze Abstimmungstermine (z. B. wöchentliche Jour Fixe).	- Schieben Sie die Projektentscheidungen nicht vollständig auf die Usability-Agentur ab.
- Dort wollen Sie keine Inhalte diskutieren, sondern alle Beteiligten über den Projektfortschritt auf dem Laufenden halten.	- Treffen Sie wichtige Entscheidungen immer im Team.
- Beziehen Sie alle relevanten Stakeholder frühzeitig mit ein.	- Halten Sie notwendige Freigaben nicht unnötig lange zurück.
- Dies gilt auch immer für die nächsten Projektphasen (z. B. die Entwickler für die Umsetzung).	- Zu definierten Zeitpunkten im Projekt braucht es immer Freigaben, um mit einem gesicherten Erkenntnis- bzw. Ergebnisstand in die nächste Phase starten zu können.
	- Schwammige Freigaben helfen niemanden, auch wenn Sie sich dadurch für spätere Änderungen ein „Hintertürchen" offen halten.
	- Dies führt am Ende immer nur zu Zeit- und Budgetüberschreitungen.
- Arbeiten Sie iterativ mit häufigen, kleinen Evaluationsrunden (Im Idealfall immer gemeinsam mit echten Nutzern).	- Wichtige Schlüsselpersonen, die erst relativ spät in das Projekt involviert werden oder erst am Ende dazu stoßen, werden im schlimmsten Fall das gesamte bisherige Ergebnis infrage stellen.
	- Dies wäre sehr schlecht für die Motivation Ihres Usability-Teams.
- Seien Sie flexibel.	
- Sollten neue Erkenntnisse (z. B. aus der User Research Phase) auftauchen, dann seien Sie offen für methodische Änderungen.	
- Dies sollte immer in Abstimmung mit allen Beteiligten erfolgen.	
- Halten Sie dabei immer auch das Gesamtbudget im Auge.	

Quelle: Kempe 2015, S. 1

Literatur

Broschart, S. (2010). *Suchmaschinenoptimierung & Usability. Website-Ranking und Nutzerfreundlichkeit verbessern.* Franzis.

Cooper, A., Reimann, R., & Cronin, D. (2010). *About Face. Interface und Interaction Design.* mitp.

Fantapié Altobelli, C. (2017). *Marktforschung. Methoden, Anwendungen, Praxisbeispiele* (3. Aufl.). UVK Verlagsgesellschaft/UVK/Lucius.

Geis, T., & Tesch, G. (2019). *Basiswissen Usability und User Experience. Systematisch und strukturiert vom Nutzungskontext zum gebrauchstauglichen Produkt. Aus- und Weiterbildung zum UXQB® Certified Professional for Usability and User Experience (CPUX) – Foundation Level (CPUX-F).* dpunkt.

Gürtler, J., & Meyer, J. (2016). *30 Minuten Design Thinking* (4. Aufl.). Gabal.

Jendryschik, M. (2020). UX-Reifegradmodelle – UX in Organisationen verankern und dauerhaft managen. https://jendryschik.de/weblog/2020/06/28/ux-reifegradmodelle-ux-in-organisationen-verankern-und-dauerhaft-managen. Zugegriffen am 25.06.2022.

Kempe, N. (2015). Usability- und UX-Agenturen – wie man sie findet und effektiv einsetzt. https://www.produktbezogen.de/usability-agenturen-finden-und-effektiv-einsetzen. Zugegriffen am 12.06.2022.

Kerguenne, A., Schaefer, H., & Taherivand, A. (2017). *Design Thinking. Die agile Innovations-Strategie.* Haufe.

Langenfeld, K. (2019). *Design Thinking für Anfänger. Innovation als Faktor für unternehmerischen Erfolg.* Langenfeld.

Ludewig, E. (2020). *Usability und UX für dummies.* Wiley-VCH.

Meyer, S. (2017). Die 6 Stufen der UX-Reifegrad Skala – Wie UX-fit ist dein Unternehmen? https://www.testingtime.com/blog/6-stufen-ux-reifegrad-skala/. Zugegriffen am 14.06.2022.

o. V. (2020). Reifegrad Wissensmanagement. https://www.wissensmanagement.gv.at/Reifegradmodell_Wissensmanagement. Zugegriffen am 14.06.2022.

Schallmo, D. R. A. (2017). *Design Thinking erfolgreich anwenden. So entwickeln Sie in 7 Phasen kundenorientierte Produkte und Dienstleistungen.* Springer. Zitiert nach: Schallmo, D. R. A. (2018). Jetzt Design Thinking anwenden. In *7 Schritten zu kundenorientierten Produkten und Dienstleistungen.* Springer Gabler.

Schallmo, D. R. A. (2018). Jetzt Design Thinking anwenden. In *7 Schritten zu kundenorientierten Produkten und Dienstleistungen.* Springer Gabler.

Semler, J., & Tschierschke, K. (2019). *App-Design. Das umfassende Handbuch* (2. Aufl.). Rheinwerk.

Weis, H. C., & Steinmetz, P. (2008). *Marktforschung* (7. Aufl.). Kiehl.

4

Wann erforsche ich die Usability (?) – von Planung bis Einsatz

4.1 Die Elemente des Nutzungskontextes und seine Bedeutung für die menschzentrierte Gestaltung

Was Sie aus diesem Kapitel mitnehmen:
* Sie kennen die Elemente und Bedeutung des Nutzungskontextes für die menschzentrierte Gestaltung von Produkten und Dienstleistungen.
* Ihnen sind die wichtigsten Marktforschungs- bzw. Usability-Ansätze bekannt.
* Wir stellen Ihnen für die einzelnen Projektphasen die richtigen Ansätze vor und zeigen Ihnen die Ablaufschritte der jeweiligen Ansätze auf.

4.1.1 Die Elemente des Nutzungskontextes

Ludewig (2020, S. 123–124) macht darauf aufmerksam, dass dem Begriff Nutzungskontext eine besondere Bedeutung zukommt, da er mehr umfasst als nur die Umgebung. Zum Nutzungskontext zählen die Benutzer selbst, ihre Arbeitsaufgaben, ihre Ausrüstung (z. B. Hard- und

© Der/die Autor(en), exklusiv lizenziert an Springer Fachmedien Wiesbaden GmbH, ein Teil von Springer Nature 2023
C. Peinert-Elger, A. Magerhans, *Quick Guide Usability*, Quick Guide,
https://doi.org/10.1007/978-3-658-41469-6_4

Software sowie weitere Materialien) sowie die physische und soziale Umgebung, in der die Website oder App genutzt wird:

* **B**enutzer
* **A**ufgaben
* **U**mgebungen
* **R**essourcen

Mit dem Nutzungskontext werden also die Bedingungen beschrieben, unter denen eine digitale Anwendung bzw. ein interaktives System benutzt wird. Aus dem Nutzungskontext werden die Nutzungsanforderungen abgeleitet, die vom interaktiven System erfüllt werden müssen (Geis & Tesch, 2019, S. 52).

> **Nutzungskontext**
>
> „Eine Kombination aus Benutzern, Zielen, Aufgaben, Ressourcen und Umgebung(en)" (Geis & Tesch, 2019, S. 52).

In Abb. 4.1 ist ein interaktives System und der es umgebende Nutzungskontext visualisiert. Bitte beachten Sie bei der Betrachtung der Abbildung, dass das interaktive System kein Element des Nutzungskontextes ist (Geis & Tesch, 2019, S. 52).

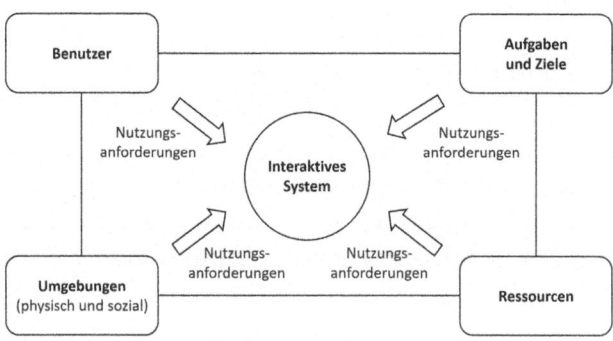

Abb. 4.1 Der Nutzungskontext für ein interaktives System

Interaktives System

„Eine Kombination aus Hardware, Software und Dienstleistungen, mit der Benutzer interagieren, um bestimmte Ziele zu erreichen" (Geis & Tesch, 2019, S. 21).

Benutzer

Benutzertypen

„**Benutzer:** Eine Person, die mit einem interaktiven System interagiert oder die Ergebnisse, die vom System erzeugt werden, benutzt" (Geis & Tesch, 2019, S. 53).

„**Primärer Benutzer:** Ein Benutzer, der das interaktive System für seinen beabsichtigten Zweck verwendet" (Geis & Tesch, 2019, S. 54).

„**Sekundärer Benutzer:** Ein Benutzer, der unterstützende Aufgaben mit dem interaktiven System ausführt, beispielsweise um es zu pflegen oder um primäre Benutzer zu schulen" (Geis & Tesch, 2019, S. 55).

„**Indirekter Benutzer:** Ein Benutzer, der die Ergebnisse des interaktiven Systems verwendet, aber nicht direkt mit dem interaktiven System interagiert" (Geis & Tesch, 2019, S. 55).

Benutzer können auf unterschiedliche Art und Weise mit einer digitalen Anwendung interagieren. Sie können Auswahlen treffen, Eingaben tätigen und Informationen beschaffen (Geis & Tesch, 2019, S. 53).

Ziele und Aufgaben

Ziel

„Das angestrebte Arbeitsergebnis" (Geis & Tesch, 2019, S. 14).

oder

„Bei einem **Ziel** handelt es sich um eine Soll-Größe, mit der ein Ist-Zustand verglichen wird, der so lange bewusst und effektiv bearbeitet werden muss, bis er dem Soll-Zustand entspricht" (o. V., 2004, S. 3432).

Aufgabe

„Eine Menge von Aktivitäten, die unternommen werden, um ein bestimmtes Ziel zu erreichen" (Geis & Tesch, 2019, S. 56).

Geis und Tesch (2019, S. 55) weisen darauf hin, dass Ziele und Aufgaben
untrennbar miteinander verbunden sind. Aus einem Ziel wird eine Aufgabe abgeleitet. Die Aufgabe muss wiederum erledigt werden, um das angestrebte Ziel zu erreichen. Hinzu kommt, dass die jeweils auszuführenden
Aufgaben der Grund für die Existenz interaktiver Systeme sind. Einige
Aufgaben lassen sich nur mithilfe interaktiver Systeme umsetzen bzw. sind
durch diese effektiv umsetzbar. Andere Aufgaben können mithilfe interaktiver Systeme effizienter und zufriedenstellender erledigt werden.

Ressourcen

Ressourcen

„Alle Mittel, die zur Nutzung eines interaktiven Systems notwendig
sind" (Geis & Tesch, 2019, S. 57).

Bei der Erledigung von Aufgaben greifen Benutzer auf wiederverwert-
bare und/oder sich verbrauchende Ressourcen zurück. Ressourcen können auch als Mittel beschrieben werden, die während der Aufgabenerledigung mit dem interaktiven System verwendet werden (Geis &
Tesch, 2019, S. 57). Beispiele für wiederverwendbare und sich verbrauchende Ressourcen finden Sie in Tab. 4.1.

Umgebung(en)

Umgebung(en)

„Die physischen, sozialen und technischen Bedingungen, unter denen
ein Benutzer mit einem interaktiven System interagiert" (Geis & Tesch,
2019, S. 58).

Tab. 4.1 Wiederverwendbare und sich verbrauchende Ressourcen

Wiederverwendbare Ressourcen	Sich verbrauchende Ressourcen
- Ausrüstung (Hard- und Software)	- Material
- Information	- Zeit
- Support (menschlich und/oder technisch)	
	- finanzielles Budget für Gehälter, Energie und Konnektivität
	- Leistungsfähigkeit (körperlich und/oder mental)

Quelle: Geis und Tesch 2019, S. 57

Mit Umgebung werden die physischen, sozialen und technischen Bedingungen umschrieben, unter denen die Benutzer mit dem interaktiven System interagieren und die jeweilige Aufgabe erledigen (Geis & Tesch, 2019, S. 58).

Anforderungen der Bildschirmarbeitsverordnung (BildscharbV) bezüglich des Zusammenspiels von Mensch und Arbeitsmittel (Sarodnick & Brau, 2015):

- Die Grundsätze der Ergonomie sind insbesondere auf die Verarbeitung von Informationen durch den Menschen anzuwenden.
- Die Software muss an die auszuführende Aufgabe angepasst sein.
- Die Systeme müssen den Benutzern Angaben über die jeweiligen Dialogabläufe unmittelbar oder auf Verlangen machen.
- Die Systeme müssen den Benutzern die Beeinflussung der jeweiligen Dialogabläufe ermöglichen sowie eventuelle Fehler bei der Handhabung beschreiben und deren Beseitigung mit begrenztem Arbeitsaufwand erlauben.
- Die Software muss entsprechend den Kenntnissen und Erfahrungen der Benutzer im Hinblick auf die auszuführende Aufgabe angepasst werden können.
- Ohne Wissen der Benutzer darf keine Vorrichtung zur qualitativen oder quantitativen Kontrolle verwendet werden.

Die einzelnen Ausprägungen der Umgebung werden im Folgenden kurz skizziert (Geis & Tesch, 2019, S. 58–59):

- **Physische Umgebung:** Damit werden die Aufenthaltsorte erfasst, an denen sich die Benutzer bei der Erledigung der Aufgaben befinden. Als Beispiel mag ein Bahnreisender dienen, der auf dem Bahnsteig in seinem Smartphone nach der nächstmöglichen Zugverbindung sucht. Die Lichtverhältnisse und die Geräuschkulisse üben einen signifikanten Einfluss aus und prägen zusammen die physische Umwelt.
- **Soziale Umgebung:** Hierdurch werden andere Personen erfasst, die während der Aufgabenerledigung anwesend sind. In unserem Beispiel wären das andere Bahnreisende und Mitarbeiter der Deutschen Bahn.
- **Technische Umgebung:** Die technische Umgebung berücksichtigt den Zugang zu Energie und die Konnektivität zum Internet. In Regionalzügen der Deutschen befinden sich beispielsweise nur in der ersten Klasse Steckdosen mit denen sich das Smartphone oder der Tablet PC aufladen lassen.

4.1.2 Die Bedeutung des Nutzungskontextes für die menschzentrierte Gestaltung

Der Nutzungskontext beinhaltet die Bedingungen, unter denen ein interaktives System genutzt wird. Dazu zählen die Benutzer des interaktiven Systems, die Ziele, die diese verfolgen sowie die Aufgaben, die zur Erreichung der Ziele ausgeführt werden müssen und die Ressourcen, die den Benutzern dafür zur Verfügung stehen. Die Umgebung(en), innerhalb derer das interaktive System eingesetzt wird rundet bzw. runden den Nutzungskontext ab (Geis & Tesch, 2019, S. 52). In Abb. 4.1 sind alle Elemente des Nutzungskontextes und deren Beziehungsgeflecht visualisiert.

Der Nutzungskontext für ein interaktives System bildet die konzeptionelle Basis für die Ableitung der jeweiligen Nutzungsanforderungen. Auf die einzelnen methodischen Ansätze, die dazu geeignet sind, gehen wir im Folgenden näher ein (siehe dazu auch die Übersicht in Tab. 4.2).

Tab. 4.2 Usability-Methoden im Verlauf des nutzerzentrierten Entwicklungsprozesses

Phase	Schritte/Aktionen	Ausgewählte Methoden
Analyse: Nutzungskontext verstehen und beschreiben	- Beschreibung der Nutzer aller Nutzergruppen mit deren Aufgaben, Zielen, Arbeitsmitteln sowie deren physischer und sozialer Umgebung	- Fokusgruppen - Umfragen oder Befragungen - Vor-Ort-Beobachtungen und Tagebuchstudien - Personas - Mapping-Methoden
Konzeption: Nutzungsanforderungen spezifizieren	- Entwickeln der zugrunde liegenden Informationsarchitektur - Definieren der Systemunterstützung aus Nutzersicht	- Mapping-Methoden - Card Sorting - Scribbles - Wireframes
Design & Umsetzung: Gestaltungslösungen entwickeln, die die Nutzungsanforderungen erfüllen	- Interaktionsspezifikation erstellen - Navigationspfade festlegen - Prototyp erstellen	- Papierprototypen - Mockups und Prototypen - Design Sprints und ausgewählte Ideations-Methoden
Testing: Gestaltungslösung aus Nutzerperspektive evaluieren	- Testen der erarbeiteten Gestaltungslösung anhand der Anforderungen	- Usability-Tests - Remote-Usability-Tests - Guerilla-Usability-Tests - Usability-Reviews - A-/B-Tests

Quelle: Jacobsen und Meyer 2022, S. 89

4.2 Analyse – Nutzerforschung und -verständnis

4.2.1 Beobachtungen

Mithilfe der Beobachtung lassen sich, anders als beim Interview, objektive Informationen über den Nutzungskontext gewinnen. Bei einer Beobachtung bleibt der Usability-Experte, der die Beobachtung durchführt, im Hintergrund und tritt, falls möglich, nicht weiter in Erscheinung. Üblicherweise wird die Beobachtung an dem Ort durchgeführt, an dem die Nutzer mit dem interaktiven System eine Aufgabe erledigen (Geis & Tesch, 2019, S. 64). Pohlmann (2022, S. 113) bezeichnet die Beobachtung daher auch als Königsweg, um User in Aktion zu sehen. Aber er weist auch darauf hin, dass die Beobachtung in der Durchführung sehr anspruchsvoll und anstrengend ist.

Beobachtung

„Neben der Befragung ist die **Beobachtung** eine der wesentlichen Verfahren zur Datenerhebung in der Marktforschung. Eine Beobachtung ist ein nicht-reaktives Verfahren, d. h. im Gegensatz zur Befragung äußert sich die Testperson nicht zum Erhebungsgegenstand. Die Beobachtung richtet sich auf sinnlich wahrnehmbare Sachverhalte (Aktivitäten, äußere Merkmale etc.)" (Schröder, 2004, S. 62).

Nach Fantapié Altobelli (2017, S. 115) lässt sich eine Beobachtung anhand der folgenden **Charakteristika** beschreiben:

- Es gibt einen exakt abgegrenzten Untersuchungsbereich.
- Der Marktforscher geht planmäßig vor.
- Es erfolgt eine systematische Aufzeichnung des aktuellen Geschehens.
- Zudem wird die Objektivität, Reliabilität und Validität der Messung überprüft.

In Tab. 4.3 werden die vier verschiedenen Beobachtungssituationen einander gegenübergestellt.

Nur für den Fall, dass es in der Beobachtungssituation zu Verständnisproblemen seitens des Beobachters kommt, ist es ihm erlaubt, Zwischenfragen zu stellen. Beobachtungen sind insbesondere dann sehr nützlich, wenn sich die Benutzer in ihrem natürlichen Umfeld bewegen und mit einer digitalen Anwendung eine Aufgabe lösen (Geis & Tesch, 2019, S. 65).

Beobachtungen sind mit verschiedenen Vor- und Nachteilen verbunden. Die wichtigsten Vor- und Nachteile sehen Sie in Tab. 4.4.

Tab. 4.3 Beobachtungssituationen

Offene Situation	Nicht durchschaubare Situation	Quasi-biotische Situation	Biotische Situation
Der Beobachtete weiß von der Beobachtung.	Der Beobachtete weiß von der Beobachtung.	Der Beobachtete weiß von der Beobachtung.	Der Beobachtete weiß nicht von der Beobachtung.
Er kennt deren Zweck wie auch die konkrete Aufgabe.	Er kennt deren Zweck, nicht aber die konkrete Aufgabe.	Er kennt weder deren Zweck, noch die konkrete Aufgabe.	Er kennt weder deren Zweck, noch die konkrete Aufgabe.
Beispiel: Beobachtung der Handhabung von Produkten in einer häuslichen Situation	Beispiel: Beobachtung des Markenwahl-verhaltens im Rahmen eines Labortests, wenn der Beobachtete nicht weiß, um welche Produktkategorie es sich handelt	Beispiel: Registrierung des Einkaufsverhaltens von Panelteilnehmern im Rahmen einer Neuprodukteinführung	Beispiel: Wartezimmertest im Rahmen der Werbemittelforschung

Quelle: Fantapié Altobelli 2017, S. 117

Tab. 4.4 Vor- und Nachteile der Beobachtung

Vorteile	Nachteile
- unabhängig von der Auskunftsbereitschaft und der Verbalisierungsfähigkeit der User	- Viele interessierende Sachverhalte (insbesondere psychologische Konstrukte) entziehen sich einer Beobachtung.
- Es entfällt das Problem der Beeinflussung durch den Beobachter. Eine Ausnahme bildet die teilnehmende Beobachtung.	- Bei nicht experimentellen Beobachtungen muss zusätzlich eine Befragung vorgenommen werden.
- Erfassung nonverbaler Verhaltensweisen	- erhebliche Repräsentativitätsprobleme
	- Laborbeobachtungen erfolgen mit zumeist kleinen Stichproben.
- Erfassung von Sachverhalten, die den Probanden selbst nicht bewusst sind.	- Vorgänge, die sich über einen längeren Zeitraum erstrecken würden eine sehr lange Erhebungsdauer erfordern.
- Auch komplexe Zusammenhänge lassen sich erforschen.	- Analog zum Interviewer-Einfluss bei der Befragung ist bei der Beobachtung ein Beobachtereinfluss festzustellen.
- Bestimmte psychische Konstrukte lassen sich unter Anwendung technischer Hilfsmittel deutlich zuverlässiger erfassen als durch eine Befragung.	- Bei komplexen Fragestellungen stößt die Datenaufnahmekapazität des Beobachters schnell an ihre Grenzen.
- Es können Verhaltenssequenzen erfasst werden.	- Bei nicht verdeckten Beobachtungssituationen tritt auf Seiten der Untersuchungsperson ein Beobachtungseffekt ein.
- Vorgänge können unmittelbar im Augenblick ihres Geschehens erfasst werden.	- Die beobachteten Merkmale sind u. U. unterschiedlich interpretierbar.
- Beobachtungen können andere Erhebungsmethoden ergänzen.	- Beobachtungssituationen sind nur unter Laborbedingungen wiederholbar.
- Erfassung gruppendynamischer Prozesse	- Die zeitliche Abfolge der beobachteten Ereignisse ist nicht direkt steuerbar.

Quelle: Fantapié Altobelli 2017, S. 118–119 und 120

4.2.1.1 Tagebuchstudie

Tagebuchstudien (englisch: **Diary Study**) sind eine weitere Alternative der Nutzerbeobachtung. Hierbei beobachten sich die Nutzer jedoch selbst und halten ihre Eindrücke in einem Tagebuch fest. Es handelt sich daher um eine Kombination aus Selbstbeobachtung und -befragung. Damit dies funktioniert, brauchen die Probanden eine klare Aufgabenstellung. Sie müssen schließlich wissen, worauf sie achten und welche Eindrücke und Verhaltensweisen sie erfassen sollen. Außerdem müssen sie wissen, wie sie dies alles zu dokumentieren haben (Rammelt et al., 2020, S. 103).

> **Tagebuchverfahren**
>
> „Das **Tagebuchverfahren** ist eine standardisierte Form der schriftlichen Befragung, bei der Personen oder Haushalte auf vorstrukturierten Fragebögen die tägliche Mediennutzung (Mediaforschung) oder das Einkaufs- bzw. Konsumverhalten (Haushaltsbuchforschung) angeben und an Institute zurückmelden" (o. V., 2001a, S. 1645).

Als Testleiter sollten Sie den Teilnehmern regelmäßig (z. B. einmal pro Woche) eine kleine Aufgabe zuschicken. Erinnern Sie die Teilnehmer zudem daran, wieder einmal etwas von sich hören zu lassen (Rammelt et al., 2020, S. 103).

> **Kommunikation per WhatsApp**
>
> Als sehr kostengünstige Alternative können Sie auf **WhatsApp** zurückgreifen. Die Teilnehmer können dabei ihre Erfahrungen in Form von Texten festhalten und an den Untersuchungsleiter schicken. Zusätzlich bietet es sich an, Fotos zu machen und Sprachnachrichten aufzuzeichnen und diese ebenfalls an den Versuchsleiter zu senden (Rammelt et al., 2020, S. 103).

Vorteilhaft an dieser Methode ist, dass Sie eher einen Zugang zu den Gefühlen und Gedanken der Probanden bzw. Ihrer Zielgruppe erhalten. Allerdings können sich auch hierbei situative Einflüsse bemerkbar machen. Sobald Personen ihr Verhalten und ihre Empfindungen reflektieren, hat dies Auswirkungen auf ihr Verhalten (Rammelt et al., 2020, S. 103).

Tools für Tagebuchstudien

Jens Jacobsen und Lorena Meyer (2022, S. 118) haben Tools zur Durchführung von Tagebuchstudien zusammengestellt. Diese speziellen Anwendungen sind für die Durchführung, Dokumentation und Auswertung von ethnografischen Studien, wie z. B. Vor-Ort-Beobachtungen und Tagebuchstudien geeignet:

- **Kernwert:** www.kernwert.com
- **dscout:** www.dscout.com
- **Indeemo:** www.indeemo.com

Diese Anwendungen unterstützen Sie als Studienleiter mit wertvollen Funktionalitäten zur Steuerung und automatisierten Auswertung. Daher empfehlen sich derartige Tools insbesondere dann, wenn Sie es mit größeren Stichproben zu tun haben oder die Studie über einen längeren Zeitraum läuft. Etwas nachteilig daran ist, dass Sie sich natürlich erst mit der jeweiligen Anwendung vertraut machen müssen.

Falls Sie sich für eine Tagebuchstudie entscheiden sollten und damit Ihre Website oder App durch die Nutzer evaluieren lassen wollen, müssen Sie darauf gefasst sein, dass Sie umfangreiche Daten über Ihre Nutzer und deren Umgang mit dem interaktiven Online-Angebot generieren bzw. gewinnen. Jacobsen und Meyer (2022, S. 177) heben in diesem Zusammenhang hervor, dass diese Langzeit-Datensammlung sehr interessant sein kann. Denn Sie erfassen die tatsächliche Nutzung in unterschiedlichen Situationen und Nutzungskontexten. Dadurch lassen sich vielfältige Nutzungsszenarien aufdecken.

4.2.1.2 Was bei Beobachtungen zu beachten ist

Mithilfe Ihrer Beobachtungen wollen Sie ja gute und brauchbare Erkenntnisse erzielen. Daher sollten Sie die folgenden **Empfehlungen** bei der Konzeption und Durchführung beachten (Rammelt et al., 2020, S. 103):

- **Zielgruppe wählen:** Besonders wichtig ist, dass Sie auch wirklich Ihre Zielgruppe und nicht irgendeine Personengruppe beobachten. Nur dann können Sie durch die Beobachtung brauchbare Erkenntnisse gewinnen.
- **Nicht beeinflussen:** Wenn Sie an der Beobachtung teilnehmen, kann dies einen Einfluss auf die Probanden haben. Daher sollten Sie versuchen, soweit es irgendwie geht, Ihren Einfluss zu minimieren. Empfehlenswert ist es, wenn Sie sich ganz bewusst im Hintergrund halten oder die Testsituation auf Video aufzeichnen, dann müssen Sie gar nicht zugegen sein.
- **Geeigneter Kontext:** Der Beobachtungskontext sollte für Ihre Website bzw. App aussagekräftig sein. Beobachten Sie beispielsweise das Verhalten der Probanden auf anderen (Konkurrenz-) Websites, dann sollte Ihre eigene Website ähnlich aufgebaut sein oder zumindest ähnlichen Content bieten.
- **Beobachtungen aufzeichnen:** Das Wichtigste gleich vorab: Sie dürfen die Probanden nur dann per Videokamera aufzeichnen, wenn diese ausdrücklich eingewilligt haben und damit einverstanden sind. Diese Einwilligung sollten Sie sich von den Teilnehmern schriftlich (d. h. mit Unterschrift) geben lassen!

4.2.2 Befragungen

4.2.2.1 Interviews

Mithilfe von (Kontext-)Interviews wollen Sie relevante Aussagen über Merkmalsträger und ihren Nutzungskontext treffen. Konkret bedeutet dies, dass Sie etwas über Ihre Nutzer in Erfahrung bringen wollen. Dabei kann es um deren Gedanken und Gefühle aber auch um ihre Erfahrungen mit Ihrer Website oder App gehen (Brosius et al., 2022, S. 86).

Interviewarten

„Ein **Interview** ist eine besondere Form des Gesprächs, das von der Forscherin mit einer zu beforschenden Person geführt wird. Interviews dienen der wissenschaftlichen Datenerhebung. Im Gegensatz zu einem Alltagsgespräch, bei dem man nur zu leicht vom hundertsten ins tausendste kommt, sind Interviews systematischer und kreisen stärker um ein bestimmtes, von der Forschungsfrage definiertes Thema" (Hug & Poscheschnik, 2020, S. 127).

„Ein **kontextuelles Interview** (auch: **Kontextinterview** oder **Contextual Inquiry**) ist ein Interview, das dort stattfindet, wo die Interaktion des Benutzers mit der Anwendung üblicherweise erfolgt. Ein kontextuelles Interview zielt auf den Nutzungskontext des Benutzers ab" (Ludewig, 2020, S. 153).

Die verschiedenen Typen des qualitativen Interviews sind in Tab. 4.5 dargestellt.

In einem qualitativen Interview verwenden Sie vorrangig offene Fragen. Nach Brosius et al. (2022, S. 89) ergeben sich dadurch verschiedene Vor- und Nachteile, die in Tab. 4.6 aufgeführt sind.

Tab. 4.5 Drei Typen des qualitativen Interviews

Interview	Narratives Interview	Problemzentriertes Interview	Teilstandardisiertes Experteninterview
angezielte Textsorten	Erzählung	Erzählung/ Beschreibung	Beschreibung/ Argumentation
Voraussetzungen	keine	offenes Konzept	genaues Konzept
Standardisierung	keine	keine	teilstandardisiert
Gesprächsart	offen	kontrolliert offen	fokussiert
Themenvorgabe	keine	grob strukturiert	fein strukturiert
Frageformulierung	offen	ungefährer Wortlaut	genauer Wortlaut
Nachfragen	immanent	immanent/exmanent	exmanent

Quelle: Pohlmann 2022, S. 225

Tab. 4.6 Vor- und Nachteile offener Fragen

Vorteile	Nachteile
- höhere Komplexität	- Die Auswertung ist sehr aufwendig.
- Erfassung vieler Randbedingungen	- Es kann zu einer Zersplitterung der Antworten kommen.
- Befragte nennen neue Aspekte, an die der Forscher nicht gedacht hat. Dies gilt ganz besonders für bisher noch nicht erforschte Sachverhalte (z. B. eine innovative Website).	- Zudem können Ergebnisverzerrungen durch das unterschiedliche Ausdrucksvermögen der Probanden auftreten.

Quelle: Brosius et al. 2022, S. 89

Vorbereitung eines Interviews

Pohlmann (2022, S. 217–218) nennt sieben zentrale **Vorbereitungs-maßnahmen**, die vor der Durchführung eines Interviews zu treffen sind:

- Angenommen, Sie möchten einen ausgewählten Personenkreis ansprechen, dann sollten Sie diesem im Vorfeld eine Kurzdarstellung Ihrer Forschungsabsichten zukommen lassen. Dies kann schriftlich (z. B. per E-Mail), telefonisch oder mündlich erfolgen. Halten Sie die Kurzdarstellung recht allgemein, damit diese keine detaillierte Vorbereitung auf das Interview zulässt. Schließlich wollen Sie spontane Äußerungen der Probanden erheben und keine vorbereiteten Auskünfte und Argumentationen.
- Klären Sie im Vorfeld Fragen zum Datenschutz und erstellen Sie eine Datenschutzerklärung.
- Suchen Sie sich Räumlichkeiten, die eine entspannte und vertrauensvolle Atmosphäre zulassen.
- Zudem sollten Sie während der Interviews ungestört arbeiten können. Das geht nur, wenn Sie sich allein mit dem Interviewpartner in dem Raum befinden.
- Den zeitlichen Rahmen für die Interviews sollten Sie großzügig bemessen. Wenn Sie 30–45 Interviewzeit eingeplant haben, sollten Sie im Zwei-Stundentakt zu den Interviews einladen. Dann können Sie zwischendrin auch einmal eine Pause machen.

- Die Interviewpartner sollten zudem vor dem Interview Informationen über den Interviewer erhalten. Stellen Sie den bzw. die Interviewer kurz per E-Mail oder telefonisch vor.
- Vor den eigentlichen Interviews müssen die Interviewer geschult werden. Üben Sie mit ihnen gemeinsam den Fragebogen und die Anfangserklärung ein. Außerdem sollten die Interviewer das aktive Zuhören trainieren.

Durchführung eines Interviews

Auch für die eigentliche Interviewdurchführung spricht Pohlmann (2022, S. 220–221) **Empfehlungen** aus:

- Unmittelbar vor dem ersten Interview müssen Sie einen Technikcheck durchführen. Testen Sie das Aufnahmegerät und machen Sie sich mit der Bedienung vertraut. Denken Sie an das Ladekabel, es könnte sein, dass Sie es benötigen. Falls Sie das Interview mit einem Smartphone aufzeichnen möchten, muss der Akku ausreichend geladen sein.
- Vor dem ersten Interviewtermin findet ein kurzes Briefing der Interviewer statt: Mit wen findet das Interview statt?
- Um den Intervieweffekt so gering wie möglich zu halten, müssen die Interviewer angemessen gekleidet sein. In einigen Fällen erfordert ein Interview ein Kostüm oder einen Anzug. Manchmal sind aber auch Jeans und Bluse bzw. Hemd ausreichend bzw. die bessere Wahl.
- Wie sieht es mit ihren Smalltalk-Fähigkeiten aus? Sollten Sie damit Probleme haben, dann suchen Sie sich zwei aktuelle Themen aus der Tagespresse heraus und bereiten sich so optimal auf den Smalltalk zu Beginn des Interviews vor. Dadurch leisten Sie einen wichtigen Beitrag für eine entspannte und vertrauensvolle Atmosphäre.
- Danach teilen Sie dem Interviewpartner Ihr Erkenntnisinteresse mit, die hundertprozentige Wissenschaftlichkeit und Informationen zum Datenschutz.

In Tab. 4.7 sind **15 goldene Regeln der Interviewführung** zusammengestellt.

Tab. 4.7 15 goldene Regeln der Interviewführung

1. Technik beherrschen	- Bevor Sie mit dem Interview beginnen, sollten Sie sich mit der Aufnahme-Technik vertraut machen.
	- Studieren Sie die Bedienungsanleitungen und prüfen Sie, ob alles funktioniert.
2. Ungestörtheit schaffen	- Das Interview sollte in einer entspannten und ungestörten Atmosphäre stattfinden.
	- Jegliche Störungen (z. B. Personen, die in den Raum kommen und diesen wieder verlassen) sind kontraproduktiv.
3. Vertrauen aufbauen	- Der Interviewpartner soll Ihnen erzählen, was ihn wirklich bewegt.
	- Dies geht nur, wenn Sie eine Vertrauensbasis zwischen sich und dem Interviewten schaffen.
	- Zeigen Sie ernsthaftes Interesse am Befragten und seinen Aussagen.
	- Der Befragte darf auf keinen Fall das Gefühl haben, dass er ausgehorcht wird.
4. Verständlichkeit beachten	- Zum einen wollen Sie die Interviewten verstehen und andererseits sollen die Interviewten Sie verstehen.
	- Achten Sie daher auf eine verständliche Formulierung Ihrer Fragen.
	- Sprechen Sie die Sprache der Interviewpartner.
5. Gespräch steuern	- Lenken Sie das Interview auf die besonders wichtigen bzw. interessanten Usability-Aspekte.
	- Dabei sollten Sie jedoch nicht suggestiv agieren und den Befragten die Antworten gewissermaßen in den Mund legen.
6. Geduld haben	- Seien Sie geduldig und lassen Sie dem Interviewten genügend Zeit, um zu antworten.
	- Falls einmal eine Pause entsteht, halten Sie es aus und fragen bitte nicht ungeduldig nach.
	- Halten Sie sich zurück.
7. Flexibel bleiben	- Wenn etwas Ihre Aufmerksamkeit weckt, fragen Sie interessiert nach.
	- Werden Sie keinesfalls Opfer Ihres Interviewleitfadens.
8. Zustimmung erbitten	- Sichern Sie dem Interviewpartner absolute Anonymität zu.
	- Und bevor Sie mit der Aufzeichnung des Interviews beginnen, müssen Sie unbedingt die Erlaubnis dazu von Ihrem Gesprächspartner einholen.
	- Dies muss schriftlich erfolgen.

(Fortsetzung)

Tab. 4.7 (Fortsetzung)

9. Einstiegsfrage finden	- Zu Beginn des Interviews sind Sie noch ein Fremder. - Stellen Sie daher zu Beginn eine gute Einstiegsfrage (Warm-up- oder Aufwärm- oder Eisbrecherfrage), die behutsam zum eigentlichen Thema des Interviews hinführt.
10. Fragen formulieren	- Ihre Fragen müssen zielgerichtet sein, damit die Antworten der Interviewpartner Ihr Forschungsinteresse befriedigen.
11. Offene Fragen stellen	- Stellen Sie Ihre Fragen derart, dass der Interviewte möglichst frei antworten kann. - Der Interviewte und nicht Sie muss die Antwort finden. - Wenn Sie einmal etwas nicht ganz verstanden haben, dann fragen Sie nach und lassen es sich noch genauer erzählen.
12. Reihenfolge finden	- Finden Sie eine sinnvolle Fragenreihenfolge. - Sie sollten den Interviewleitfaden aber nicht strikt abarbeiten, denn das ist einer lockeren Gesprächsatmosphäre nicht zuträglich.
13. Interview beenden	- Am Schluss des Interviews fragen Sie nach, ob aus Sicht des Interviewten noch etwas Wichtiges vergessen wurde oder noch ein wichtiger Aspekt offen geblieben ist.
14. Interviewleitfaden ausprobieren	- Bevor Sie den Interviewleitfaden einsetzen, sollten Sie ihn einem Pretest unterziehen. - Spielen Sie mit einem Freund/einer Freundin das Interview einmal durch. - So bekommen Sie ein Gefühl für den zeitlichen Aufwand und ob alles so funktioniert, wie Sie es sich vorgestellt haben.
15. Kurzfragebogen erwägen	- Insbesondere soziodemografische Daten lassen sich mithilfe eines schriftlichen Kurzfragebogens erheben. - Diesen können Sie am Ende des Interviews von der Befragungsperson ausfüllen lassen.

Quelle: Hug und Poscheschnik 2020, S. 136–139

Ludewig (2020, S. 154) empfiehlt, sich nicht zu starr an einem Interviewleitfaden festzuklammern. Es ist jedoch empfehlenswert, eine **Checkliste** zu erstellen, auf der Sie Aspekte festhalten, die Sie auf jeden Fall thematisieren wollen:

- Welche Erwartungen und Wünsche hat der Interviewte an das neue bzw. überarbeitete System?
- Wer außer dem Interviewten nutzt die (interaktive/digitale) Anwendung aktuell?
- Welche Ziele verfolgt der Interviewte mit der Nutzung der Website oder App?
- Was sind die wichtigsten Aufgaben, die mit der Anwendung erledigt werden? Diese sollten Sie möglichst detailreich beschreiben und sich zeigen lassen!
- Wie gut funktioniert das Erledigen dieser Aufgaben? Wo sieht der Interviewte Probleme bzw. Herausforderungen?
- Wie ist die Umgebung gestaltet? Was aus der Umgebung hat einen Einfluss auf die Nutzung?
- Welche Hilfsmittel oder Geräte werden verwendet?

Nachbereitung eines Interviews
Halten Sie unmittelbar nach dem Interview Ihre Eindrücke schriftlich fest. Dabei kann es um besondere Vorkommnisse, die Dynamik der sozialen Interaktion oder Eindrücke über die interviewte Person gehen (Hug & Poscheschnik, 2020, S. 139).

Basierend auf ausreichend gut geführten Interviews können Sie eine Beschreibung des **Nutzungskontextes** erarbeiten. Oft lassen sich die Interviewten in Gruppen einteilen. Die Beschreibung einer solchen Gruppe wird als **Benutzergruppenprofil** bezeichnet. Mithilfe eines solchen Profils können Sie sich auch später noch gut an die entsprechende Gruppe erinnern. Vorteilhaft ist, dass sich auch noch unbekannte Nutzer in der Regel einer Gruppe zuordnen lassen (Ludewig, 2020, S. 156).

4.2.2.2 Fokusgruppen

Bei Fokusgruppen handelt es sich um moderierte Veranstaltungen bzw. Workshops, die von einem Moderator geleitet werden. Ein wesentliches Merkmal ist die Mitwirkung und -gestaltung aller Teilnehmer an den Arbeitsprozessen. Dies ermöglicht es, dass in Fokusgruppen zielorientiert und effizient gearbeitet wird (Bührer, 2007, S. 116). Nachdem Sie drei bis fünf Fokusgruppen zum gleichen Thema durchgeführt haben, werden Sie keine fundamentalen neuen Erkenntnisse mehr gewinnen (Eberhard-Yom, 2010, S. 132).

Gruppendiskussion

„Die **Gruppendiskussion** (Focus Group, Fokusgruppe) ist das in der qualitativen Marktforschung am weitesten verbreitete Erhebungsverfahren. Für eine Gruppendiskussion erfolgt die gezielte Rekrutierung und Einladung mehrerer Teilnehmer (meistens 8–10), die im Zuge einer in der Regel etwa zweistündigen Veranstaltung unter der Anleitung eines geschulten Moderators über eine vorgegebene Thematik diskutieren" (Roland Berger Market Research, 2004, S. 218–219).

Mithilfe von Fokusgruppen können Sie bewusste Erwartungen der potenziellen Nutzer Ihrer Website oder App herausfinden. Dagegen lässt sich nicht ermitteln, wie die Teilnehmer der Fokusgruppe tatsächlich mit Ihrer Anwendung umgehen werden. Daher sind Fokusgruppen eine Methode, die in der Konzeptionsphase eingesetzt werden sollte (Jacobsen, 2004, S. 251).

Als qualitative Usability-Methode lassen sich Fokusgruppen anhand der folgenden **Merkmale** charakterisieren (Bührer, 2007, S. 116):

- Die Entscheidungen werden durch die Gruppe und nicht durch den neutralen Moderator getroffen.
- Es wird eine Harmonisierung der Redezeit der einzelnen Teilnehmer angestrebt. Dafür ist der Moderator verantwortlich.
- Die wesentlichen Usability-Sachverhalte werden permanent visualisiert.
- Der Ablauf ist strukturiert und stellt ein zielorientiertes Vorgehen sicher.
- Die jeweiligen Usability-Themen werden abwechselnd im Plenum und in Kleingruppen bearbeitet.

Zunächst sollten Sie prüfen, ob eine **Fokusgruppe** für Sie und Ihre Situation **angemessen** ist. Prüfen Sie daher kritisch die folgenden Aussagen, ob diese auf Sie und Ihre spezielle Situation bzw. Fragestellung zutreffen (Hassenzahl, 2003, S. 140):

- Wir befinden uns früh im Website-/App-Entwicklungsprozess. Unsere Ideen sind noch nicht derart ausgereift, dass funktionale Prototypen der Website bzw. App verfügbar sind.
- Uns fehlt noch das Wissen über den Nutzungskontext (z. B. Benutzer, Aufgabe(n) und Umgebung), oder: Wir haben momentan viele Ideen, zwischen denen wir uns nicht entscheiden können.
- Wir sind sehr daran interessiert, unterschiedliche Sichtweisen auf den Nutzungskontext oder unsere Ideen zu bekommen. Zudem wollen wir diese Perspektiven auch verstehen. Quantitative Aussagen interessieren uns dagegen weniger.
- Wir wollen eine Fokusgruppe nicht nur basierend auf ökonomischen Argumenten durchführen.
- Uns sind die strategischen Dimensionen einer Fokusgruppe bekannt.

Vorbereitung einer klassischen Fokusgruppe
Im Rahmen der Vorbereitung sollten Sie Antworten auf die folgenden **Leitfragen** finden (Edmüller & Wilhelm, 2012, S. 18):

- **Adressatenanalyse:** Wer nimmt teil, und worauf muss ich daher besonders aufpassen?
- **Anlass, Auftrag, Ziel und Inhalte der Fokusgruppe:** Worum geht es, und welches Ergebnis wollen wir erarbeiten?
- **Gestaltung der Fokusgruppe:** Welche Schritte führen uns zum Ziel der Fokusgruppe, zum angestrebten Ergebnis?
- **Organisation und Logistik:** Welche Arbeitsmittel brauchen wir dafür? Müssen Räume, Übernachtungsmöglichkeiten etc. bestellt werden?
- **Einladung bzw. Rekrutierung:** Wer sollte teilnehmen, und wie rekrutiere ich die Teilnehmer?

Herausforderungen für den Moderator einer Gruppendiskussion

Wenn Sie die Moderation der Fokusgruppe übernehmen, stellen sich Ihnen die folgenden **Herausforderungen**, die Sie gekonnt meistern müssen (Bischof et al., 2012, S. 139–140):

- Stellen Sie sicher, dass alle Teilnehmer rechtzeitig zur Fokusgruppe eingeladen und über deren Sinn, Zweck und (Usability-)Themen informiert werden!
- Entwickeln Sie einen Moderationsleitfaden zur Vorgehensweise und Zeitplanung während der Fokusgruppe!
- Überlegen Sie sich Moderationsmethoden, die der Gruppe entsprechend der Zielsetzung der Fokusgruppe helfen, das angestrebte Ziel zu erreichen!
- Stellen Sie zudem durch die Auswahl der Moderationsmethoden sicher, dass alle Teilnehmer aktiv mitarbeiten können!
- Achten Sie einerseits ganz besonders darauf, dass alle Teilnehmer gehört und beachtet werden und andererseits niemand die Diskussion unfair dominiert!
- Schützen Sie jeden Teilnehmer während der Diskussion gegen unfaire Angriffe anderer Teilnehmer!
- Erklären Sie den Teilnehmern vor jedem Arbeitsschritt das Ziel und das Vorgehen der Methode!
- Strukturieren und leiten Sie die Diskussionen!
- Unterstützen Sie die Teilnehmer bei der Überwindung von Schwierigkeiten, Konflikten oder Blockaden!
- Bemühen Sie sich stets um Neutralität. Vermeiden Sie im Normalfall, die Beiträge der einzelnen Teilnehmer zu bewerten und zu kommentieren!
- Stellen Sie gemeinsam mit dem Protokollanten sicher, dass die Arbeitsergebnisse adäquat protokolliert und (fotografisch) dokumentiert werden!

Durchführung einer klassischen Fokusgruppe

Den **Ablauf** einer Fokusgruppe können Sie typischerweise in fünf Abschnitte untergliedern (Jacobsen & Meyer, 2022, S. 107):

- **Eröffnung:** Zunächst stellt sich der Moderator den Teilnehmern vor. In dieser Phase ist es wichtig, dass es dem Moderator gelingt, eine vertrauensvolle Atmosphäre zu schaffen. Darüber hinaus werden

(Gesprächs-)Regeln vereinbart. Danach können sich die Teilnehmer selbst vorstellen. Dabei können auch durchaus persönliche Dinge (z. B. das liebste Hobby oder die nächsten Reisepläne der Teilnehmer) zur Sprache kommen. Dies trägt zu einer lockeren Atmosphäre bei, die für die weitere Zusammenarbeit sehr wichtig ist.

- **Einleitung:** Danach führt der Moderator in das Thema ein und verdeutlicht die Zielsetzung der Fokusgruppe. Bewährt hat sich dazu ein Erfahrungsaustausch über die bestehende Anwendung, sofern es sich um eine bereits bestehende Website oder App handelt. Andernfalls kann es auch zu einem Erfahrungsaustausch über konkurrierende Anwendungen kommen. Ziel ist es, dass die Teilnehmer am Ende der Einleitung gedanklich im Thema sind.
- **Überleitung:** Während dieser Phase schränkt der Moderator das Thema ein und leitet über zu den Schlüsselfragen der anstehenden Diskussion. Es ist hilfreich, wenn die Teilnehmer bereits ihre Sichtweisen zum Thema ausgetauscht haben und somit wissen, wie die anderen Teilnehmer darüber denken.
- **Schlüsselphase:** Spätestens zur Halbzeit der Diskussion sollte der Moderator mit dieser Phase beginnen. Für jede Schlüsselfrage sind 10 bis 15 min Bearbeitungszeit ideal. Der Moderator muss während der Diskussion darauf achten, dass die Teilnehmer beim Thema bleiben. Gegebenenfalls muss er intervenieren und die Teilnehmer sanft aber bestimmt zurück zum Thema führen. Dabei sollte der Moderator seine eigene Meinung zurückhalten und neutral bleiben. Keinesfalls darf er die Teilnehmer beeinflussen. Vielmehr sind die Teilnehmer zu motivieren ihre Gedanken frei zu äußern und sich aktiv an der Diskussion zu beteiligen. Zu aktive Teilnehmer, die dabei sind, die Gruppe zu dominieren, sollte er bremsen. Passive Teilnehmer muss er dagegen aktiv ansprechen und um ihre Mitarbeit bitten. Bei interessanten oder unerwarteten Antworten sollte der Moderator nachfragen. Nachdem die jeweilige Schlüsselfrage besprochen wurde fasst der Moderator die Zwischenergebnisse zusammen. Dadurch sind immer alle Beteiligten auf dem gleichen Wissensstand.
- **Zusammenfassung:** Zum Ende der Diskussion fasst der Moderator die zentralen Erkenntnisse zusammen. Jetzt ist die Gelegenheit Fragen,

die im Ideenspeicher auf dem Flipchart festgehalten wurden, zu besprechen und zu beantworten. Es ist empfehlenswert von den Teilnehmern abschließend ein Stimmungsbild einzuholen. Dies kann mithilfe von Klebepunkten auf einer vorbereiteten Skala oder als freie Meinungsäußerung erfolgen.

Dem Moderator stehen während der Fokusgruppe verschiedene **Fragetechniken** zur Verfügung. Die wichtigsten davon finden Sie in Tab. 4.8.
Als Moderator können Sie auch in das eine oder andere **Fettnäpfchen** treten. Lesen Sie sich die Beispiele in Tab. 4.9 durch, damit Ihnen das nicht passiert.

Nachbereitung einer klassischen Fokusgruppe
Sperling und Wasserveld-Reinhold (2011, S. 194–197) heben hervor, dass bereits die Qualität des Protokolls die Basis für die Nachbereitung der Fokusgruppe bildet. Die umfassende Einweisung des Protokollanten ist daher essenziell. Neben dem offiziellen Protokoll sollten Sie sich bzw. der Moderator nach der Fokusgruppe auch persönliche Notizen machen:

• Sie können eine eigene Erfolgs- und Qualitätskontrolle durchführen. Dies ermöglicht es Ihnen, Schlussfolgerungen für die nächste(n) Fokusgruppe(n) zu ziehen und sich kontinuierlich zu verbessern.
• Dadurch erinnern Sie sich besser an wesentliche Interventionen, Probleme und Verabredungen.

Bei der anschließenden Datenauswertung sollten Sie sich stark an der Zielsetzung, den Fragestellungen und den gewählten Moderationsmethoden orientieren. Schließlich bestimmen diese, wie Sie die Ergebnisse auswerten und aufbereiten können. Dabei kommt es häufig zu einer Kombination aus qualitativen und quantitativen Ergebnissen. Qualitativ sind beispielsweise interpretative Analysen, inhaltliche Zusammenfassungen sowie Aussagen und Meinungen. Häufigkeiten von konkreten Statements zählen dagegen eher zu den quantitativen Ergebnissen. Hinzu

Tab. 4.8 Fragetechniken für den Moderator von Fokusgruppen

Fragenart	Beispiele
vertiefende Fragen	- Was genau meinen Sie damit? - Was genau wirkt an Produkt A altmodisch? - Was bedeutet das für Sie persönlich?
projektive Fragen	- Warum könnte jemand diese Zeitung lesen? - Welche Schwierigkeiten könnte jemand bei dieser Bedienungsanleitung haben?
offene Fragen	- Was denken Sie über diese Funktion?
lenkende Fragen	- In welchen Fällen würde (abschweifende Ausführung) eine Rolle bei Produkt A spielen? Beeinflusste Sie (genannte Abschweifung) bei der Kaufentscheidung?
Fragen nach Fakten	- Wie alt sind Ihre Schüler? - Wie oft benutzen Sie öffentliche Verkehrsmittel?
Probefragen	- Sie haben vorhin gesagt, dass Sie im Spanischkurs nichts gelernt haben. Gibt es gar keine Informationen oder Tipps, die Ihnen weitergeholfen haben? - Sie sagten, Sie würden das Produkt nicht benutzen. Wie wäre es denn, wenn Sie es von einer guten Freundin zum Geburtstag geschenkt bekämen?
Fragen nach Gefühlen	- Was empfinden Sie bei der Vorstellung Ihrem Partner zu sagen, dass Sie Produkt A benutzen? - Wie fühlten Sie sich, als Sie das erste Mal in Kurs B gingen?
Fragen nach Übereinstimmungen oder Meinungsverschiedenheiten	- Einige von Ihnen haben gesagt, dass … Ich bin neugierig, wie es beim Rest der Gruppe aussieht?
Fragen nach nicht genannten, aber erwarteten Äußerungen	- Mir ist aufgefallen, dass bisher keiner erwähnt hat, dass … Ist dieser Aspekt für Sie eher unwichtig oder wichtig?
Klärung widersprüchlicher Aussagen	- Ich erinnere mich, dass einige von Ihnen sagten, dass … Wie passt das zu der Äußerung, dass … ?
zusammenfassende Fragen	- Können Sie Ihre Meinung zu Punkt XY noch einmal zusammenfassen? - Wenn Sie Produkt A eine Schulnote geben müssten, welche wäre das?

Quelle: Ludewig 2020, S. 164–165

Tab. 4.9 Was Sie als Moderator falsch machen können!

Nicht einschränken!	- Oft werden die Berichte von Teilnehmern zu früh gehemmt, weil sie anscheinend nicht zum Thema passen!
Am Thema vorbei?	- Die Teilnehmer müssen Themen diskutieren, für die sich ausschließlich der Moderator begeistert!
	- Der Moderator geht nicht auf die Teilnehmer ein!
Nicht auf das Timing achten!	- Diskutieren Sie Themen nicht „zu Tode!"
	- Vermeiden Sie aber auch zu schnelle Wechsel!
Zuviel reden!	- Sobald Sie als Moderator einen signifikanten Teil der gesamten Redezeit für sich beanspruchen, läuft etwas grundlegend schief!
	- Die Teilnehmer sollen zu Wort kommen, nicht der Moderator!
Die Teilnehmer bevormunden!	- Eine Fokusgruppe bedarf einer klaren und bestimmten Moderation!
	- Bitte bedenken Sie jedoch, dass es sich bei den Teilnehmern (meist) um erwachsene Menschen handelt, die auch dementsprechend behandelt werden möchten!
	- Achten Sie daher als Moderator darauf, dass Sie die Teilnehmer nicht bevormunden oder zu restriktiv behandeln!
Sympathie und Antipathie!	- Als Moderator sind Sie auch nur ein Mensch!
	- Trotzdem sollten Sie Teilnehmer, die Ihnen sympathisch sind, nicht bevorzugen!
	- Angenommen, Ihnen sind einzelne Teilnehmer unsympathisch, dann sollten Sie diese keinesfalls ignorieren!
	- Alle Teilnehmer sind schließlich gleich wichtig und können interessante Beiträge leisten!
Keine Selbstkritik?	- Seien Sie als Moderator selbstkritisch!
	- Die Teilnehmer werden Ihnen nur drastische Moderationsfehler zurückmelden!
	- Im Allgemeinen wirken sich Moderationsfehler auf die Datenqualität aus!
	- Dies ist später allerdings nur schwer zu entdecken!
	- Eine gesunde Selbstkritik schützt Sie davor, ganz unbemerkt die Ergebnisse in Ihrer Aussagekraft durch Moderationsfehler zu mindern!

Quelle: Hassenzahl 2003, S. 143–144

kommen noch Fotoprotokolle von Scribbles sowie Zeichnungen zu den Ideen der Teilnehmer, die der reinen Dokumentation dienen und gesondert auszuwerten sind (Jacobsen & Meyer, 2022, S. 109).

Selbst-Check für Moderatoren

Als Moderator sollten Sie regelmäßig und sehr gewissenhaft einen Selbst-Check durchführen. Dadurch können Sie sehr schnell und effizient aus Ihren Erfahrungen lernen (Edmüller & Wilhelm, 2012, S. 119–120):

- Was hat gut funktioniert?
- Was hat nicht so gut geklappt?
- Was mache ich beim nächsten Mal besser?

Kurz nach jeder Fokusgruppe sollten Sie sich mit dem Moderator und dem Protokollanten zusammensetzen und Ihre wesentlichen Eindrücke festhalten. Gleichen Sie dabei Ihre Aufzeichnungen und Beobachtungen ab. Im Mittelpunkt des Interesses steht dabei die Beantwortung der Schlüsselfragen durch die Teilnehmer. Darüber müssen Sie ein einheitliches Verständnis entwickeln. Schreiben Sie am besten eine kurze Zusammenfassung. Diese wird auch als Feldnotiz bezeichnet. Diese sollte alle zentralen Themen aus der Diskussion enthalten. Aber auch beobachtete Verhaltensweisen sind festzuhalten. Beachten Sie beispielsweise die Stimmung und die Körpersprache der Teilnehmer während der Fokusgruppe. Damit schaffen Sie sich, ergänzt um die Video- und Audioaufzeichnung, eine solide Datenbasis für die eigentliche Auswertung (Jacobsen & Meyer, 2022, S. 109):

- Welche zentralen Aussagen wurden während der Diskussion der Schlüsselfragen getroffen?
- Gab es Wörter, die besonders häufig verwendet wurden?
- Gibt es Themen, die besonders zu gewichten sind?
- Gab es Brüche in der Diskussion?
- Lassen sich möglicherweise neue Ideen und Ansätze herausfiltern?

Online-Fokusgruppen

Eine Online-Fokusgruppe wird mithilfe einer Video-Konferenzsoftware realisiert. Die Teilnehmer werden üblicherweise per E-Mail zur Online-Fokusgruppe eingeladen. In der E-Mail befindet sich ein Link, den die Teilnehmer kurz vor der eigentlichen Online-Fokusgruppe anklicken müssen, um in den virtuellen Diskussionsraum zu gelangen, dort treffen sie dann auf den Moderator (Eberhard-Yom, 2010, S. 133).

> **Online-Fokusgruppen**
>
> „Bei **Online-Fokusgruppen** treffen sich die Teilnehmer mit einem Moderator in einem virtuellen Diskussionsraum, in dem zu vorgegebenen Themen synchron und textbasiert miteinander kommuniziert wird. Über den heimischen PC wählen sich die Teilnehmer per Internetverbindung in einen Chatraum ein, der an die speziellen Bedürfnisse der Marktforschung technisch angepasst wurde" (Eberhard-Yom, 2010, S. 133).

Die wesentlichen Vorteile der Online-Fokusgruppe bestehen in der Zeit- und Kostenersparnis. Da die Teilnehmer nicht extra anreisen müssen, sparen Sie Reisekosten und -zeit ein. Darüber hinaus haben Sie die Chance, auch ein internationales Publikum zu vertretbaren Kosten zu befragen. Ein weiterer Vorteil besteht darin, dass die Teilnehmer in ihrer gewohnten Umgebung bleiben können. Sie fühlen sich freier, sodass Sie auch sensible Themen diskutieren können. Online-Fokusgruppen eignen sich besonders gut für Business-to-Business-Teilnehmer, die Sie nur schwer zur Teilnahme an einer klassischen Fokusgruppe bewegen könnten (Eberhard-Yom, 2010, S. 133).

Abschließend werden in Tab. 4.10 klassische Fokusgruppen mit Online-Fokusgruppen miteinander verglichen.

4.2.3 Beschreibung des Nutzungskontextes

Die Informationen, die mittels kontextuellen Interviews, Beobachtungen und Fokusgruppen erhoben wurden, müssen detailliert dokumentiert werden. Dies erfolgt im Rahmen der Nutzungskontextbeschreibung.

Tab. 4.10 Vergleich traditionelle vs. Online-Fokusgruppe

Kriterium	klassische Fokusgruppe	Online-Fokusgruppe
Kosten	höher	niedriger
Teilnehmerkreis	an einem Ort, zu einer Zeit, anwesende Personen (meist geringe Anzahl)	im Prinzip alle Internet-User
Zeitaufwand	meist über 2–3 h. Vielbeschäftigte Personen sind schwierig zu gewinnen	geringer, auch Vielbeschäftigte können teilnehmen
Teilnehmersituation	wechselseitige Beeinflussung der Teilnehmer gegeben	„freie" Äußerung weitgehend ohne (präsente) Beeinflussung durch übrige Teilnehmer
nonverbale Kommunikation	verbale und nonverbale Kommunikation möglich	meist nur nonverbale Kommunikation möglich
gruppendynamische Prozesse	Treten ein und wirken auf Ergebnis	keine, wenn dann geringe Auswirkungen
Teilnehmergewinnung	bestimmte Teilnehmer sind sehr schwer zu gewinnen (z. B. Topmanager, Experten oder Ärzte)	scheint grundsätzlich leichter zu sein
Teilnehmerengagement	in der Regel höher, da live und persönliche Interpretation	in der Regel geringer, da nur schriftliche Dialoge stattfinden
Objektbeurteilung	besser, da die zu beurteilenden Wahrnehmungen real den Teilnehmern vorliegen (auch Gerüche, Geschmack, Berührung usw.)	Der Eindruck ist meist nicht so wirkungsvoll ist (keine Gerüche, kein Geschmack, keine Berührung usw.), da dieser über den Bildschirm zu beurteilen ist.

Quelle: Weis und Steinmetz 2008, S. 125

Dies ist erforderlich, damit die gewonnenen Erkenntnisse im Entwicklungsprojekt systematisch weiterverarbeitet werden können (Geis & Tesch, 2019, S. 67).

Nutzungskontextbeschreibung

„Eine Beschreibung der Benutzer, Ziele, Aufgaben, Ressourcen und Umgebungen, die aus Beobachtungen, kontextuellen Interviews und Fokusgruppen hervorgeht" (Geis & Tesch, 2019, S. 67).

Im Folgenden werden wir Ihnen verschiedene Darlegungsformen vorstellen, die sich in der Usability-Praxis bewährt haben (Geis & Tesch, 2019, S. 67):

- Benutzergruppenprofile,
- Ist-Szenarios,
- Aufgabenmodelle,
- Personas und
- User Journey Maps

Bereits ein Blick auf diese Auflistung lässt die Frage aufkommen, ob man immer alle der aufgeführten Darlegungsformen im Projekt anwenden muss. Wir können Sie beruhigen – das müssen Sie nicht. Viel wichtiger ist es, zu wissen, dass Nutzungskontextbeschreibungen immer einem der beiden folgenden Ziele dienen (Geis & Tesch, 2019, S. 67):

1. als Grundlage für weitere menschenzentrierte Aktivitäten im Projekt. Zu nennen wären beispielsweise: Die Herleitung von Nutzungsanforderungen an das interaktive System, die Erstellung von Nutzungsszenarien und Low-Fidelity-Prototypen, die Erstellung von Usability-Testaufgaben und die die Rekrutierung von Usability-Test-Teilnehmern und
2. zur Kommunikation von relevanten Daten und Fakten an Entscheider und Stakeholder.

4.2.3.1   Benutzergruppenprofile

Mithilfe von Benutzergruppenprofilen können Sie ganz allgemein Benutzergruppen beschreiben. Im Benutzergruppenprofil müssen wichtige

Personenmerkmale der Benutzergruppe aufgeführt sein. Sie müssen nicht besonders viele Personenmerkmale aufführen bzw. zusammenstellen, sondern sich auf die relevanten konzentrieren. Schließlich wollen Sie ja die Nutzungsanforderungen an die Website oder App herleiten. Was aber heißt jetzt relevant? Ein Chirurg muss über eine besondere Fingerfertigkeit verfügen. Dagegen muss ein Mitarbeiter in der Gastronomie ein gutes Gedächtnis haben (Geis & Tesch, 2019, S. 69).

> **Benutzergruppe und Benutzergruppenprofil**
>
> „**Benutzergruppe:** Eine Gruppe von Benutzern mit gleichen oder ähnlichen persönlichen Merkmalen und Nutzungskontexten bezogen auf das interaktive System" (Geis & Tesch, 2019, S. 54).
>
> „**Benutzergruppenprofil:** Eine verallgemeinerte Beschreibung einer Benutzergruppe" (Geis & Tesch, 2019, S. 69).

Geis und Tesch (2019, S. 69) präsentieren, basierend auf der ISO/IEC 25063, eine hilfreiche Checkliste, die zur Beschreibung von relevanten Personenmerkmalen innerhalb eines Benutzergruppenprofils dienen kann. Diese Liste haben wir Ihnen in Tabellenform in Tab. 4.11 aufbereitet.

4.2.3.2   Ist-Szenarien

Ist-Szenarien sind Freitextbeschreibungen und basieren auf empirischen Erhebungen. Entweder werden sie mithilfe von (kontextuellen) Interviews oder mithilfe einer Beobachtung angefertigt. Darin werden alle Komponenten des Nutzungskontextes aus der Perspektive der interviewten oder beobachteten Nutzer beschrieben. Konkret geht es dabei um die folgenden Komponenten (Geis & Tesch, 2019, S. 71):

- Merkmale des Nutzers
- Ziele und Aufgaben des Nutzers
- Ressourcen, die der Nutzer verwendet
- Umgebung, in der sich der Nutzer befindet (physisch, technisch, sozial)

Tab. 4.11 Checkliste zur Beschreibung von Personenmerkmalen

Bezeichnung der Benutzergruppe	- Heavy User
demografische Merkmale	- Altersbereich
	- Geschlecht
	- Einkommen
	- Beruf
	- …
aufgabenbezogene Merkmale	- Wissen über die ausgeführten Aufgaben
	- Fähigkeiten bei der Ausführung der Aufgaben
	- Motivation bei der Ausführung der Aufgaben
arbeitsorganisatorische Merkmale	- Bereitschaft zu Veränderung
	- Risikofreudigkeit
	- Ebene und Rolle innerhalb einer Organisationshierarchie
	- Anweisungsorientiertheit versus Selbstbestimmtheit
psychologische und soziale Merkmale	- kognitive Fähigkeiten, einschließlich Kurzzeitgedächtnis und Reaktionszeiten
	- kultureller Hintergrund, einschließlich Verhaltensregeln, Denkweisen und Mentalität
	- Sprache(n)
	- Lesefähigkeit
physische und sensorische Merkmale	- Körpergröße
	- Beweglichkeit
	- haptische Fähigkeiten (z. B. bei der Nutzung von Touchscreens)
	- Seh- und Hörfähigkeit
	- Fingerfertigkeit

Quelle: Geis und Tesch 2019, S. 69, ISO/IEC 25063

> **Ist-Szenario**
>
> „Eine erzählende, textuelle Beschreibung des Vorgehens, das ein bestimmter Benutzer anwendet, um eine oder mehrere Aufgaben zu erledigen" (Geis & Tesch, 2019, S. 71).

Geis und Tesch (2019, S. 71) betonen den Freitextcharakter des Ist-Szenarios. Darin sind viele Details über den Nutzungskontext enthalten. Sie erkennen dadurch den Zusammenhang zwischen einzelnen Aufgaben und die Relevanz der verschiedenen Ressourcen. Darüber hinaus wird auch die soziale Umgebung betrachtet, in der sich das Zusammenspiel zwischen verschiedenen Benutzergruppen und anderen Personen abspielt. Wenn Sie ein qualitativ hochwertiges Ist-Szenario erstellen wollen, müssen Sie durch die Freitextbeschreibung sicherstellen, dass auch unbeteiligte Personen, die bei den Interviews bzw. Beobachtungen nicht anwesend waren, das Ist-Szenario und den dort beschriebenen Nutzungskontext verstehen. Bitte beachten Sie jedoch, dass keine Konsolidierung mehrerer Ist-Szenarien über verschiedene Personen hinweg erfolgt. Dies würden den tatsächlichen Nutzungskontext realer Personen verfälschen. Sie konsolidieren die Daten erst, wenn Sie die Nutzungsanforderungen aus den Ist-Szenarien herleiten. Nutzungsanforderungen, die auf entsprechend vielen Ist-Szenarien basieren, sind entsprechend zu priorisieren (Geis & Tesch, 2019, S. 71).

> **Transkription von offenen Fragen**
>
> Als **Daumenregel** geben Geis und Tesch (2019) an, dass jede (offene und neutrale) Frage in einem (kontextuellen) Interview etwa eine halbe Seite Freitext nach sich zieht. Angenommen, Sie stellen zehn offene Fragen, dann erhalten Sie fünf DIN-A4-Seiten Freitext.

Eine wichtige Anforderung an Ist-Szenarien besteht darin, dass Sie den Nutzungskontext für den interessierten Leser logisch und transparent darstellen. Dabei spielt es keine Rolle, in welcher Reihenfolge die Fragen gestellt bzw. die Beobachtungen gemacht wurden (Geis & Tesch, 2019, S. 72).

4.2.3.3   Aufgabenmodelle

Mithilfe von Aufgabenmodellen werden die Teilaufgaben erfasst, die innerhalb einer abgegrenzten Aufgabe anfallen. Bei der Spezifikation eines Aufgabenmodells müssen Sie sich an den Zielen der Nutzer bei der Aufgabenerledigung orientieren (Geis & Tesch, 2019, S. 75).

Aufgabenmodelle

„**Aufgabenmodelle** sind Listen von Teilaufgaben für jede Aufgabe, die der Nutzer erledigen muss, um seine Ziele zu erreichen. Sie können in der Konzeptionsphase helfen, die richtige Lösung für jede Aufgabe zu finden, weil die Teilschritte explizit verdeutlicht sind. Außerdem enthält solch ein Modell noch die kontextuellen Vorbedingungen (Art der Anwendung/System, Benutzer, Aufgabe, Ziel) und die angestrebten Arbeitsergebnisse einer Aufgabe" (Ludewig, 2020, S. 198).

Sie können jede Aufgabe mittels der folgenden Elemente beschreiben (Geis & Tesch, 2019, S. 76):

- Benutzergruppe(n), die die Aufgabe durchführen
- Titel der Aufgabe
- Ziel (angestrebtes Arbeitsergebnis)
- eine oder mehrere kontextuelle Vorbedingung(en), die typischerweise vorliegen oder vorliegen müssen, bevor die Aufgabe beginnt
- Teilaufgaben, die zwischen der/den kontextuellen Vorbedingung(en) und dem angestrebten Arbeitsergebnis stattfinden

In Tab. 4.12 finden Sie ein Aufgabenmodell für die Aufgabe „Newsletter bestellen."

Tab. 4.12 Aufgabenmodell für die Aufgabe „Newsletter bestellen"

Benutzergruppe	Neukunde
Aufgabentitel	Newsletter abonnieren
kontextuelle Vorbedingung(en)	Ein Neukunde möchte sich regelmäßig über Angebote vom Online-Shop informieren lassen.
angestrebtes Arbeitsergebnis	Der Neukunde erhält den ersten Newsletter in seinem E-Mail-Postfach.
Teilaufgaben – Aufgabenmodell	1. sich für einen Online-Shop entscheiden
	2. den Online-Shop aufrufen
	3. Newsletter-Abo-Seite aufrufen
	4. E-Mail eingeben und Abo-Button anklicken
	5. E-Mail-Postfach öffnen
	6. Bestätigungs-E-Mail öffnen
	7. Link in der Bestätigungs-E-Mail anklicken
	8. ersten Newsletter empfangen

Quelle: In Anlehnung an Geis und Tesch 2019, S. 76

4.2.3.4   Personas

Personas sind eine sehr anschauliche Methode, um sich verschiedene Personen aus der/den Zielgruppe(n) vor Augen zu führen (Rammelt et al., 2020, S. 35). Bei Personas handelt es sich um eine Beschreibung eines konstruierten, aber durchaus realistischen Benutzers. Außerdem wird berücksichtigt, was der Benutzer mit der Nutzung eines interaktiven Systems beabsichtigt. Geis und Tesch (2019, S. 77) merken in diesem Zusammenhang an:

- Personas sind keine Beschreibungen existierender Personen. Sie repräsentieren, basierend auf empirisch ermittelten Daten (z. B. aus Beobachtungen oder Interviews) vielmehr erfundene Beispiele eines realen Benutzers.
- Personas haben üblicherweise einen Namen, Alter, einige Hintergrundinformationen, Ziele und Wünsche.
- Außerdem sollte die Beschreibung der Persona Informationen über wesentliches Wissen im entsprechenden Themenfeld des interaktiven Systems beinhalten.
- Zudem sollten die Interessen der Persona im Themenfeld aufgeführt sein.
- Durch die Verwendung von Fotos lässt sich die Vorstellung einer realen Person erzeugen.

Personas

„Die Daten der Onsite-Befragung können dazu genutzt werden, mittels statistischer Verfahren (Clusteranalyse) homogene Nutzergruppen zu ermitteln und sogenannte **Personas** zu bilden. Personas sind archetypische Nutzer eines Webangebots. Für jede Nutzergruppe wird ein typischer Nutzer mit Namen, Gesicht, einem Privatleben, Werdegang, Verhaltensweisen, Vorlieben, Erwartungen etc. definiert" (Eberhard-Yom, 2010, S. 129).

„Eine **Persona** ist eine genaue Beschreibung eines typischen, aber erfundenen Benutzers und seiner Absichten bei der Benutzung eines interaktiven Systems" (Ludewig, 2020, S. 167).

Mithilfe einer Persona können Sie über die folgenden **Eigenschaften** Ihrer Nutzer Auskunft geben (Richter & Flückiger, 2007, S. 26):

* Ziele der Benutzer
* Beruf, Verdienst, Funktion, Verantwortlichkeiten und Aufgaben
* fachliche Ausbildung, Wissen und Fähigkeiten
* Verhaltensmuster und Vorgehensweisen
* Werte, Ängste, Sehnsüchte und Vorlieben
* allgemeine Computerkenntnisse
* Kenntnisse über verwandte Produkte, Vorgängersysteme, Konkurrenzprodukte
* Verbesserungspotenzial der heutigen Situation bzw. Website/App
* Erwartungen an eine neue Lösung

Der Charakter der Persona soll möglichst einprägsam sein (vgl. dazu auch Tab. 4.13). Sie sollen seine Eigenschaften einfach verinnerlichen können. Richter und Flückiger (2007, S. 26) sowie Ludewig (2020, S. 173) empfehlen daher, die einzelnen Personas mit zusätzlichen passenden Informationen zum Leben zu erwecken:

* Name, Alter, Geschlecht
* Wohnort und Wohnform
* markige Charakterzüge
* Bild, Skizze, Portrait
* passende Zitate aus Interviews

Tab. 4.13 Verschiedene Persona-Typen und ihre Bedeutung

Persona-Typ	Bedeutung
Primäre Persona	Für deren Bedürfnisse und Anforderungen wird das Produkt optimiert und die Benutzerschnittstelle erstellt.
Sekundäre Persona	Bedürfnisse sind größtenteils durch eine primäre Persona abgedeckt. Es sind nur kleine Erweiterungen notwendig.
Ergänzende Persona	Bedürfnisse sind vollständig durch eine primäre Persona abgedeckt.
Non-Persona	Eine Persona, die vom Projektteam explizit **nicht berücksichtigt** wird.

Quelle: Richter und Flückiger 2007, S. 27

- Hobbies
- bevorzugte Marken und Konkurrenten
- genutzte Geräte und Medien
- Familienstand und soziales Umfeld
- ein Tag im Leben von ...

Vorteile von Personas

Die Erstellung von Personas ist nicht schwierig. Sie können damit ein plastisches Bild Ihrer Zielgruppe erzeugen. Durch die Arbeit mit Personas stellen Sie sicher, dass Sie an den gleichen Typus Mensch denken wie Ihre (Web-)Designer, Ihre Entwickler, Ihre Texter oder Ihre (Web-)Agentur, die Sie mit der Erstellung Ihrer Website bzw. App beauftragt haben. Teilen Sie daher die erstellten Personas mit allen Projektbeteiligten (Rammelt et al., 2020, S. 35).

Natürliche Fotos für die Visualisierung von Personas

Für die Visualisierung Ihrer Personas sollten Sie keine auf Hochglanz polierten Werbegesichter verwenden. Denn so sehen schließlich Ihre echten Nutzer auch nicht aus. Besser geeignet sind natürliche Fotos von Menschen wie „du und ich". Dadurch wirken die Personas realistischer und sie werden greifbarer (Ludewig, 2020, S. 173).

Ludewig (2020, S. 176) hat die folgenden, möglichen **Anwendungsfelder** von Personas zusammengestellt:

- Einsatz in Szenarien und Use Cases im Designprozess
- Beurteilung bzw. Priorisierung von Services, Inhalten und Funktionen aus Sicht der Personas
- Rekrutierung von passenden Testpersonen für Interviews und Usability-Tests
- Erstellung und Bewertung von Skizzen und Designentwürfen

- Brainstorming-Sessions zur Sammlung neuer Ideen aus Sicht der Personas
- zielgruppenspezifische Ausrichtung von Werbe- und Kommunikationsmitteln
- zielgruppenspezifische Produkt- und Angebotsplanung
- Analyse des Wettbewerbs aus Sicht der Personas
- Erstellung von Customer Journey Maps

Ein Beispiel für eine Persona sehen Sie in Abb. 4.2.

Ippen (2016, S. 151) weist darauf hin, dass es auch bei Personas Dont's gibt, die Sie unbedingt vermeiden sollten:

- **Personas als Selbstzweck:** Sie müssen nicht unbedingt mit Personas arbeiten. Sie stellen ein sinnvolles Hilfsmittel dar, sind aber keine Pflicht. Sollten Sie bereits ein sehr gutes Bild Ihrer Zielgruppe(n) haben, dann können Sie auch damit arbeiten.
- **Negative Personas:** Nutzer sind nicht davon angetan, wenn sie als ignorant, faul oder unbedarft dargestellt werden. Daher sollten negativ belegte Eigenschaften in einer Persona nicht vorkommen.
- **Zu viele Details:** Personas sollen konkret und nicht zu detailliert sein.

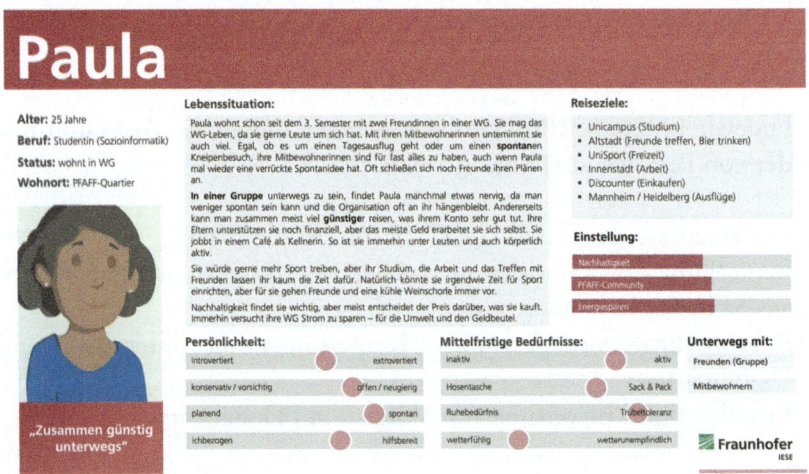

Frauenhofer 2023: Paula: (Zuletzt zugegriffen am 23.07.2023), URL: https://www.iese.fraunhofer.de/blog/pfaff-hack-2020-teil2/fraunhofer-iese-persona-paula/

Abb. 4.2 Persona „Paula"

- **Personas sind keine Statistiken:** Eine Persona ist immer ein möglichst konkretes Beispiel. Sie soll möglichst repräsentativ sein, jedoch nicht den perfekten Durchschnitt darstellen. Sie kann daher nicht 45,7 Jahre alt sein.
- **Es gibt nicht nur eine Persona:** Es kann schnell passieren, dass Sie sich zu sehr auf einzelne Features einer Persona konzentrieren und den Rest vernachlässigen. Es lohnt sich daher immer mehrere Personas zu definieren.

4.2.3.5 User oder Customer Journey Map

Wenn Sie bereits Personas erstellt haben. Können Sie diese ideal durch eine User bzw. eine Customer Journey Map ergänzen. Damit können Sie den ganzen Weg einer Persona in einem bestimmten Szenario abbilden. Als Mapping wird die Handlung bezeichnet, eine Map zu erstellen (Ludewig, 2020, S. 177).

User und Customer Journey Map

„User Journey Map: Eine grafische oder tabellarische Beschreibung aller Begegnungen, die Benutzer mit dem interaktiven System haben, die alle die User Experience beeinflussenden Touchpoints (Kontaktpunkte) abdeckt, wodurch die gesamte User Experience für andere greifbar wird" (Geis & Tesch, 2019, S. 79).

oder

„Customer Journey Maps sind Darstellungen des Nutzererlebnisses vom ersten Kontakt mit dem Produkt, der Dienstleistung oder der Marke, über den gesamten Nutzungs-/Entscheidungsprozess bis hin zum Ziel" (Ludewig, 2020, S. 177).

Geis und Tesch (2019, S. 82) haben die Elemente zusammengestellt, die Sie üblicherweise in einer User Journey Map finden bzw. berücksichtigen sollten:

- Nutzergruppe, für die die User Journey gilt
- Foto aus einer Persona-Beschreibung für die Nutzergruppe
- Aufgaben der Nutzer, die aufeinanderfolgend dargestellt sind

- Ziele der Nutzer für jede Aufgabe
- Touchpoints für jede Aufgabe
- Emotionen der Nutzer bei jeder Aufgabe, die in (kontextuellen) Interviews und/oder Beobachtungen sichtbar wurden
- Hindernisse („Pain Points"), die in (kontextuellen) Interviews und/ oder Beobachtungen sichtbar wurden
- eine Einschätzung der Zufriedenheit der Nutzer mit der Situation, z. B. durch Smilies
- Verbesserungsvorschläge für die Unterstützung jeder Aufgabe, die sich aus den (kontextuellen) Interviews und/oder Beobachtungen „aufgedrängt" haben

Touchpoints

„**Touchpoints** sind Berührungspunkte des Nutzers mit dem Produkt bzw. dem Unternehmen, die in einer Customer Journey Map aufgezeigt werden. An jedem dieser Touchpoints werden dann weitere Aspekte wie beispielsweise Stimmungen, Probleme, Fragen und auch eventuelle Drittpersonen, die einen Einfluss haben, sowie Bedürfnisse der Nutzer erfasst" (Ludewig, 2020, S. 177).

Darüber hinaus gibt es noch weitere Map-Konzepte, die Sie überblicksartig im Vergleich zur Customer Journey Map in Tab. 4.14 finden.

4.3 Konzeption – Ideenkreation und Prototypenentwicklung

4.3.1 Use Cases

Für das Erarbeiten von Use Cases ist es hilfreich, wenn Sie vorab Personas entwickelt haben. Use Cases stellen mögliche Anwendungsfälle oder Nutzungsszenarien dar. Damit können Sie ganz konkret beschreiben, was Ihre Nutzer mit der Anwendung machen sollen. Dies bedeutet, dass ein Anwendungsfall im Detail definiert, wie Ihre Nutzer mit der Anwendung

Tab. 4.14 Gegenüberstellung von Mapping-Methoden

	Wofür?	Wie?	Wann?
User/ Customer Journey Map	- Prozesse und Erlebnisse von Nutzern verstehen - Stärken und Chancen erkennen - Grundlage zur Kommunikation	- auf Basis von Personas: Im Workshop oder mittels Datenerhebung - chronologische Auflistung einzelner Schritte	- vor allem für die Optimierung bestehender Prozesse
Experience Map	- bezieht sich auf allgemeines Verhalten, nicht auf spezifische Nutzergruppen - grundlegendes Verständnis für einen Prozess schaffen	- ohne Personas möglich - nicht an Produkt oder Dienstleistung gebunden - in einem Workshop können vorhandene Informationen zusammengetragen werden	- zur Bündelung von Erfahrungen aus verschiedenen Bereichen - vor der Erstellung einer Customer Journey Map
User Story Map	- Gesamtübersicht über Aufgaben und Aktivitäten, die ein Nutzer durchführen muss, um seine Ziele zu erreichen - Mittel zur Fokussierung	- Zerlegung von Aufgaben in Teilaufgaben, die mit internen Teams und Nutzern gemeinsam überprüft und angepasst werden	- am Anfang eines Entwicklungsprozesses oder begleitend
Empathy Map	- Zeigt die emotionalen Handlungen in Bezug auf ein Produkt oder einen Prozess: Was sieht, hört, denkt und sagt eine Person?	- einfache und schnelle Alternative zu Customer Journey Maps auf Basis von Annahmen und Erfahrungen - ohne Personas möglich - stichpunktartige Auflistung in einem Workshop	- für bestehende Prozesse - teilweise auch als Hilfestellung für Neuentwicklungen
Service Blueprint	- speziell für Dienstleistungsprozesse - stellt auch die internen Prozesse im Unternehmen dar - berücksichtigt wenig emotionale Komponenten	- chronologische Auflistung einzelner Schritte in einem Workshop - Einordnung der Schritte nach ihrer Nähe zum Kunden - Identifikation von Problemen und Potenzialen	- für bestehende Prozesse - teilweise auch als Hilfestellung für Neuentwicklungen

Quelle: Ludewig 2020, S. 180

interagieren bzw. welche Problemstellung(en) sie damit lösen können. Zusätzlich wird die jeweilige Reaktion der Anwendung erfasst. Alle definierten Use Cases beschreiben die funktionalen Anforderungen an Ihre Anwendung (Website oder App) (Jacobsen & Meyer, 2022, S. 129).

Use Case

„Ein **Use Case** ist eine Beschreibung der Dialogschritte des Benutzers zur Erledigung einer Kernaufgabe und der hierfür benötigten Funktionen des interaktiven Systems" (DATech, 2009, S. 209).

Mit einem Use Case, der auch als Anwendungsfall bezeichnet wird, können Sie das Verhalten einer Anwendung aus Nutzersicht beschreiben. Mit einfachen Modellen dokumentieren Sie die Funktionalität einer vorhandenen oder geplanten Anwendung. Der Nutzer tritt dabei mit der Anwendung bzw. dem System in eine Interaktion, um ein bestimmtes Ziel zu erreichen. Das angestrebte Ziel ist üblicherweise der Namensgeber für den Use Case (o. V., 2022b, S. 2).

Ein Use Case enthält idealerweise die folgenden Elemente (o. V., 2022a, S. 1):

- Name des Use Cases und Use Case Nummer zwecks eindeutiger Identifizierung
- Akteure
- Auslöser
- Kurzbeschreibung
- Beschreibung der essenziellen Schritte als Standardablauf
- Beschreibung von alternativen Abfolgen
- Vorbedingungen und Nachbedingungen
- Beschreibung der Systemgrenzen

Es gibt eine Reihe von **Fragen**, die Ihnen bei der Use Case-Erstellung helfen können. Diese finden Sie in Tab. 4.15.

Tab. 4.15 Hilfreiche Fragen für die Use Case-Erstellung

Fragen zum Akteur	- Wer nutzt das System? - Was ist das Ziel des Nutzers? - Welche anderen Anwendungen interagieren mit dem System? - Wer liefert der Anwendung Informationen oder erhält Information?
Fragen zu den Vor- und Nachbedingungen	- Welche Bedingung muss erfüllt sein, damit der Use Case eintritt? - In welchem Zustand befindet sich die Anwendung, wenn der Use Case eintritt? - Wie und unter welcher Bedingung wird der Use Case abgeschlossen? - In welchem Zustand muss sich die Anwendung befinden, sodass der Use Case abgeschlossen wird?
Fragen zu den Abläufen	- Welcher Nutzer und welches Event initiiert die Ablauffolge? - Wie interagiert der Nutzer mit der Anwendung und wie reagiert das System? - Welche alternativen Aktionen kann der Nutzer bei jedem Schritt initiieren? - Welche Unterbrechungen oder Fehler können bei jedem Schritt des Use Cases auftreten? - Was passiert, wenn der Nutzer den Vorgang abbricht?
Sonstige Fragen	- Mit welcher Frequenz wird der Use Case ausgeführt? - Welche Beziehungen gibt es zu anderen Use Cases?

Quelle: o. V. 2022b, S. 4 und o. V. 2022a, S. 1

4.3.2 Wireframes

Durch Wireframes ermöglichen Sie eine erste „Draufsicht" (z. B. eine Bildschirmseite) auf einen Low-Fidelity-Prototypen (Geis & Tesch, 2019, S. 160). Daher handelt es sich bei einem Wireframe um eine stark vereinfachte Darstellung der Elemente auf den Webseiten und der Benutzerführung Ihrer Website. Im Unterschied zu handgezeichneten Scribbles arbeiten Sie hier maßstabsgetreu bzw. pixelgenau. Die eigentliche Wireframe-Erstellung wird als Wireframing bezeichnet (Rammelt et al., 2020, S. 86).

Wireframe

„Ein **Wireframe** ist eine skizzenähnliche Darstellung der noch nicht funktionsfähigen Bedienelemente einer App oder einer Website. Wireframes konzentrieren sich auf den Design-Grundriss und enthalten im Gegensatz zu einem Mock-up noch keine Farben, Typografie, Bilder oder Grafiken. Wireframes sind sozusagen die Blaupausen des ästhetischen Designs. Ihr Zweck ist die Verbindung zwischen der konzeptionellen Funktionalität und dem visuellen Design des Interface" (Semler & Tschierschke, 2019, S. 434).

Wireframes lassen sich anhand der folgenden **Eigenschaften** charakterisieren (Ludewig, 2020, S. 196):

- Sie sind nicht von Hand gezeichnet, sondern digital erstellt.
- Die Größe, Reihenfolge und Position der Elemente werden durch den Wireframe definiert.
- Wireframes werden idealerweise in Originalgröße angelegt. Verwenden Sie daher die Pixelmaße der angedachten Bildschirmauflösung.
- Erstellen Sie Wireframes für alle wichtigen Seitentypen.
- Design-Elemente kommen nicht vor! Vernachlässigen Sie daher Farben, Schriften und andere Gestaltungselemente (wie beispielsweise Linien, Schatten und Farbverläufe).
- Wireframes werden ausschließlich in Schwarz-weiß angelegt.

Wenn Sie mit Wireframes arbeiten wollen, sollten Sie für die folgenden **Seitentypen** Wireframes erstellen (Jacobsen & Meyer, 2022, S. 171):

- Startseite
- Übersichts- bzw. Kategorieseite der Produkte und Dienstleistungen
- Suche/Trefferliste/Filter
- Detailseite der Produkte und Dienstleistungen
- Über-uns-Seite/Kontakt
- Blog/News

> **Pixel**
>
> „Ein **Pixel** ist ein Punkt auf dem Bildschirm. Die Größe von Objekten und Abständen wird in Pixeln, abgekürzt px, angegeben. Darüber hinaus werden Auflösungen von Bildern in Pixeln pro Länge angegeben: meist in dots per inch oder abgekürzt dpi. Ein inch ist ein Zoll oder ein Daumenbreit. Er entspricht 2,54 cm" (Rammelt et al., 2020, S. 86).

Vermeiden Sie in Wireframes **unnötige Elemente**. Beantworten Sie sich daher für jedes Element, das Sie zeichnen wollen, die folgenden Fragestellungen (Ludewig, 2020, S. 197):

- Warum ist das Element auf dieser Webseite?
- Warum ist es in dieser Größe auf dieser Webseite?
- Warum ist es genau an dieser Stelle?

Diese Fragen müssen Sie insbesondere für die folgenden Elemente beantworten, die auf jeden Wireframe gehören (Jacobsen & Meyer, 2022, S. 171):

- Logo
- Kopfzeile bzw. Header
- Fußzeile bzw. Footer
- Inhaltsbereich bzw. Content
- beispielhafte Elemente, wie Bilder, Überschriften, Fließtext, Listen, Kästen etc.
- falls Werbebanner geplant sind, müssen diese ebenfalls positioniert werden

Ein Wireframe-Beispiel finden Sie in Abb. 4.3.

Über die folgenden Inhalte sollte Ihr Wireframe Auskunft geben (Semler & Tschierschke, 2019, S. 435):

- **Struktur:** In welcher Relation stehen die einzelnen Screens zueinander?
- **Inhalt:** Was zeigt jeder einzelne Screen?

Abb. 4.3 Beispiel für einen Wireframe

- **Informationsstruktur:** Welche Navigationsstruktur liegt zugrunde? Wie werden die Informationen organisiert und dargestellt?
- **Funktionalität:** Wie funktioniert jeder einzelne Screen?
- **Verhalten:** Wie interagiert der Nutzer mit dem Screen? Und wie verhält sich dieser Screen?
- **Ausstieg und Fehlermeldungen:** Sind Empty States und Fehlermeldungen in den Wireframes inkludiert?

4.3.3 Mockups und Prototypen

Durch Mockups nehmen Ihre Webseiten konkrete Gestalt an. Bitte beachten Sie jedoch, dass es sich dabei noch nicht um eine finale Version Ihrer Website handelt. Vielmehr sind Mockups dazu geeignet, mit dem Look-and-Feel der einzelnen Webseiten zu experimentieren. Es geht vorrangig um den Wahrnehmungseindruck und der damit im Zusammenhang stehenden (emotionalen) Wirkung auf Ihre Nutzer. Die gleichen Inhalte bekommen durch die Wahl der Farben, Formen und Abstände eine ganz unterschiedliche Wirkung. Konkret bedeutet dies, dass Sie die Inhalte bzw. den Content klassisch, modern, aufgeräumt oder wild erscheinen lassen können. Alles sollte auf Ihre Zielgruppe, Ihre Produkte und Dienstleistungen und Ihre Marke(n) abgestimmt sein (Rammelt et al., 2020, S. 89).

Mockup

„Ein **Mockup** ist eine detailgetreue Nachbildung einer Website bzw. App. Mockups dienen dazu, dem Entwickler Vorgaben zu geben, wie die Website bzw. App zu programmieren ist. Hier konkretisieren Sie Farben, Formen, Typografie und sogar Ton" (Semler & Tschierschke, 2019, S. 439).

Mockups sind durch die folgenden **Eigenschaften** gekennzeichnet (Ludewig, 2020, S. 198):

- Es handelt sich um statische Screens.
- Mockups zeigen Farben und Formen.
- Texte werden in der richtigen Schrift und Größe visualisiert.
- Sie können die einzelnen Screens miteinander verlinken und diese so mit Interaktivität versehen. Dadurch werden sie zu High-Fidelity-Prototypen.

Low-, Medium- und High-Fidelity-Prototypen

„**Low-Fidelity-Prototypen** sind noch sehr grobe, eher strukturell orientierte Prototypen und müssen noch keinerlei Funktionalität haben" (Jacobsen & Meyer, 2022, S. 189).

„**Medium-Fidelity-Prototypen** sind detaillierter, bieten bereits mehr Funktionalität und haben gegebenenfalls auch einige echte Inhalte integriert" (Jacobsen & Meyer, 2022, S. 190).

„**High-Fidelity-Prototypen** simulieren Ihre Anwendung so gut, dass es häufig täuschend echt wirkt" (Jacobsen & Meyer, 2022, S. 190).

Für die Prototypenerstellung gibt es zahlreiche **Softwarelösungen**, auf die Sie zurückgreifen können. Sofern Sie über die Anschaffung einer derartigen Software-Lösung nachdenken, sollten Sie sich die folgenden Leitfragen stellen (Jacobsen & Meyer, 2022, S. 193):

- Wie hoch ist der Einarbeitungsaufwand für die Beteiligten?
- Wie schnell können Anpassungen am Prototypen vorgenommen werden?
- Sollen die Designentwürfe direkt im Tool erstellt oder nur als Screen importiert werden?
- Welchen Funktionsumfang benötigen Sie im Hinblick auf Interaktionen und Animationen?
- Gibt es eine Bibliothek mit gängigen User-Interface-Elementen und Grafiken?
- Können Elemente als Vorlagen abgespeichert und wiederverwendet werden?
- Ermöglicht das Tool eine Zusammenarbeit?
- Bietet es die Möglichkeit, dass mehrere Personen gleichzeitig daran arbeiten (Das ist relevant, falls im Team gearbeitet wird)?
- Gibt es eine Teilen- oder Vorschaufunktion, über die andere Kommentare und Feedback zum Prototyp übermitteln können?
- Wie einfach lässt sich der Prototyp aus dem Tool exportieren bzw. zur Präsentation/Besprechung bereitstellen?
- Welche Formen für die Lizenzierung (Einzellizenzen versus Gruppenlizenzen, webbasiert versus Desktop-Anwendungen) gibt es?
- Wie sieht es mit den Kosten aus?

Rapid Prototyping

„Unter **Rapid Prototyping** versteht man im Zusammenhang mit Websites die schnelle Erstellung eines Prototyps, der verschiedenen Stakeholdern (Interessenvertretern wie z. B. Benutzern, Entwicklern, Designern) zur Abstimmung vorgelegt und anschließend entsprechend deren Wünschen angepasst wird" (Keßler et al., 2018, S. 451).

Abschließend stellen wir Ihnen die **Checkliste** von Semler und Tschierschke (2019, S. 444) vor, die die wesentliche Zusammenhänge zwischen Wireframes, Mockups und Prototypen zusammenfasst:

- Erst eine Skizze, dann ein Wireframe und zum Schluss das Mockup – nicht umgekehrt!
- Durchlaufen Sie in der Konzeptionsphase mehrere Iterationen!
- Widerstehen Sie in den frühen Phasen der Versuchung, zu konkret zu werden und Farben, Icons und die konkrete Anordnung der einzelnen Website- bzw. App-Bestandteile bereits final zu planen!
- Teilen Sie in Ihrem Team bereits frühzeitig die Ergebnisse und geben Sie jedem Teammitglied die Chance, am Projekt zu partizipieren!
- Arbeiten Sie bei den Mockups mit den echten Inhalten!
- Interaktive Prototypen helfen dabei das Look & Feel der Website bzw. App zu erleben und zu testen!
- Low-Fidelity-Prototypen können Sie für das große Ganze nutzen!
- Nutzen Sie High-Fidelity-Prototypen fürs Kleine, um z. B. Custom Controls zu prüfen!

4.3.4 Suchmaschinenoptimierung (SEO) und Keyword-Analyse

Usability ist als Maßstab der Gebrauchstauglichkeit auch in der Suchmaschinen-Optimierung ein ganz wesentlicher Bereich. Sehen Sie sich dazu auch die Ausführungen in Tab. 4.16 an. Insbesondere Google bewertet mehr und mehr Faktoren der Nutzererfahrung. Das einfachste Kriterium ist dabei die Absprungrate (Bounce-Rate). Daher sollten Sie nicht nur klassisches Search Engine Optimization (SEO) betreiben sondern gleichzeitig immer die Usability Ihrer Website im Blick haben (Erlhofer, 2016, S. 822).

Off- und On-Page-Suchmaschinenoptimierung

„Die Suchmaschinenoptimierung (Search Engine Optimization (SEO)) teilt sich auf in On-Page und Off-Page-Maßnahmen und hat zum Ziel, die Auffindbarkeit und das Ranking einer Website in organischen Suchmaschinenergebnissen zu verbessern" (Keßler et al., 2018, S. 1019).

Tab. 4.16 Suchmaschinen-Optimierung und Usability

Keyword-Recherche	- Die zentrale Frage lautet: Mit welchen Stichworten suchen die Nutzer nach den entsprechenden Inhalten? - Bringen Sie diese Keywords in Erfahrung und nutzen Sie sie für die Optimierung Ihrer Website. - Manchmal wird nach Stichworten gesucht, die aus Ihrer Sicht nicht unbedingt die erste Wahl gewesen wären. - Sie müssen sich daher in den Nutzer hineinversetzen und seine Suchbegriffe verwenden. - Sprechen Sie gewissermaßen die „Sprache des Nutzers!"
Inhalt bieten	- Der Slogan „Suchmaschinen mögen Content" trifft es auf den Punkt. - Stellen Sie daher ausreichende Textmengen auf der jeweiligen Webseite zur Indexierung bereit. - So können die Algorithmen der Suchmaschinen das Thema der Webseite korrekt erkennen. - Auch aus Sicht der Nutzer bieten Seiten mit wenig Content nur einen geringen Informationsgehalt. Dies führt in der Folge zu hohen Absprungraten.
maximale Dateigröße zur Indexierung	- Längere Ladezeiten reduzieren die Usability für die Nutzer bei der Suche nach Informationen. - Ihre Nutzer wollen unter Berücksichtigung der heutigen Übertragungsraten ungern zusehen, wie sich die Website langsam aufbaut. - Besser ist es, wenn die Website bei ihrem Aufbau ohne lange Verzögerungen erscheint. - Ein zügiger Seitenaufbau, schnelle Ladezeiten und kompakte, aber dennoch ausführliche Informationen werden auch von den Suchmaschinen positiv bewertet.
Gliederung durch Überschriften	- Aus der Sicht von Suchmaschinen sind Stichwörter (Keywords) in Überschriften wichtiger als im Fließtext. - Sie helfen den Nutzern sich den Inhalt der Webseite zu erschließen. - Daher sollten Sie wichtige Keywords bevorzugt in der Überschrift der jeweiligen Webseite platzieren. - Dies gilt auch für Zwischenüberschriften und den folgenden Fließtext. - Dies wird von den Suchmaschinen entsprechend honoriert.

(Fortsetzung)

Tab. 4.16 (Fortsetzung)

sinnvolle Seitentitel	- Dem Seitentitel kommt für die Bewertung durch Suchmaschinen eine große Bedeutung zu. - Damit das Ranking durch die Suchmaschinen entsprechend hoch ausfällt, sollte der Titel einer Webseite den Inhalt möglichst genau beschreiben. - Davon profitieren auch die Nutzer Ihrer Website. - Ein gut formulierter Seitentitel hilft zur Orientierung beim Surfen und verbessert die Usability der jeweiligen Webseite.
beschreibende Anchor-Texte	- Suchmaschinen beachten auch den Text (Anchor-Text), mit dem innerhalb einer Seite verlinkt wird. - Suchmaschinen gewichten es besonders hoch, wenn themenrelevante Keywords innerhalb des Anchor-Textes auftauchen und diese auch auf der Zielseite vorkommen. - Dies ist auch für die Benutzer Ihrer Website von Vorteil.
CSS für das Layout	Durch seine Flexibilität trägt das barrierefreie CSS und die reduzierten Ladezeiten zur Web-Usability entscheiden bei. Insbesondere der Quell-Code ist durch die Trennung von Layout und Content für Suchmaschinen besser interpretierbar. Die Reihenfolge der Elemente im Quell-Code muss nicht der Reihenfolge der Elemente in der Anzeige entsprechen. Die Elemente im Quell-Code können für die Suchmaschinen, die Elemente auf der Webseite können für die Benutzer optimiert werden.
responsive Websites	- Für die Usability ist es von großer Bedeutung, dass Ihre Website auf verschiedenen Endgeräten nutzbar ist. - Bei modernen Webdesigns sollte dies kein Problem sein. - Dies wird von den Suchmaschinen besser bewertet. - Insbesondere wenn es um die Tauglichkeit der Darstellung auf mobilen Endgeräten geht.

Quelle: Erlhofer 2016, S. 826–828

„Die **Off-Page-Optimierung** ist ein Teil der Suchmaschinenoptimierung. Hierbei geht es um SEO-Maßnahmen, die außerhalb der eigenen Website stattfinden, wie z. B. um Linkaufbau" (Keßler et al., 2018, S. 1017).

„Im Gegensatz zur Off-Page-Optimierung versteht man unter **On-Page-Optimierung** SEO-Maßnahmen, die sich auf die eigene Website beziehen. Das können beispielsweise Quellcode-Optimierung, interne Verlinkung und Content-Optimierung sein" (Keßler et al., 2018, S. 1017).

Im Kontext der Suchmaschinen-Optimierung lässt sich die Funktion der Web-Usability in zwei Bereiche aufteilen (Erlhofer, 2016, S. 825):

- **Mikro-Usability:** Ihre Benutzer erwarten, dass Sie nach dem Aufrufen der Webseite auch das finden, wonach sie gesucht haben. Hinzu kommt, dass die inhaltlichen Elemente benutzergerecht und gebrauchstauglich angeordnet sind. Nur dann werden sie auf der jeweiligen Webseite bleiben.

Keywords und Keyword-Dichte

„**Keywords** sind Schlüsselwörter und die Bezeichnung für Suchbegriffe. Suchbegriffe können aus einem oder mehreren Wörtern bestehen. Recherche und Analyse von Keywords sind elementar beim Suchmaschinenmarketing, also bei Suchmaschinenwerbung und -optimierung" (Keßler et al., 2018, S. 1017).

„Die **Keyword-Dichte** (engl. **keyword density**) gibt an, wie häufig ein Schlüsselbegriff in einem Text vorkommt" (Keßler et al., 2018, S. 1017).

- **Makro-Usability:** Wenn die Besucher einer Website, die von einer Suchmaschine kommen, die Seite nur besuchen, wird oft das Ziel des Anbieters der Website nicht erreicht. Es reicht also nicht aus, wenn die Besucher die Produktinformationen auf der Produktdetailseite nur ansehen. Sie sollen auch kaufen. Die Makro-Usability beantwortet die Frage, wie gut die Navigation auf einer einzelnen Webseite ist, damit Ihre Nutzer effektiv, effizient und zufriedenstellend durch Ihr Angebot zu einem gewünschten Ziel (z. B. der Produktbestellung oder dem Abo Ihres Newsletters) navigieren können.

4.3.5 Card Sorting

Da es mithilfe des Card Sortings sehr gut möglich ist, eine benutzerfreundliche Navigationsstruktur zu entwickeln, erfreut es sich unter den Usability-Experten einer steigenden Beliebtheit (Broschart, 2010, S. 314).

Offenes und geschlossenes Card-Sorting

„Mit dem sogenannten **Card Sorting** testet man die geplante Struktur (Informations-Architektur) einer Website. Die Testpersonen sortieren die auf Karten geschriebenen Inhalte des Webangebots zu Gruppen. Beim **offenen Card Sorting** sind die Nutzer frei, die gebildeten Gruppen (= Rubriken) selbst zu benennen. Beim **geschlossenen Card Sorting** ordnen die Testpersonen die Karten vorgegebenen Rubriken zu" (Eberhard-Yom, 2010, S. 135; Jacobsen, 2004, S. 249).

Setzen Sie für die Strukturierung der vorhandenen bzw. geplanten Informationen auf Ihrer Website bzw. in Ihrer App nicht auf interne Ansätze und eigene Konzepte. Beziehen Sie lieber Ihre Nutzer frühzeitig mit ein und lassen Sie diese die Informationsarchitektur gestalten oder zumindest evaluieren. Mittels des Card Sortings können Sie gemeinsam mit Ihren Nutzern Ihre Inhalte nach Prozessschritten und Thema gruppieren sowie Kategorien für die Navigationsleisten erstellen und benennen (Jacobsen & Meyer, 2022, S. 141).

Informationsarchitektur

„Die **Informationsarchitektur** ist die Benennung und Strukturierung der Informationen, die für den Benutzer erreichbar sein müssen. Sie beschreibt, wie die Inhaltselemente angeordnet sind und zusammenhängen. Die Informationsarchitektur muss für den Nutzer nicht sichtbar sein" (Ludewig, 2020, S. 189).

Innerhalb des Cart Sortings wird in ein offenes, ein geschlossenes und ein reverses Card Sorting unterschieden. Die drei genannten Formen möchten wir Ihnen im Folgenden in ihren Grundzügen vorstellen.

4.3.5.1   Offenes Card Sorting

Im Rahmen eines offenen Card Sortings bitten Sie die Teilnehmer, die vorbereiteten Content-Kärtchen zu sortieren und zu gruppieren. Die gebildeten Gruppen sollen anschließend einen Kategorienamen erhalten.

Dieser wird auf andersfarbigen Kärtchen festgehalten. Falls es vorkommen sollte, dass die Teilnehmer Kärtchen umbenennen wollen, lassen Sie dies zu. Manchmal haben die Teilnehmer Formulierungsvorschläge, die plausibler klingen. Mittel des offenen Card Sortings können Sie verstehen, wie die Teilnehmer nach Inhalten suchen und welche Vorstellungen sie von den präsentierten Inhalten haben. Zudem erfahren Sie welche Benennungen für die gebildeten Haupt- und Unterkategorien gewünscht werden. Grundsätzlich können Sie ein offenes Card Sorting offline oder online durchführen. Wir raten Ihnen zur Offline-Variante. Diese findet in einem Raum statt, in dem ein großer Tisch steht. Auf diesem werden die vorbereiteten Kärtchen von den Teilnehmern sortiert. Zusätzlich ist ein Protokollant anwesend, der sich Notizen macht. Außerdem sollten Sie die Card Sorting Session auf Video aufnehmen und die Ergebnisse fotografisch festhalten. Das erleichtert bzw. ermöglicht Ihnen eine effiziente Auswertung. Als Interviewer können Sie während des Card Sortings auch Fragen stellen und somit besser verstehen, wie es zur Anordnung der Kärtchen kommt (Jacobsen & Meyer, 2022, S. 143).

4.3.5.2 Geschlossenes Card Sorting

Das geschlossene Card Sorting unterscheidet sich vom offenen Card Sorting derart, dass Sie die Kategorienbezeichnungen fest vorgeben und die Teilnehmer bitten, die Content-Kärtchen diesen Kategorien zuzuordnen. Dazu benötigen Sie also eine vorgegebene Struktur. Sie erfahren durch das geschlossene Card Sorting, welche Inhalte aus Sicht der Teilnehmer zu welcher Kategorie gehören. Wir empfehlen Ihnen diesen Ansatz, wenn Sie neue Inhalte in Ihre Website oder App integrieren möchten. Außerdem lassen sich mit diesem Ansatz verschiedene Hauptkategorie-Varianten gegeneinander testen (Jacobsen & Meyer, 2022, S. 143–144).

4.3.5.3 Reverse Card Sorting bzw. Tree Testing

Das Reverse Card Sorting wird auch als Tree Testing bezeichnet. Wie der Name schon vermuten lässt, kann mit dieser Methode eine bestehende Navigations- bzw. Informationsstruktur evaluiert werden.

Dazu werden den Teilnehmern Aufgaben gestellt, die sie mithilfe einer rein hierarchisch gelisteten Informationsarchitektur lösen sollen. Sie müssen die Aufgaben derart stellen, dass sie durch das Auffinden der entsprechenden Inhalte in der Informationsarchitektur gelöst werden können. Die Teilnehmer sollen also nach Informationen, Kategorien, Produktgruppen oder Produkten und Dienstleistungen innerhalb der vorgegebenen Navigationsstruktur suchen. Während sich die Teilnehmer auf die Suche begeben, werden die Klickpfade aufgezeichnet und die Bearbeitungszeit gestoppt. Erst wenn die gesuchte Information gefunden wurde, ist die Aufgabe beendet. Dadurch erfahren Sie, ob die mentalen Modelle Ihrer Nutzer mit Ihrer Informationsarchitektur übereinstimmen und, ob die Nutzer die Inhalte auf Ihrer Website bzw. in Ihrer App (schnell) finden. Auch bei diesem Card Sorting-Ansatz können Sie mehrere Informationsarchitekturen miteinander vergleichen und anhand der Klickpfade und Bearbeitungszeiten beurteilen (Jacobsen & Meyer, 2022, S. 144–145).

Online Card Sorting

Falls Sie ein **Online Card Sorting** durchführen wollen, können Sie dafür auf verschiedene Softwarelösungen zurückgreifen. Auch diese bieten einige Vorteile. So können Sie beispielsweise Ihre vorbereitete Liste mit Inhaltselementen importieren und die benötigten Kärtchen automatisch generieren. Die Kärtchen sind i. d. R. bereits durchnummeriert (Jacobsen & Meyer, 2022, S. 147).

4.3.5.4 Ablauf eines Card Sortings

Die zu bildende Stichprobe fällt beim Card Sorting größer aus als bei einem klassischen Usability-Test. Wir empfehlen Ihnen einen Mindeststichprobenumfang von 20 Testpersonen. Besser sind 30–50 Testpersonen. So erhalten Sie auf jeden Fall statistisch belastbare bzw. signifikante Ergebnisse. Da die Dauer des Cart Sortings unmittelbar von der Kärtchenanzahl abhängig ist, sollten Sie nicht mehr als 60 Karten sortieren lassen. Die jeweilige Card Sorting Session würde dann einfach zu lange dauern (vgl. dazu auch die Ausführungen in Tab. 4.17). Viele Informationsarchitekturen, insbesondere die von großen Websites, verursachen bzw. erfordern oft mehr als 60 Karten. Daher empfehlen Jacobsen und Meyer (2022, S. 146) zur **Reduktion der Kartenanzahl** die folgenden Vorgehensweisen:

* Schließen Sie Teile Ihrer Website ganz bewusst vom Card Sorting aus. Dies gilt insbesondere für Bereiche über die Einigkeit besteht oder die Strukturierung eindeutig ist.

Tab. 4.17 Planung, Durchführung und Auswertung eines offenen Card Sortings

Vorbereitung der Karteikarten	- Beschränken Sie sich auf maximal 60 Karten. Mit mehr Karten ist eine Durchführung nicht mehr realistisch. Auch die Auswertung ist nicht sinnvoll machbar. Wählen Sie also die laut Webanalytics beliebtesten Inhalte oder verdichten Sie die Inhalte zu logischen Blöcken. - Bedrucken Sie die Karteikarten und nutzen Sie eine zuvor aufgestellte (Excel-)Liste. Diese ist auch die Basis für die spätere Auswertung. - Nummerieren Sie die Karten auf der Rückseite oder sehr klein in einer Ecke. Dies hilft Ihnen bei der Dokumentation und bei statistischen Auswertungen. - Halten Sie Blankokarten bereit, auf denen die Teilnehmer zusätzliche Themen oder Vorschläge für alternative Benennungen ergänzen können. - Verwenden Sie für die Kategorienamen andersfarbige Karten, die die Teilnehmer ihren Themengruppierungen geben sollen.
Rekrutierung der Probanden	- Die Rekrutierung der Probanden sollte möglichst frühzeitig erfolgen. - Im B2C-Bereich sprechen Sie Ihre Kunden an. - Auch im B2B-Bereich sollten Sie mit echten Kunden zusammenarbeiten. - Planen Sie eine Incentivierung für die Probanden ein.
Vorbereitung der Card Sorting-Einheit	- Sie benötigen einen Raum mit einem Tisch bzw. mehreren Tischen, auf dem/denen sich die Kärtchen sortieren lassen. - Der Platz sollte zudem für einen Protokollanten ausreichen. - Stellen Sie eine Videokamera auf, mit der Sie das Card Sorting aufzeichnen können. Dies erleichtert Ihnen die spätere Auswertung. Außerdem können Sie kritische Stakeholder mit Videoausschnitten während der Ergebnispräsentation überzeugen.

(Fortsetzung)

Tab. 4.17 (Fortsetzung)

Durchführung des Cards Sortings	- Zeigen Sie dem Teilnehmer die Kärtchen und erklären Sie ihm das offene Card Sorting. - Die Teilnehmer sollen Sie bei der Sortierung bzw. Strukturierung der Inhalte unterstützen. - Außerdem sollen sie Kategorien bilden und diese benennen. - Bitten Sie die Teilnehmer, laut zu denken. Dadurch können Sie mehr über ihre Gedanken, Absichten und Frustrationen erfahren. - Geben Sie den Teilnehmern einen zeitlichen Rahmen vor, damit sie sich darauf einstellen können. - Sobald der Teilnehmer mit der Sortierung der Kärtchen und der Benennung der Kategorien fertig ist, fotografieren Sie das Ergebnis. - Sie bedanken sich bei den Teilnehmern für die Teilnahme und überreichen das Incentive.
Analyse der Ergebnisse	- Basierend auf der Fotodokumentation erstellen Sie für jede Card Sorting-Sitzung eine eigene Sitemap. - Werten Sie die qualitativen Aussagen der Probanden aus. - Danach identifizieren Sie die häufigsten Gruppierungen und Zuordnungen sowie Kategorie-Benennungen. - Bereiten Sie alle Erkenntnisse in einem Ergebnisband auf.

Quelle: Jacobsen und Meyer 2022, S. 147–149

- Fassen Sie recht ähnlichen Content bzw. ähnliche Inhalte auf einer Karte zusammen. Dies gilt insbesondere für Content, der wahrscheinlich sehr ähnlich sortiert werden würde.
- Sie können mehrere Kärtchen-Gruppen bilden und diese in getrennten Card Sorting Sessions sortieren lassen. Das geht allerdings nur, wenn Sie keine Interdependenzen zwischen den gebildeten Kärtchen-Gruppen vermuten.
- Nutzen Sie Ihre Webanalytics-Daten und wählen Sie die beliebtesten und meistangesehenen Themen und Inhalte aus.

Dauer eines Card Sortings

Planen Sie für eine Card Sorting Session nicht mehr als 45–60 min ein. 75 min sind das absolute Maximum. Länger kann sich kein Teilnehmer konzentrieren und es kämen auch keine weiteren sinnvollen Ergebnisse zustande (Jacobsen & Meyer, 2022, S. 146).

4.4 Durchführung – Ideenumsetzung und Testung

4.4.1 Usability-Tests – Dem Nutzer über die Schulter geschaut

Es gibt zahlreiche Einwände gegen das Durchführen von Usability-Tests. Die Top-Fünf finden Sie in Tab. 4.18.

Tab. 4.18 Die Top-Fünf der plausiblen Entschuldigungen, Websites bzw. Apps nicht zu testen

„Wir haben keine Zeit!"	Es stimmt, dass die meisten Pläne der Webentwicklung auf der Pointe aus einem Dilbert-Cartoon aufzubauen scheinen! Wenn Tests jedermanns Aufgabenliste noch erhöhen, die Entwicklungspläne um die Tests herumgebaut und Schlüsselpersonen in die Vorbereitung mit einbezogen werden müssen, werden sie nicht durchgeführt! Darum müssen Sie bei den Tests den Ball so flach wie möglich halten! Richtig durchgeführt werden Sie Zeit sparen, weil Sie (a) nicht endlos diskutieren und (b) am Ende nicht noch etwas neu machen müssen!
„Wir haben kein Geld!"	Vergessen Sie die 6000 € bis 16.000 €! Wenn Sie jemanden überreden können, eine Digitalkamera von zu Hause mitzubringen, müssen Sie für jede Testrunde nur etwa 300 € ausgeben!
„Uns fehlt die Sachkenntnis!"	Die unbekannteste Tatsache über Usability-Tests ist, dass sie unbeschreiblich einfach durchzuführen sind! Nun gut, einige Leute machen das besser als andere. Wir haben noch nie erlebt, dass ein Usability-Test keine hilfreichen Ergebnisse produziert hat, egal wie schlecht er geleitet wurde!
„Wir haben kein Usability-Labor!"	Sie brauchen keins! Sie brauchen einfach nur einen Raum mit einem Tisch, einem Computer und zwei Stühlen, in dem Sie ungestört arbeiten können!
„Wir wüssten gar nicht, wie wir die Ergebnisse interpretieren sollten!"	Eine der besten Ergebnisse am Usability-Testing ist, dass die wichtigen Lektionen einfach jedem Beobachter auffallen werden! Die ernsten Probleme kann man kaum übersehen!

Quelle: Krug 2006, S. 136

4.4.1.1 Klassischer Usability-Test

Usabilty-Test ist die übliche Bezeichnung für eine methodisch auf verschiedene Weise (z. B. Interviewleitfaden, Laboruntersuchung, Eyetracking) mögliche Evaluation von Websites, Apps und weiterer interaktiver Systeme auf ihre Benutzerfreundlichkeit bzw. Usability. Dabei kommt es i. d. R. zu einer Verknüpfung der Elemente „Content", „Layout" und „Navigation" (o. V., 2001b, S. 1714).

> **Usability-Test**
>
> „Bei einem **Usability-Test** werden Probanden in das Teststudio eingeladen und nutzen dort das Webangebot mit und ohne Vorgabe konkreter Aufgabenstellungen, wie z. B. die Durchführung einer Bestellung, Suche eines Produktes etc. (sogenannte Szenario-basierte Nutzung). Während der Aufgabenbearbeitung werden spontane Kommentare, Beurteilungen und die Wiedergabe von Gedanken (sogenannte Protokolle lauten Denkens) sowie Handlungen und Entscheidungen video- und/oder rechnergestützt dokumentiert. In der Regel wird das Geschehen in einen zweiten Raum übertragen und dort von einem Testleiter parallel protokolliert" (Eberhard-Yom, 2010, S. 136).

Zunächst müssen wir klären, welche **Fragestellungen** Sie mithilfe eines Usability-Tests beantworten können (Ludewig, 2020, S. 67):

- Entspricht die Website bzw. App (z. B. Inhalte und Funktionen) den Erwartungen Ihrer Nutzer?
- Können Ihre Nutzer ihre Ziele effektiv und effizient erreichen?
- Gibt es im Prozess der Online-Anwendung Stellen, an denen die Nutzer nicht weiterkommen oder sogar abbrechen könnten?
- Warum gibt es an diesen Stellen Probleme bzw. warum brechen sie dort ab?
- Lässt sich die Website bzw. App ohne fremde Hilfe und längere Einweisung bedienen?
- Können die Nutzer alle Aufgaben auf der Website bzw. in der App zu deren Zufriedenheit bearbeiten?

Arten von Usability-Tests

Jacobsen und Meyer (2022, S. 211–212) systematisieren Usability-Tests anhand des Durchführungsortes, der Durchführungsart und der Moderation:

- **Durchführungsort – im Labor oder im Feld:** Zunächst einmal können Usability-Tests in einem speziellen Labor, dem Usability-Labor (auch Usability-Lab genannt), stattfinden. Eine Alternative ist die Durchführung im Feld. Damit ist gemeint, dass der Usability-Test vor Ort im eigentlichen Nutzungskontext stattfindet. Für die letztere Variante ist ein mobiles Usability-Labor erforderlich. Da dies nicht immer zur Verfügung steht und damit ein erheblicher Mehraufwand verbunden ist, finden die meisten Usability-Tests im Usability-Labor statt. Falls die Umgebung einen maßgeblichen Einfluss auf die Usability hat, sollte auf jeden Fall im Feld getestet werden (siehe zu weiteren Aspekten der Ortswahl Tab. 4.19).
- **Durchführungsart – persönlich oder aus der Ferne:** Beim klassischen Usability-Test befinden sich der Testleiter und der Proband am

Tab. 4.19 Vergleich der Vor- und Nachteile verschiedener Orte für einen Usability-Test

Ort	Vorteile	Nachteile
Labor	- Einrichtung fertig vorbereitet - Nutzung z. B. eines Einwegspiegels möglich	- oft klinische Atmosphäre - Kosten - Proband hat Reiseaufwand
Büro/ein von Ihnen gestellter Ort (Messe, Hotel etc.)	- Kosten gering - schnell und einfach	- Proband hat Reiseaufwand - Aufwand für einmaligen Auf- und Abbau
beim Kunden	- Nutzer fühlt sich wohl - Nutzer spart Reiseaufwand	- logistischer Aufwand wegen Mehrfachaufbau - Reisekosten
remote	- sehr geringer Aufwand - hohe Nutzerzahlen möglich - keine ungewollte Beeinflussung durch den Interviewer	- kein direkter Kontakt zwischen Interviewer und Proband - Proband muss evtl. eine Software installieren

Quelle: Wenz und Hauser 2013, S. 253

gleichen Ort. Sie sitzen gemeinsam im Usability-Labor. Dies ist i. d. R. sehr angenehm für die Probanden und den Testleiter. Vorteilhaft ist zudem, dass der Testleiter die Probanden besser beobachten sowie Gestik und Mimik interpretieren bzw. darauf eingehen kann. Einen ganz anderen Ansatz verfolgt man mit sogenannten Remote-Usability-Tests. Hier befinden sich der Testleiter und die Probanden während des Tests an unterschiedlichen Orten. Die Kommunikation findet über eine Spezialsoftware statt. Geeignet sind diese Remote-Usability-Tests, wenn es schnell und agil zugehen und mit vielen Probanden getestet werden soll. Außerdem lassen sich damit internationale Zielgruppen besser erreichen.

- **Moderation – moderiert oder unmoderiert:** Der wesentliche Vorteil der moderierten Usability-Tests besteht darin, dass der Testleiter Unklarheiten hinterfragen kann und so tiefgreifende Einblicke (sogenannte Insights) gewinnt. Zudem kann der Testleiter offen fragen, Anschlussfragen stellen und den Testteilnehmern Zusatzaufgaben geben. Sollen dagegen sehr viele Probanden getestet werden, bieten sich unmoderierte Usability-Tests an. Diese sind schneller durchführbar, billiger und die Probanden können die Tests selbstständig zu einem Zeitpunkt durchführen, der in ihre Zeitplanung passt.

Usability-Labor

Sarodnick und Brau (2015) weisen darauf hin, dass die verwendete Technik ein wesentlicher Erfolgsfaktor eines Usability-Tests ist. Das Usability-Labor sollte aus einem schalldichten Kontrollraum und einem Testraum bestehen. Es werden also mindestens zwei Räume benötigt. In herkömmlichen Usability-Laboren sind beide Räume durch einen Einwegspiegel getrennt. Neuere Konzepte setzen dagegen verstärkt auf die Videoübertragung vom Test- zum Kontrollraum. Für das Aufzeichnen der Usability-Testteilnehmer und deren Aufgabenbearbeitung sind im Testraum Videokameras und Mikrofone installiert, üblicherweise aus mehreren Blickwinkeln. Dadurch lässt sich eine umfassende Dokumentation des Testgeschehens sicherstellen. Besonders wichtig sind die Aufnahme des Gesichtsausdrucks sowie der Arme und Hände der Probanden. So kann die Interaktion der Probanden mit der Website oder App gut erfasst werden. Zusätzlich werden auch die Bildschirminhalte (insbesondere das Klickverhalten der Probanden) aufgezeichnet. Dies geschieht mit Spezialsoftware, die auf den Test-PCs installiert ist. Außerdem wird regelmäßig ein Eyetracking für die Aufzeichnung der Blickbewegungen genutzt.

Usability-Labor

„Zwei oder mehrere Räume, die speziell für die Durchführung von Usability-Test oder Fokusgruppen ausgestattet sind" (Geis & Tesch, 2019, S. 180).

Bei einigen Usability-Laboren gibt es noch einen zusätzlichen Beobachtungsraum. Hier können Online-Marketingmanager, Usability-Verantwortliche und Entwickler das Testgeschehen live miterleben, ohne dass sie durch ihre Anwesenheit den Testablauf stören. Oft erzeugt erst diese direkte Konfrontation mit den Benutzern der Website oder App bei den genannten Beobachtern ein konkretes Problembewusstsein (Sarodnick & Brau, 2015).

In Abb. 4.4 ist der Aufbau eines klassischen Usability-Labors mit Test- und Kontrollraum wiedergegeben.

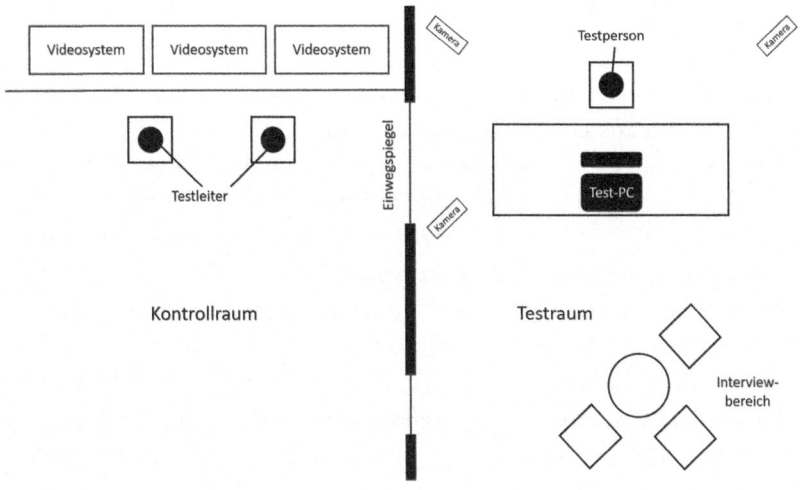

Sarodnick und Brau 2011, S. 168

Abb. 4.4 Usability-Labor

Rollen während des Usability-Tests

Für einen klassischen Usability-Test benötigen Sie i. d. R. mehrere Personen. Zunächst benötigen Sie die Usability-Testteilnehmer, ohne die ein Usability-Test nicht möglich ist. Außerdem benötigen Sie einen Testleiter, Interviewer bzw. Moderator und einen Protokollanten. Zusätzlich können weitere Personen als Beobachter an dem Usability-Test teilnehmen.

Akteure eines Usability-Tests

„**Usability-Testteilnehmer:** Ein repräsentativer Benutzer, der Usability-Testaufgaben in einer Testsitzung ausführt. Er wurde typischerweise auf der Basis eines Rekrutierungsfragebogens ausgewählt und seine Merkmale stimmen mit den geforderten Merkmalen des Benutzergruppenprofils überein" (Geis & Tesch, 2019, S. 178).

„**Moderator:** Eine neutrale Person, die eine Usability-Testsitzung oder eine Fokusgruppe leitet" (Geis & Tesch, 2019, S. 178).

„**Protokollant:** Ein User Experience Professional, der während einer Usability-Testsitzung, einer Fokusgruppe oder eines Interviews Notizen über Usability-Befunde macht" (Geis & Tesch, 2019, S. 179).

„**Beobachter:** Eine Person, die Benutzer in einer Beobachtung, Usability-Testsitzung oder Fokusgruppe beobachtet" (Geis & Tesch, 2019, S. 179).

Das bedeutet allerdings nicht, dass an jedem Usability-Test immer vier Personen teilnehmen müssen bzw. teilnehmen. Gerade, wenn das Budget knapp ist oder ein Protokollant nicht zur Verfügung steht, übernimmt der Interviewer diese Funktion. Zu den Vor- und Nachteilen dieser Variante vergleichen Sie bitte die Übersicht in Tab. 4.20. Geis und Tesch (2019, S. 178) machen jedoch darauf aufmerksam, dass das Testen von sehr komplexen Produkten, wie sie beispielsweise in der Medizintechnik vorkommen, mehrere Beobachter erfordert, die den Test aus mehreren Perspektiven beobachten. Außerdem kann es vorkommen, dass sehr viele verschiedene Usability-Probleme identifiziert werden. Das Dokumentieren muss dann von zwei Protokollanten übernommen werden. Zudem gibt es Fälle, in denen viele Stakeholder ein Interesse am Usability-Test zeigen und als stille Beobachter teilnehmen wollen.

Tab. 4.20 Vor- und Nachteile der Doppelrolle als Interviewer, der gleichzeitig protokolliert

Vorteile der Doppelrolle	Nachteile der Doppelrolle
- Sie sparen Zeit (2. Person) und Kosten.	- Als Interviewer müssen Sie den Untersuchungsgegenstand sehr gut kennen.
- Es wird nur ein Raum und wenig Technik benötigt.	- Dieses Vorgehen ist nur etwas für Interviewer mit viel Praxiserfahrung.
- Die Testteilnehmer fühlen sich evtl. wohler. Dadurch können Sie auch heikle Themen bearbeiten.	- Für die Vorbereitung und Durchführung benötigen Sie mehr Zeit.
- Sie können jederzeit direkt nachfragen. Insbesondere dann, wenn Sie etwas nicht schnell genug notieren konnten. Als Interviewer geben Sie selbst das Tempo vor.	- Die Belastung für Sie als Interviewer ist extrem hoch. Darunter könnte die Qualität der Usability-Tests leiden.
	- Wahrscheinlich sind Sie die einzige Person, die Ihre Mitschrift entziffern kann.
	- Es fehlt Ihnen die zweite Meinung zu den beobachteten Aspekten.

Quelle: Ludewig 2020, S. 74

Phasen eines Usability-Tests

Tab. 4.21 gibt einleitend einen Überblick über die Phasen eines idealtypischen Usability-Tests.

Planung und Vorbereitung des Usability-Tests

Bei der Auswahl der Aufgaben, die den Probanden während des Usability-Tests gestellt werden, sollten Sie sich auf diejenigen konzentrieren, die viele Nutzer Ihrer Website oder App mit hoher Wahrscheinlichkeit oft durchführen werden. Achten Sie darauf, dass Sie die Aufgaben möglichst exakt beschreiben. Schließlich wollen Sie nicht, dass es während des Usability-Tests zu Missverständnissen zwischen Ihnen und den Probanden kommt. Um eine Vergleichbarkeit der Ergebnisse herzustellen, sollten alle Probanden die gleichen Aufgaben bekommen. Sie durchlaufen die gleichen Schritte, die zur Lösung der Aufgaben notwendig sind. Vorausgesetzt sie können die jeweilige Aufgabe mithilfe der interaktiven Anwendung lösen. Zu Beginn des Usability-Tests stellen sie am besten eine

Tab. 4.21 Überblick über die Phasen eines Usability-Tests

Aktivitäten	Inhalte/Arbeitsergebnisse
Planung des Usability-Tests	
1. Usability-Testplan schreiben	- Das Ziel des Usability-Tests ist festgelegt und dokumentiert.
	- Die Benutzergruppen und die Anzahl der geplanten Usability-Testteilnehmer sind festgelegt.
	- Die ungefähre Länge jeder Usability-Testsitzung ist bekannt.
	- Der Moderator ist namentlich festgelegt.
	- Der Zeitplan für die Durchführung aller Usability-Testsitzungen steht fest.
2. Usability-Testskript schreiben	- Die Aussagen für das Briefing des Usability-Testteilnehmers sind festgelegt und dokumentiert.
	- Die Fragen für das Pre-Session-Interview sind festgelegt und dokumentiert.
	- Für jede Benutzergruppe sind die Usability-Testaufgaben spezifiziert und dokumentiert.
3. Usability-Testteilnehmer rekrutieren	- Ein Rekrutierungsfragebogen ist erstellt, mit dem geeignete Usability-Testteilnehmer angeworben werden können.
	- Geeignete Usability-Testteilnehmer sind rekrutiert.
	- Alle Usability-Testsitzungen sind gemäß Usability-Testplan zeitlich terminiert.
Durchführung der Usability-Testsitzungen	
4. Briefing des Usability-Testteilnehmers	- Der (jetzt anwesende) Usability-Testteilnehmer ist darüber informiert, was genau jetzt passieren wird. Er ist sich über seine Rolle und seinen Beitrag während der Usability-Testsitzung bewusst.
5. Pre-Session mit dem Usability-Testteilnehmer	- Alle Informationen zur Herkunft, dem Nutzungskontext in Hinblick auf das interaktive System und gegebenenfalls der Vorerfahrung mit vergleichbaren interaktiven Systemen sind gemäß Usability-Testskript beim Usability-Testteilnehmer eingeholt worden.
6. Übergabe der jeweiligen Usability-Testaufgabe	- Der Usability-Testteilnehmer hat die Usability-Testaufgabe gelesen.
	- Fragen zu den Usability-Testaufgaben wurden beantwortet.
	- Der Usability-Testteilnehmer kann mit der Durchführung der Usability-Testaufgabe beginnen.

(Fortsetzung)

Tab. 4.21 (Fortsetzung)

Aktivitäten	Inhalte/Arbeitsergebnisse
7. Beobachtung der Durchführung der Usability-Testaufgabe durch den jeweiligen Testteilnehmer	- Alle beobachtbaren Usability-Probleme sind festgehalten. - Alle beobachtbaren positiven Befunde sind festgehalten. - Grundinformationen zur Effektivität und Effizienz sind dokumentiert (z. B. Zeitdauer, Anzahl Hilfestellungen mit Bezug zu Usability-Problem, Arbeitsergebnis vollständig und genau erreicht? Ja/nein).
8. Post-Session-Interview mit dem jeweiligen Testteilnehmer	- Subjektive Einschätzungen des Usability-Testteilnehmers zur erlebten Nutzungssituation sind gemäß Usability-Testskript eingeholt worden.
Auswertung und Dokumentation	
9. Usability-Testbericht schreiben	- Usability-Probleme sind dokumentiert und aus Sicht der Usability bewertet. - Positive Usability-Befunde sind dokumentiert.
10. Usability-Befunde kommunizieren	- Die Stakeholder, die mögliche Folgeaktivitäten initiieren und/oder umsetzen, sind über die Ergebnisse des Usability-Tests informiert.

Quelle: Geis und Tesch 2019, S. 176–177

ganz einfache Aufgabe, die leicht zu lösen ist. Dies lockert auf und schafft eine positive Testatmosphäre. Nach und nach stellen Sie dann spezifischere Aufgaben. Die einzelnen Aufgaben liest der Testleiter aus dem Interviewleitfaden ab. So ist sichergestellt, dass alle Probanden den gleichen Wortlaut zu hören bekommen. Während die Probanden mit der Lösung der Aufgaben beschäftigt sind, kann sich der Testleiter Notizen machen. Er sollte jedoch seine Hauptaufmerksamkeit immer auf den Probanden ausrichten. Wenn Sie an der einen oder anderen Stelle Usability-Probleme vermuten, dann sollten Sie dazu eine spezifische Aufgabenstellung formulieren (Manhartsberger & Musil, 2001, S. 324).

Rekrutierung der Testteilnehmer

Wie viele Versuchspersonen Sie zu Ihrem Usability-Test einladen, ist abhängig von der Entwicklungsphase und der zu testenden Website bzw. App. Bereits der Test mit einer Person ist besser als gar kein Test. Einige wenige Testpersonen können Ihnen schon dabei helfen, die größten Usability-Probleme zu identifizieren. Wenn Sie mit mehr als 15 Nutzern testen, wird es vermehrt zu Wiederholungen in den Aussagen kommen. Am wichtigsten jedoch ist die Auswahl der Testpersonen, die idealerweise aus Ihrer Zielgruppe kommen sollten (Ippen, 2016, S. 290).

Auf die richtigen Testpersonen kommt es an

Dass die Testpersonen aus Ihrer Zielgruppe kommen sollten, betonen auch Manhartsberger und Musil (2001, S. 320) und verdeutlichen dies am Beispiel einer Website für Steuerberater und Wirtschaftsprüfer. Angenommen, es wird eine **Steuerinformationsanwendung für das Internet** geplant. Die Zielgruppe sind Steuerberater und Wirtschaftsprüfer. Die Testpersonen müssen dann aus dieser Zielgruppe kommen. Schließlich müssen sie auch den fachlichen Hintergrund mitbringen, um die Website zu verstehen. Würden Sie die Website dagegen mit beliebigen Personen von der Straße testen, scheitern diese vermutlich an den verwendeten Fachbegriffen. Dadurch würde das Testergebnis verfälscht. Bitte beachten Sie, dass nicht der fachliche Hintergrund der Teilnehmer getestet werden soll, sondern die Funktionalitäten der Steuerinformationsanwendung.

Für die eigentliche Rekrutierung der benötigten Testpersonen gibt es verschiedene Wege und Möglichkeiten (Lorenzen-Schmidt, 2003, S. 191–195):

- **Professionelle Rekrutierung:** Am Markt gibt es eine ganze Reihe an Spezialdienstleistern, die sich auf die Rekrutierung von Testpersonen spezialisiert haben. Diese Unternehmen firmieren häufig als Marktforschungs- bzw. Marketingservice oder als Feldinstitute. Da insbesondere die Akquise sehr spezieller Quoten sehr aufwendig ist, werden diese von Usability-Agenturen intensiv genutzt. Eine Usability-Agentur könnte, bedingt durch begrenzte personelle Ressourcen, einen solchen Aufwand nicht leisten.
- **Kundenlisten:** Handelt es sich bei dem Testobjekt um eine bereits bestehende Website oder App, dann bietet es sich an, die Rekrutierung der Testpersonen anhand von Kundenlisten des beauftragenden Unternehmens durchzuführen. Sie müssen hierbei nicht lange nach typischen Vertretern der Zielgruppe(n) suchen. Sie stehen bereits in den Kundenlisten. Hinzu kommt, dass es sehr wahrscheinlich ist, dass

die aufgeführten Kunden noch an keinem Usability-Test des Unternehmens teilgenommen haben. Sie gehen daher unvoreingenommen an die Aufgabenstellungen heran. Problematisch könnte sich dagegen auswirken, dass Kunden nicht darauf vorbereitet sind, angerufen und zu einem Usability-Test eingeladen zu werden. Der rekrutierende Mitarbeiter muss erklären worum es geht. Zudem muss er erklären, wie er zu der Telefonnummer gekommen ist und evtl. eine bestehende Skepsis der Kunden aus dem Weg räumen.

- **Rekrutierung über Online-Foren und Interessengruppen oder Verbände:** Diese Rekrutierungsvariante ist besonders dann geeignet, wenn es um sehr spezielle Zielgruppen geht, die ein ungewöhnliches Quotenmerkmal aufweisen (z. B. einer bestimmten Berufsgruppe angehören oder ein spezielles Hobby betreiben). Online-Foren sind dann eine sehr gute Plattform für die Teilnehmerrekrutierung. Aber auch die Ansprache von Mitgliedern einer Interessengruppe kann sinnvoll sein. Über Verbände erreichen Sie vor allem Testpersonen aus dem B2B-Bereich.
- **Rekrutierung per (Online-)Anzeige:** Klassische Anzeigen in Zeitungen und Zeitschriften, aber auch Online-Anzeigen sind nicht ganz unproblematisch. Hierauf melden sich häufig Personen, die mit der Teilnahme an dem Usability-Test Geld verdienen wollen, aber gar kein tiefer gehendes Interesse an Ihrer Website oder App haben. Sollte es sich jedoch um eine Spezialpublikation handeln, besteht immerhin die Möglichkeit, interessierte Testkandidaten zu gewinnen. Beispielsweise werden Sie in einem Pferdejournal eher interessierte Pferdeliebhaber finden. Auf Testprofis werden Sie dagegen dort nicht stoßen.
- **Rekrutierung über Panels:** In Panels sind Personen gelistet, die sich bereit erklärt haben, an Marktforschungsstudien teilzunehmen. Sie sind also grundsätzlich daran interessiert an einem Usability-Test teilzunehmen. Problematisch ist jedoch, dass es sich dabei gewissermaßen um Marktforschungsprofis handelt, die nicht mehr ganz unbedarft an einem Usability-Test teilnehmen.

Pretest

Jeder Usability-Test sollte einer Generalprobe bzw. einem Pretest unterzogen werden. Dadurch können Sie sicherstellen, dass alle geplanten Wege des Nutzers durch die Website oder App auch wirklich funktionieren. Außerdem hilft Ihnen der Pretest dabei, den zeitlichen Rahmen des geplanten Usability-Tests zu überprüfen. Für einen solchen Pretest müssen Sie 3–4 typische Nutzer aus Ihrer Zielgruppe auswählen. Projekt-Insider sind dagegen nicht geeignet, da sie die Website oder App bereits zu gut kennen. Sie würden nicht in alle Fehlerfallen tappen, in die unwissende Nutzer fallen werden. Hinzu kommt, dass Sie eine realistische Überprüfung des Zeitbedarfs nur mithilfe eines echten Nutzers durchführen können (Manhartsberger & Musil, 2001, S. 324–325).

Durchführung des Usability-Tests
Der eigentliche Usability-Test wird von einem Testleiter durchgeführt, der den Test leitet und dem Versuchsteilnehmer die Aufgaben stellt. Dabei macht er sich um Leitfaden Notizen. Zusätzlich ist ein Protokollant erforderlich, der den gesamten Usability-Test mitprotokolliert. Um den Probanden während des Tests nicht zu stören, hält sich der Protokollant unauffällig im Hintergrund. Er schreibt so viel wie möglich mit. Dabei wird jeder Interaktionsschritt und jede Aussage des Probanden notiert. Diese bilden die Datenbasis für die spätere Auswertung des Usability-Tests. Unsere Erfahrung hat gezeigt, dass es besser ist per Hand mitzuschreiben als ein Laptop zu verwenden, denn auch leise Tippgeräusche lenken den Probanden ab. Dies kann so weit gehen, dass das Versuchsergebnis verfälscht wird. Die mitgeschriebenen Notizen sind das eigentliche Hauptergebnisse der Durchführungsphase (Manhartsberger & Musil, 2001, S. 325).

Incentive

„Die Testpersonen erhalten für ihre Teilnahme an dem Usability-Test ein **Incentive** (für solche Tests heißt das sinngemäß: Anreiz oder Aufwandsentschädigung). Die Höhe des Incentives richtet sich nach der Dauer des Tests, wo die Tests stattfinden und unter Umständen der Quote, die die Testperson erfüllt" (Lorenzen-Schmidt, 2003, S. 197).

Mittlerweile ist es Standard, dass Usability-Tests auch per Audio- und/oder Videoaufzeichnung mitgeschnitten werden. Dabei kommt eine Bild-in-Bild-Funktion zum Einsatz. Dies ermöglicht es, das Gesicht und die Gestik des Probanden gleichzeitig mit der Bildschirmdarstellung zu betrachten. Die Aufzeichnungen können für die spätere Ergebnispräsentation in Form von Highlight-Videos aufbereitet werden. Dabei handelt es sich um kurze Videos, die ganz prägnante Szenen aus dem Usability-Test bzw. besonders interessante Aussagen der Probanden zeigen. Eine nachträgliche, vollständige Durchsicht der Videomitschnitte unterbleibt dagegen in der Regel, da dies einen enormen zeitlichen Aufwand bedeuten würde, der sich nicht durch die normalen Projektbudgets finanzieren lässt (Manhartsberger & Musil, 2001, S. 325–326).

Loud Thinking

„Beim **Loud Thinking** (auch Protokolle lauten Denkens genannt) handelt es sich um eine Beobachtungsmethode, bei der Probanden im Usability-Lab aufgefordert sind, bei der Interaktion mit der zu prüfenden Website „laut zu denken". Auf diese Weise sollen emotionale Regungen, Intentionen und Verständnisprobleme erfasst und bewertet werden können" (Broschart, 2010, S. 314).

Mithilfe des Usability-Tests wollen Sie möglichst viele Informationen über die mentalen Modelle Ihrer Nutzer erheben. Dabei umfasst das mentale Modell die Erwartungshaltung der Probanden sowie die Wahrnehmung der Informationen, die ihm auf der Website angeboten werden. Um darüber etwas zu erfahren, wird die aus der Psychologie bekannte Methode des Loud Thinking oder auch Thinking Aloud angewendet. Der Proband wird hierbei dazu aufgefordert, „laut zu denken" und seine Eindrücke und Wahrnehmungen zu beschreiben. Bitte beachten Sie, dass diese Methode nicht bei allen Probanden gleich gut funktioniert. Einige Testteilnehmer beginnen zwar laut zu denken, verstummen dann aber recht schnell. In einem solchen Moment ist der Versuchsleiter gefragt. Es muss ihm gelingen, den Probanden zu motivieren, wieder laut zu denken. Dies kann mithilfe von Rückfragen geschehen. Zumindest muss der Versuch unternommen werden, doch noch etwas über das mentale Modell des stillen Probanden zu erfahren (Manhartsberger & Musil, 2001, S. 326).

Ludewig (2020, S. 76) hat für die **Führung des Interviews** während des Usability-Tests die folgenden **Empfehlungen** zusammengestellt:

- Stellen Sie offene und allgemeine Fragen. Statt „Gefällt Ihnen die Startseite?" fragen Sie besser „Was denken Sie über die Startseite?"
- Vermeiden Sie Suggestivfragen. Statt „Kommen Sie mit der Funktion gut zurecht?" fragen Sie lieber „Wie bewerten Sie diese Funktion?" oder „Wie bewerten Sie die Bedienung der Funktion?". Statt „Ist das für Sie verständlich?" lieber „Wie verstehen Sie das?"
- Erklären Sie der Testperson nicht zu viel. Falls diese doch einmal eine Frage stellen sollte, antworten Sie mit einer Gegenfrage oder erklären nur so viel, wie unbedingt nötig ist. Beispielsweise könnte die Testperson fragen: „Wie ist das mit der Zoomfunktion gedacht?" Sie könnten dann antworten: „Wie würden Sie das verstehen? Was denken Sie, wie wird die Zoomfunktion wohl funktionieren?" Darüber hinaus können Sie noch eine Anschlussfrage stellen: „Wie sollte die Zoomfunktion optimalerweise funktionieren? Was wünschen Sie sich hier?"
- Halten Sie es aus, auch wenn die Testperson einmal nichts sagt. Es kommt immer wieder vor, dass eine Testperson einen Moment benötigt, bevor sie auf Ihre Frage antwortet. Lassen Sie derartige Denkpausen ruhig zu und intervenieren Sie nicht zu schnell. Vielleicht ist die Testperson gerade noch gedanklich mit etwas anderem beschäftigt.
- Stellen Sie so oft wie möglich die „Warum"-Frage. Dadurch fällt es Ihnen leichter, die Denk- und Handlungsmuster der Testperson zu verstehen. Geben Sie sich also nicht immer mit der erst besten Antwort zufrieden. Die Antworten auf die „Warum"-Frage gibt Ihnen detaillierte Hinweise auf die Ursache von Problemen und erste Lösungsideen.

Auswertung des Usability-Tests

Nachdem Sie alle Daten mithilfe des Usability-Tests erhoben haben, müssen Sie diese sichten und falls nötig, umstrukturieren und zusammenfassen. So kann es vorkommen, dass Sie im Protokoll unvollständige Sätze oder Tippfehler entdecken, die Sie erst noch korrigieren wollen. Der zentrale Nutzen des Protokolls besteht in der Identifikation der zen-

Tab. 4.22 Schweregrade von Usability-Problemen

Schweregrad	Beispielhafte Beschreibung
kein Usability Problem	Positives Ergebnis, die Testteilnehmer sind mit dem jeweiligen Aspekt zufrieden und können die Aufgabe ohne Probleme lösen.
C-Problem: Geringes Usability-Problem	Die Testteilnehmer werden kurz aufgehalten, zögern oder müssen etwas nachdenken (weniger als eine Minute).
B-Problem: Ernstes Usability-Problem	Die Testteilnehmer werden länger (ein bis fünf Minuten) aufgehalten, sind aber in der Lage, die Aufgabe selbstständig abzuschließen.
A-Problem: Kritisches Usability-Problem	Die Testteilnehmer scheitern bei der Bearbeitung einer angemessenen Aufgabe.
existenzielle Bedrohung: Katastrophales Usability-Problem	Das Problem kann zu ernsthaften körperlichen Schäden oder sogar Tod, erheblichen finanziellen Schäden oder ähnlich gravierenden Folgen führen.

Quelle: Geis und Tesch 2019, S. 193

tralen Usability-Probleme. Dafür hat sich die Listenform (z. B. in Excel) bewährt. Die aufgeführten Usability-Probleme sind sodann zu gewichten (Ludewig, 2020, S. 75) (die üblichen Schweregrade von Usability-Problemen finden Sie in Tab. 4.22).

> **Usability-Problem**
>
> „Ein Problem in der Benutzung der Benutzungsschnittstelle, das sich auf die Fähigkeit des Benutzers auswirkt, seine Ziele effektiv oder effizient oder zufriedenstellend zu erreichen" (Geis & Tesch, 2019, S. 192).

Für die Auswertung haben sich, je nach verfügbarer Zeit, Fragestellungen und Expertise des Testleiters, die folgenden **Schritte** bewährt (Ludewig, 2020, S. 75):

1. Lesen Sie sich zunächst in Ruhe die erstellten Protokolle durch. An der einen oder anderen Stelle können Sie dann noch Aspekte ergänzen, die Ihnen kurz nach dem Test noch im Gedächtnis sind.
2. Außerdem sollten Sie das Videomaterial sichten. Daran schließt sich die Analyse der Erfolgsraten an. Wie viel Zeit haben die Testteilnehmer für die Aufgaben benötigt?

3. Unter Berücksichtigung des Untersuchungsgegenstandes analysieren Sie die aufgetretenen Probleme. Sie müssen sich immer wieder fragen, welches Element bzw. welche Gestaltung das Problem verursacht haben könnte.

4. Die identifizierten Probleme sind zu gewichten. Dabei können Sie sich an den Schweregraden in Tab. 4.22 orientieren.

5. Jetzt ist Ihre Kreativität gefragt. Sie müssen Lösungsvorschläge entwickeln. Arbeiten Sie dabei möglichst visuell und werfen Sie auch einmal einen Blick auf Konkurrenzangebote. Dort gibt es gute Beispiele, die Sie für Ihre Lösungsansätze nutzen können.

6. Dokumentieren Sie Ihre Ausarbeitungen in einer Ergebnisliste, am besten sortiert nach A-, B- und C-Problemen.

7. Über Ihre Erkenntnisse berichten Sie der zuständigen Abteilung. Ideal ist es, wenn Sie dies in einem persönlichen Termin vornehmen.

Dokumentation der Ergebnisse – der Usability-Bericht
Die Ergebnisse des Usability-Tests werden in einem Ergebnisbericht zusammengefasst. Darüber hinaus finden sich dort auch ein Management Summary bzw. eine Zusammenfassung, Hintergrundinformationen zum Test sowie Angaben zur Methodik und zur Vorgehensweise des Usability-Tests. Die praktikablen Handlungsempfehlungen runden den Usability-Bericht ab (Jacobsen & Meyer, 2022, S. 226–227):

- **Management Summary bzw. Zusammenfassung:** Das Management Summary bzw. Executive Summary ist eine Zusammenfassung der zentralen Ergebnisse des Usability-Tests und richtet sich an Entscheider im beauftragenden Unternehmen. Der Umfang beträgt i. d. R. eine DIN-A4-Seite oder zwei PowerPoint-Folien. Besonders wichtig ist, dass sich die Entscheider schnell einen Überblick über den Usability-Test verschaffen können. Stellen Sie daher die drei wichtigsten Usability-Probleme prägnant und präzise dar. Aber auch positive Usability-Befunde können zur Sprache kommen. Die genannten Usability-Probleme werden später im Ergebnisteil näher erläutert. Dort zeigen Sie auch Lösungsansätze auf.
- **Hintergrundinformationen zum Usability-Test:** Hier beschreiben Sie den Testgegenstand, den Zweck des Usability-Tests sowie den

Testzeitraum. Im Mittelpunkt des Interesses stehen die folgenden Fragen: Warum wurde getestet? Welche Website-/App-Version wurde getestet? Wurde ein bestimmter Teil der Website bzw. App getestet oder die gesamte Online-Anwendung?

- **Angewandte Methodik:** In diesem Abschnitt sollten Sie die Testmethode beschreiben. Für den Leser ist es interessant zu wissen, welche Datenerhebungsverfahren (z. B. Eyetracking) Sie eingesetzt haben. Außerdem geben Sie einen Überblick über die Art und Anzahl der Testpersonen sowie die Nutzungsszenarien bzw. Use Cases, die behandelt wurden.

- **Zentrale Testergebnisse:** Mithilfe der Testergebnisse wollen Sie Antworten auf die zentralen Forschungsfragen geben. Sie müssen daher einen Bezug zu den Zielen, den Thesen und Fragestellungen des Usability-Tests herstellen. Zu Beginn beschreiben Sie die schwerwiegendsten Usability-Probleme (A-Probleme). Optimalerweise präsentieren Sie zu jedem Problem einen oder mehrere Screenshot(s). So können sich Ihre Leser besser zurechtfinden und haben eine klare Vorstellung von der jeweiligen Problemlage. Die Lösungsansätze sollten Sie ebenfalls (z. B. als Wireframe) visualisieren. Quantitative Daten binden Sie an geeigneter Stelle ein. Da es auch immer positive Ergebnisse gibt, sollten Sie diese ebenfalls dokumentieren. Schließlich wollen Sie sicherstellen, dass diese in der weiteren Entwicklung nicht verloren gehen bzw. beibehalten werden.

4.4.1.2 Remote-Usability-Test

Grundsätzlich können Sie Usability-Tests in verschiedenen Phasen Ihrer Website- oder App-Entwicklung einsetzen. Sollte Ihre Website oder App fast fertig sein, bietet es sich an, neben den klassischen Usability-Tests im Usability-Labor, sogenannte **Remote-Usability-Tests** bzw. **Online-Usability-Tests** durchzuführen. Der wesentliche Vorteil der Remote-Usability-Tests besteht darin, dass Sie die Stichprobengröße enorm ausweiten und daher mit viel mehr Probanden testen können. Im Remote-Usability-Test müssen Sie sich nicht am selben Ort wie die Testperson befinden. Vielmehr wird durch die Nutzung von technischen Hilfsmitteln die räumliche Distanz überbrückt (Rammelt et al., 2020, S. 117).

Remote-Usability-Test

„Ein **Remote-Usability-Test** ist ein Usability-Test, bei dem sich der Usability-Test-Testteilnehmer und der Moderator an unterschiedlichen Orten befinden" (Geis & Tesch, 2019, S. 182).

Jacobsen und Meyer (2022, S. 231) sehen im Remote-Usability-Test eine attraktive Alternative zum klassischen Usability-Test. Aus ihrer Sicht ist es auf jeden Fall empfehlenswert einen solchen Remote-Test durchzuführen, bevor man gar nicht testet. Allerdings sollten Sie einige Aspekte beachten, um verwertbare Resultate zu erhalten.

Innerhalb der Remote-Usability-Tests wird zwischen synchronem, asynchronem und automatisiertem Remote-Usability-Test unterschieden, die im Folgenden in ihren Grundzügen vorgestellt werden.

Synchroner oder moderierter Remote-Usability-Test

Als Testleiter sitzen Sie zeitgleich mit der Testperson vor dem PC. Mithilfe einer Videokonferenzlösung führen Sie diese durch die jeweiligen Aufgabenstellungen. Dies hat zur Folge, dass Sie genauso lange anwesend sein müssen, wie die Testperson für die Aufgaben benötigt. Die synchrone Test-Variante ist daher etwas weniger effizient als die asynchrone Variante. Der Testteilnehmer surft während des Tests auf seinem PC oder Laptop auf Ihrer Website. Für Sie wird die Ansicht freigeschaltet, sodass Sie das Surfverhalten des Probanden mitverfolgen können und immer sehen, worüber er gerade spricht. Dies gibt Ihnen im Bedarfsfall die Gelegenheit, gezielt nachzufragen (Rammelt et al., 2020, S. 117).

Synchroner Remote-Usability-Test

„Der **synchrone Remote-Usability-Test** läuft wie ein klassischer Labortest ab (freie und szenariobasierte Nutzung, Protokolle lauten Denkens etc.) Einziger Unterschied: Der Nutzer nimmt vom heimischen PC aus am Test teil und kommuniziert per Webcam und Mikrofon mit dem Testleiter. Mithilfe eines Online-Meeting-Tools und einer Webkamera ist es möglich, die Bildschirmaktivitäten der Testperson zu verfolgen und mit dem Probanden während des Tests zu kommunizieren" (Eberhard-Yom, 2010, S. 137).

Der **synchrone Remote-Usability-Test** läuft idealtypisch in den folgenden **Schritten** ab (Ludewig, 2020, S. 202):

1. Terminierung des Tests. Dabei müssen Sie die technischen Voraussetzungen beachten: Stabile Internetverbindung, Headset oder Lautsprecher und Mikrofon sowie ein Programm zum Teilen bzw. zum Übertragen des Bildschirms.
2. Analog zu einem klassischen Usability-Test müssen Sie einen Interviewleitfaden ausarbeiten.
3. Sie starten den Remote-Usability-Test. Zunächst müssen Sie jedoch die technischen Bedingungen prüfen.
4. Die Aufzeichnung und das Interview können beginnen.
5. Die Probanden bearbeiten die Testaufgaben genau wie bei einem klassischen Usability-Test.
6. Sie beenden die Aufzeichnung und den Test.
7. Im Nachgang übersenden Sie den Testpersonen eine Aufwandsentschädigung.

Üblicherweise sind Sie während des synchronen Remote-Usability-Tests über eine Online-Konferenz-Lösung mit Ihren Probanden verbunden, so als würden Sie eine internetbasierte Video-Konferenz durchführen. Daher können Sie die Teilnehmer sehen, sich unterhalten und gemeinsam Ihre Website bzw. App ansehen. Besonders geeignet sind browserbasierte Anwendungen, da diese nicht extra bei den Probanden installiert werden müssen (Geis & Tesch, 2019, S. 182).

Ludewig (2020, S. 202–203) empfiehlt einen synchronen Remote-Usability-Test für die folgenden Anwendungsfälle:

- Für den Fall, dass Ihre Zielgruppe schwer zu erreichen bzw. schwer zu rekrutieren ist (z. B. Manager oder Ärzte).
- Sollte Ihre Zielgruppe weit verstreut sein (z. B. bei internationalen Zielgruppen), dann eignet sich ganz besonders ein synchroner Remote-Usability-Test.
- Wenn die Anreise der Probanden sehr viel Zeit und Geld kosten würde, sie beispielsweise über ganz Deutschland verstreut sind.
- Mit technikaffinen Zielgruppen ist ein synchroner Remote-Usability-Test gut durchführbar.

- Wenn Sie dieselben Ziele wie bei einem klassischen Usability-Test erreichen wollen.

Asynchroner oder unmoderierter Remote-Usability-Test
Hierbei müssen Sie die Aufgabenstellungen schriftlich formulieren und den Testpersonen zukommen lassen. Diese lösen die Aufgaben allein am heimischen PC oder an ihrem Smartphone. Der Weg, den die Probanden dabei virtuell zurücklegen, wird aufgezeichnet und später ausgewertet. Der wesentliche Vorteil dieser Vorgehensweise besteht darin, dass sie effizient ist und Sie daher in kurzer Zeit viele aktuelle Ergebnisse erhalten. Bei der Formulierung der Aufgabenstellungen stellt sich Ihnen die Herausforderung, dass Sie diese selbsterklärend formulieren müssen, da die Probanden Sie während des Tests nicht um Hilfe bitten können, wenn sie mit den Aufgaben nicht klarkommen (Rammelt et al., 2020, S. 117).

> **Asynchroner Remote-Usability-Test**
>
> „Beim **asynchronen Remote-Usability-Test** nutzt der Proband das Webangebot oder den Prototypen vom heimischen PC oder Arbeitsplatz aus. Genauso wie beim klassischen Usability-Test erhalten die Testpersonen Aufgaben, die sie auf dem Angebot lösen sollen. Dabei werden das Klickverhalten und die Navigationspfade automatisiert erfasst und später als Clickstreams und Screenshots visualisiert" (Eberhard-Yom, 2010, S. 138).

Der asynchrone Remote-Usability-Test kann in den folgenden **Situationen** zur Anwendung kommen (Ludewig, 2020, S. 203):

- Für den Fall, dass alle Bedingungen für synchrone Remote-Usability-Tests gegeben sind.
- Wenn Sie in einem kurzen Zeitraum eine größere Zahl an Interviews durchführen wollen.
- Rückfragen an den Testteilnehmer haben nur eine geringe Priorität.
- Wenn es sich um einen leicht verständlichen Testgegenstand handelt. Es muss sichergestellt sein, dass die Probanden alle Fragen und Aufgaben ohne Ihre Hilfe beantworten können.

Automatisierter Remote-Usabilty-Test

Automatisierte Remote-Usability-Tests sind durch die folgenden **Eigenschaften** gekennzeichnet (Ludewig, 2020, S. 203):

- Da sie tool- bzw. softwarebasiert sind und ohne Moderation auskommen, können sie unabhängig von Ort und Zeit durchgeführt werden.
- Sie erfolgen nach einem einheitlichen Standard. Dies bedeutet, dass alle Probanden dasselbe tun sollen. Lautes Denken ist nicht erforderlich.
- An automatisierten Remote-Usability-Tests kann eine Vielzahl an Probanden teilnehmen. Im Mittelpunkt des Interesses stehen quantitative Daten, die die Berechnung von Kennzahlen (z. B. die Fehleranzahl, die Zeit pro Aufgabe oder die Erfolgsrate u. ä.) ermöglichen.
- Im Fokus steht das Tracking des Verhaltens und der Klicks (Was tun die Nutzer?).
- Auf eine Videoaufzeichnung und -auswertung wird meist verzichtet.

In Abb. 4.5 haben wir die verschiedenen Romote-Usability-Tests für Sie gegenübergestellt.

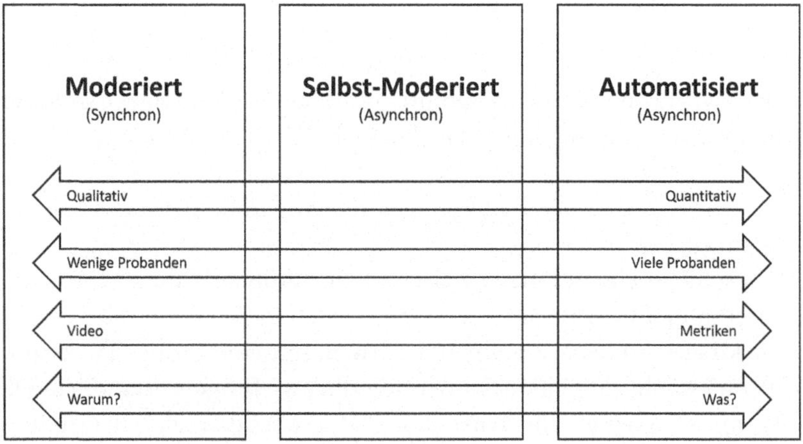

Moderiert (Synchron)	Selbst-Moderiert (Asynchron)	Automatisiert (Asynchron)
Qualitativ		Quantitativ
Wenige Probanden		Viele Probanden
Video		Metriken
Warum?		Was?

Die Abbildung stammt aus Ludewig 2020

Abb. 4.5 Arten von Remote-Usability-Tests

Für alle drei genannten Testarten gilt, dass Sie vor deren Durchführung einen **Pretest** machen sollten. Sie sollten den gesamten Ablauf testen. Bitten Sie einen Kollegen, Sie dabei zu unterstützen. Spielen Sie den gesamten Ablauf durch und testen Sie auch die Installation der benötigten Software sowie das Beantworten aller Fragen (Jacobsen & Meyer, 2022, S. 239).

Usability-Methoden, die sich gut online durchführen lassen:

- **Card Sorting/Tree Test:** Angenommen, Sie möchten die Informationsarchitektur Ihrer Website optimieren, dann ist das Card Sorting die richtige Methode, um dies empirisch abzusichern. Den Probanden werden Content-Kärtchen präsentiert, die diese zu Gruppen sortieren sollen. Dies kann moderiert oder unmoderiert erfolgen. Beim Tree Testing werden den Probanden dagegen Suchaufgaben in einer bestehenden oder neuen Navigationsstruktur gestellt. Dadurch können Sie Ihre Navigationsstruktur evaluieren und optimieren. Sowohl das Card Sorting als auch das Tree Testing lassen sich softwaregestützt online durchführen.
- **First-Click-Test:** Im Mittelpunkt des Interesses dieses Tests steht die Frage nach dem Element, das die Nutzer zuerst auf Ihrer Website anklicken. Stellen Sie dazu den Nutzern eine Aufgabe, genau wie in einem Usability-Test. Das Besondere daran ist, dass der First-Click-Test bereits nach dem ersten Klick zu Ende ist. Daher können Sie damit auch Prototypen und Mockups testen.
- **5-Sekunden-Test:** Nutzer entscheiden innerhalb von nur wenigen Sekunden, ob sie auf der Website bleiben oder auf eine andere Website wechseln bzw. zur Suchmaschine zurückkehren. Dies können Sie für den 5-Sekunden-Test nutzen. Zeigen Sie den teilnehmenden Probanden für fünf Sekunden ein Mockup und fragen Sie sie anschließend, an was sie sich alles erinnern können. Fragen Sie zudem, für wen die Website gedacht ist und was die Nutzer dort tun können. Dadurch können Sie herausfinden, ob Ihre Website die richtige Botschaft vermittelt und ob die wichtigen Bausteine sichtbar genug sind und von den Probanden wahrgenommen und verstanden werden (Jacobsen & Meyer, 2022, S. 239).

4.4.1.3 Guerilla-Usability-Test

Wenn Sie einen Guerilla-Usability-Test bzw. einen unkonventionellen Usability-Test durchführen verstoßen Sie ganz bewusst gegen elementare Regeln, die für Usability-Tests gelten. Der Begriff Guerilla-Usability-Tests leitet sich von Guerilla-Kämpfern ab, die ebenfalls unkonventionelle Kampftechniken nutzen. Guerillas verfügen in der Regel nur über wenig Kämpfer und bevorzugen daher schnelle und kurze – aber sehr effektive – Methoden, um den Gegner zu verletzen (Jacobsen & Meyer, 2022, S. 241).

Angenommen, auch Ihnen fehlen die Zeit und das Budget, einen klassischen Usability-Test im Usability-Labor durchführen zu können, dann können Sie sich für einen **Guerilla-Usability-Test** entscheiden. Sie sprechen einfach Freunde und Bekannte an und bitten sie, Ihr Webangebot zu beurteilen. Sie können aber auch fremde Personen auf der Straße akquirieren. Sie schleichen sich gewissermaßen an Ihre Probanden heran und sprechen diese spontan an. Besonders geeignet sind Wartezonen (z. B. im Bahnhof oder Flughafen). Empfehlenswert sind auch Cafés. Da Sie die angesprochene Person zum Dank gleich auf einen Kaffee einladen können. Überlegen Sie doch einmal, ob Ihnen geeignete Orte einfallen, an denen sich Ihre Zielgruppe regelmäßig aufhält. Wichtig ist, dass diese nicht gerade gestresst und offen für Ihr Anliegen sind. Haben Sie einen Probanden gefunden, kann es auch gleich mit dem Test losgehen. Dabei sollten Sie sich jedoch auf das Wesentliche beschränken. Schließlich wollen Sie die Testperson nicht länger als 10 bis 15 min in Beschlag nehmen. Präsentieren Sie Ihre Idee bzw. Ihren Entwurf und spielen Sie mit der Testperson das wichtigste Szenario einmal durch. Anschließend bedanken Sie sich und notieren die gewonnenen Erkenntnisse (Rammelt et al., 2020, S. 112).

Mithilfe eines Guerilla-Usability-Tests lassen sich die folgenden Entwicklungsstufen einer Anwendung testen (Jacobsen & Meyer, 2022, S. 245):

- Informationsarchitektur, z. B. in Form von Karteikarten oder als ausgedruckte Sitemap
- handgezeichnete oder ausgedruckte Papierprototypen
- Klickdummies auf Laptop, Tablet-PC oder Smartphone

- mobile App-Prototypen
- die eigene Website bzw. App oder die der Konkurrenten

Durch die folgenden **Merkmale** ist ein Guerilla-Usability-Test gekennzeichnet (Ludewig, 2020, S. 205):

- Während des Tests nehmen Sie eine Doppelrolle ein. Sie sind gleichzeitig Interviewer und Protokollant.
- Eine Rekrutierung der Probanden ist nicht notwendig, da Sie dorthin gehen, wo Sie die Probanden vermutlich zufällig treffen.
- Auf eine richtige Aufwandsentschädigung bzw. Incentivierung können Sie verzichten. Überreichen Sie lieber ein witziges, kleines Dankeschön oder laden Sie die Probanden auf einen Kaffee oder Tee ein.
- Zudem ist eine aufwendige Aufzeichnungstechnik nicht erforderlich. Was Sie brauchen ist ein Textgerät (z. B. ein Tablet-PC oder Smartphone) sowie Papier und Stift für Ihre Notizen.

Da Sie bei einem Guerilla-Usability-Test darauf verzichten, Testpersonen aus Ihrer Zielgruppe zu akquirieren, verletzen Sie dadurch eine zentrale Regel klassischer Usability-Tests. Daher können die beiden folgenden Situationen auftreten (Jacobsen & Meyer, 2022, S. 241):

- Sie testen mit Personen, die überqualifiziert sind. Im Ergebnis übersehen Sie viele Probleme, die Ihre eigentliche Zielgruppe später mit Ihrer Anwendung haben wird.
- Im umgekehrten Fall testen Sie mit Personen, die weniger Vorwissen haben als Ihre späteren Nutzer. Dann halten Sie sich mit Nebensächlichkeiten auf und verlieren evtl. den Blick für die wesentlichen Probleme.

Wir raten Ihnen trotzdem dazu, einen Guerilla-Usability-Test durchzuführen, da auch ein Test mit „ungeeigneten" Probanden besser ist als gar kein Test. Sollten von dem Test allerdings weitreichende, strategische Entscheidungen abhängen, dann ist der klassische Usability-Test die bessere Wahl. Dies gilt auch dann, wenn Sie eine sehr spezielle Zielgruppe (z. B. Jugendliche oder Senioren) haben (Jacobsen & Meyer, 2022, S. 241–242).

4.4.1.4 Grenzen der Usability-Tests

Auch wenn Usability-Tests sehr beliebt sind und häufig angewendet werden, haben sie dennoch Grenzen. Beispielsweise kann es vorkommen, dass nach dem Launch noch Probleme auftauchen, die Sie trotz Usability-Test übersehen haben. Darüber hinaus gibt es einige zentrale Argumente, warum das Testszenario nicht ganz der Alltagssituation der Nutzer entspricht (Jacobsen, 2004, S. 248):

- Es kann sein, dass die Testperson sehr stark motiviert ist, im Test alles richtig zu machen. Sie fühlt gewissermaßen einen sozialen Druck. Sie gibt sich daher wesentlich mehr Mühe, die Aufgaben zu bewältigen. Im Alltag hätte sie allerdings schon längst aufgegeben.
- Der Testperson fehlt das Interesse am Inhalt. Das bedeutet, dass, selbst wenn sie aus der Zielgruppe stammt, nicht gesagt ist, dass sie die Website von sich ausnutzen würde.
- Die Testperson schreckt davor zurück, Kritik direkt zu äußern, da sie die Macher der Website oder App nicht „verletzen" will.

Test-Effekt

„Ein **Test-Effekt** ist ein Störeinfluss, der die Aussagekraft von Testergebnissen reduziert. Die Gefahr des Auftretens eines Test-Effekts ist grundsätzlich dann zu erwarten, wenn sich die Testteilnehmer bewusst sind, dass sie an einem Test teilnehmen. Grundsätzlich ist dies bei allen Labortests gegeben, aber auch bei Feldtests (in Abhängigkeit von der Testanlage). Ein Test-Effekt kann die Testergebnisse in positiver wie in negativer Richtung verfälschen, so dass die Testergebnisse nicht mehr repräsentativ sind" (Grund, 2004, S. 498).

- Da die Testperson beobachtet und/oder gefilmt wird ist sie nervös und zeigt ein untypisches Verhalten.
- Durch den Usability-Test werden Sie nur Probleme identifizieren, die auch im Fokus der Aufgabenstellungen liegen. Wenn Sie beispielsweise nur die Suchfunktion testen, werden Sie keine Probleme im Check-Out-Prozess finden.

* Während eines Usability-Tests können nicht alle denkbaren Möglichkeiten durchgespielt werden. So ist es nicht realisierbar, alle relevanten Zielgruppen, alle technischen Konfigurationen und alle Anwendungsmöglichkeiten zu berücksichtigen. Selbst wenn Sie die Testzeit auf einen ganzen Monat ausdehnen würden, gäbe es immer noch Situationen und Vorkommnisse, mit denen Sie nicht gerechnet haben.
* Es ist schwierig zu testen, wie Nutzer nach mehrmaligem Besuch des Webangebots mit der Website umgehen. Dies ist vor allem bei Websites von Bedeutung, die mit Personalisierungsfunktionen ausgestattet sind. In diesem Falle können Usability-Tests nur eine erste Annäherung an die Realität bieten.

4.4.2 Experten-basierte Evaluation

Falls die Begutachtung und Bewertung Ihrer Website bzw. App nicht durch die Zielgruppe, sondern durch Usability-Experten erfolgt, spricht man von Experten-basierten Ansätzen oder auch Expert Reviews. Durch Jacob Nielsen wurde Anfang der 90er-Jahre die heuristische Evaluation entwickelt und seitdem weltweit verbreitet. Die Usability-Experten überprüfen unter Berücksichtigung verschiedener Heuristiken, Dialogprinzipien und Gestaltungsrichtlinien das Online-Angebot. Im Anschluss vergleichen die Experten ihre Ausarbeitungen und die identifizierten Usability-Probleme, ordnen sie nach der Häufigkeit ihres Auftretens, bewerten den Schweregrad des jeweiligen Usability-Problems und entwickeln Lösungsansätze. Die Expertise durch einen Sachverständigen stellt eine kostengünstige Variante dar. Die Tagessätze der Experten können allerdings durchaus hoch ausfallen. Geübte Sachverständige sind jedoch in der Lage, einen abgegrenzten Websitebereich innerhalb von ein bis zwei Tagen zu beurteilen und den dazugehörigen, ausführlichen Bericht zu verfassen und dem Auftraggeber zur Verfügung zu stellen (Eberhard-Yom, 2010, S. 127; Puscher, 2009, S. 206).

Usability-Inspektion

„Eine **Usability-Inspektion** ist eine Usability-Evaluierung, die auf der Begutachtung durch einen oder mehrere Evaluatoren basiert, die ein interaktives System prüfen oder benutzen, um potenzielle Usability-Probleme und Abweichungen von anerkannten Dialogprinzipien, Heuristiken, Gestaltungsregeln und Nutzungsanforderungen zu identifizieren" (Geis & Tesch, 2019, S. 201).

In Tab. 4.23 werden **Dialogprinzipien, Heuristiken** und **Gestaltungsregeln** voneinander abgegrenzt und beispielhaft verdeutlicht.

4.4.2.1 Heuristische Evaluation

Die **heuristische Evaluation** ist die bekannteste Experten-basierte Inspektionsmethode. Dabei überprüfen Gutachter anhand von allgemein

Tab. 4.23 Abgrenzung von Richtlinien für die Gestaltung von Benutzerschnittstellen

Typ der Richtlinie	Abstraktionsgrad	Beispiel
Dialogprinzip	allgemeingültig, über Technologien hinweg, sowohl für Software als auch für Hardware anwendbar	Das interaktive System zeigt dem Benutzer immer all die Information an, die in der spezifischen Situation benötigt wird. (Dialogprinzip „Selbstbeschreibungsfähigkeit")
Heuristik	allgemein, grobe Daumenregel, aber spezifischer als ein Dialogprinzip	Der Systemstatus sollte immer sichtbar sein. (Heuristik, die dem Dialogprinzip „Selbstbeschreibungsfähigkeit" untergeordnet ist.)
Gestaltungsregel	spezifisch für eine Benutzungsschnittstellenplattform (wie z. B. Windows 10), Technologie, Anwendungsdomäne oder Organisation	Der Systemstatus wird kontinuierlich angezeigt, und zwar in einer separaten Zeile am unteren Ende des Programmfensters, linksbündig mit Schriftgröße 1 em.

Quelle: Geis & Tesch, 2019, S. 114

gültigen Prinzipien und Heuristiken die benutzerfreundliche Gestaltung einer Website oder App. Die zentrale Frage lautet: Inwieweit stimmen diese Gestaltungsprinzipien mit der Online-Anwendung überein? (Stoessel, 2002, S. 90).

Heuristik und heuristische Evaluierung

„**Heuristik:** Eine allgemein anerkannte Daumenregel, die hilft, Usability zu erreichen" (Geis & Tesch, 2019, S. 127).

„**Heuristische Evaluierung:** Eine Usability-Inspektion, bei der ein oder mehrere Evaluatoren ein interaktives System mit einer Liste von Heuristiken vergleichen und feststellen, an welchen Stellen das interaktive System diesen Heuristiken nicht folgt" (Geis & Tesch, 2019, S. 203).

In Tab. 4.24 sind Dialogprinzipien nach DIN EN ISO 9241-110 aufgeführt.

Sehr bekannt sind die 10 Heuristiken, die Jacob Nielsen in den 90er-Jahren formuliert hat. Sie finden diese etwas verkürzt dargestellt in Tab. 4.25. Eine ausführliche Beschreibung können Sie beispielsweise Thurnher (2007, S. 33–36) entnehmen.

Balzert et al. (2009, S. 86) verweisen darauf, dass im Laufe der Zeit weitere Heuristiken entwickelt wurden. Dies geschah insbesondere deshalb, weil die Heuristiken von Jacob Nielsen moderne Ansätze wie „Joy of Use" oder interkulturelle Aspekte nicht berücksichtigen. Als Beispiel nennen sie die 12 Heuristiken von Sarodnick und Brau (2011), die diese beiden Autoren unter Berücksichtigung der DIN EN ISO 9241 Teil 10 entwickelt haben. Exemplarisch seien einige davon in Tab. 4.26 genannt.

4.4.2.2 Cognitive Walkthrough

Ein weiterer Ansatz der Experten-basierten Evaluation ist das kognitive Hineinversetzen bzw. Cognitive Walkthrough. Dabei durchlaufen Usability-Experten vorgegebene Handlungsabläufe, beispielsweise den Bestellprozess in einem Online-Shop. Die zentrale Frage lautet: Können diese Abläufe tatsächlich auch von den Benutzern verstanden werden? Aufgabe

Tab. 4.24 Dialogprinzipien nach DIN EN ISO 9241-110

1. Aufgabenangemessenheit	Die Eigenschaft eines interaktiven Systems, den Benutzer zu unterstützen, seine Aufgabe zu erledigen, d. h. die Funktionalität und den Dialog an die charakteristischen Eigenschaften der Aufgabe anzupassen, anstatt an die zur Aufgabenerledigung eingesetzten Technologie.
2. Selbstbeschreibungsfähigkeit	Die Eigenschaft eines Dialogs zu jeder Zeit dem Benutzer offensichtlich zu machen, in welchem Dialog und an welcher Stelle im Dialog er sich befindet, welche Handlungen unternommen werden können und wie diese ausgeführt werden können.
3. Erwartungskonformität	Übereinstimmung mit den aus dem Nutzungskontext heraus vorhersehbaren Benutzerbelangen sowie allgemein anerkannten Konventionen.
4. Lernförderlichkeit	Die Eigenschaft eines Dialogs, die Benutzer beim Erlernen der Benutzung des interaktiven Systems zu unterstützen und anzuleiten.
5. Steuerbarkeit	Der Benutzer ist in der Lage, einen Dialogablauf zu starten sowie seine Richtung und Geschwindigkeit zu beeinflussen, bis das Ziel erreicht ist.
6. Fehlertoleranz	Die Eigenschaft eines Dialogs, das beabsichtigte Arbeitsergebnis trotz erkennbar fehlerhafter Eingaben entweder mit keinem oder mit minimalem Korrekturaufwand seitens des Benutzers zu erreichen.
7. Individualisierbarkeit	Die Eigenschaft eines Dialogs, die Benutzern ermöglicht, die Interaktion mit dem System und die Darstellung von Informationen an ihre individuellen Fähigkeiten und Bedürfnisse anpassen zu können.

Quelle: Geis und Tesch 2019, S. 115–127

Tab. 4.25 Heuristen nach Jacob Nielsen

1. Einfacher und natürlicher Aufbau von Benutzerschnittstellen	Eine Benutzerschnittstelle sollte nur die Informationen enthalten, die für die jeweilige Anwendergruppe nötig sind; jede unnötige Information lenkt von wichtiger Information ab.
2. Sichtbarkeit	Sämtliche Elemente, die für die aktuellen Abläufe wichtig sind, müssen auf der Benutzeroberfläche sichtbar sein.
3. Sprechen Sie die Sprache der Anwender	Die verwendete Sprache, wie z. B. bestimmte Fachausdrücke, Abkürzungen etc. sollte den Anwendern vertraut und verständlich sein.
4. Belasten Sie das Gedächtnis der Anwender möglichst wenig	Die Verwendung der Benutzerschnittstelle sollte das Gedächtnis der Anwender möglichst wenig belasten. Die benötigten Informationen, über einen Bearbeitungsschritt, müssen in der jeweiligen Situation zur Verfügung stehen.
5. Konsistenz und Einhaltung von Standards	Konsistenz gibt den Anwendern Sicherheit, dass die Benutzerschnittstelle sich so verhält, wie sie es erwarten.
6. Feedback und gute Fehlermeldungen	Die Benutzerschnittstelle sollte die Anwender ständig darüber im Klaren lassen, was gerade passiert bzw. an welcher Stelle im Gesamtverlauf sich die Anwender gerade befinden.
7. Fehlerhafte Eingaben vermeiden und Ausgänge klar kennzeichnen	Noch besser als gute Fehlermeldungen ist ein Design, das manche Probleme und Fehleingaben erst gar nicht ermöglicht.
8. Shortcuts, Flexibilität, Erlernbarkeit	Die Benutzung der Benutzerschnittstelle sollte für unterschiedliche Anwendergruppen möglichst effizient sein.
9. Online-Hilfe und Dokumentation	Auch wenn eine Modellierung zu präferieren ist, die ohne Dokumentation verwendet werden kann, so ist es doch zumeist nötig, Online-Hilfe und Dokumentation anzubieten.
10. Ästhetik	Die Benutzeroberfläche muss subjektiv als „angenehm" empfunden werden.

Quelle: Nielsen 1994, zitiert nach Thurnher 2007, S. 33–36

Tab. 4.26 Auszug aus den Usability Heuristiken von Sarodnick & Brau, 2011

...	...
8. Individualisierbarkeit	Das Dialogsystem sollte sich individuell an die Präferenzen der Nutzer anpassen lassen, solange dies der Effektivität, Effizienz und Zufriedenstellung dient und nicht im Widerspruch zu notwendigen technischen oder sicherheitsrelevanten Begrenzungen steht.
...	...
11. Joy of Use	Arbeitsabläufe und grafische Gestaltung des Systems sollten bei notwendiger Konsistenz Monotonie vermeiden und zeitgemäß wirken. Metaphern sollten adäquat und auf den Nutzungskontext abgestimmt verwendet werden.
12. Interkulturelle Aspekte	Das System sollte auf einen definierten Nutzerkreis und dessen funktionale, organisatorische und nationale Kultur abgestimmt sein.

Quelle: Sarodnick und Brau 2011, S. 140–141

der Experten ist es, die identifizierten Usability-Probleme zu dokumentieren und Alternativen bzw. Gestaltungsempfehlungen vorzuschlagen. Diese Vorschläge bilden die Datenbasis für die spätere Überarbeitung der Online-Anwendung (Stoessel, 2002, S. 90).

> **Cognitive und Pluralistic Walkthrough**
>
> „Beim **Cognitive Walkthrough** versetzen sich die Experten in die Rolle der Benutzer und spielen verschiedene Aufgaben mit der Website durch. Dabei identifizieren sie die Stellen, von denen sie meinen, dass die Benutzer dort Probleme hätten" (Jacobsen, 2004, S. 250).
>
> „**Pluralistic Walkthrough:** Eine Variante des Cognitive Walkthrough ist das gemeinsame Hineinversetzen, bei dem Benutzer, Entwickler und Experten gemeinsam Benutzungsabläufe durchgehen, um die verschiedenen Herangehensweisen an ein Produkt gemeinsam zu diskutieren und ein „Agreement" zu verabschieden" (Stoessel, 2002, S. 91).

Konkret durchlaufen Sie beim **Cognitive Walkthrough** die folgenden **Schritte** (Ludewig, 2020, S. 61):

1. Zunächst überlegen Sie sich zwei bis drei typische Aufgabenstellungen, die Ihre Benutzer auf Ihrer Website oder in Ihrer App lösen können sollen.

2. Jetzt versetzen Sie sich in die Lage der Benutzer: Wie und warum sind diese auf Ihrer Website bzw. in Ihrer App gelandet? Welche Ziele verfolgen sie? Haben sie evtl. Sorgen?

3. Spielen Sie die Aufgabenstellungen nacheinander durch – immer aus Sicht Ihrer Benutzer. Überprüfen Sie bei jedem Schritt, ob die jeweilige Aktion bzw. Handlung ohne Probleme und Hindernisse ausgeführt werden kann. Ist der nächste Schritt oder die nächste Handlungsoption erkennbar? Wissen die Benutzer, wo sie sich befinden?

4. Notieren Sie währenddessen alle möglichen Probleme, die Ihnen auffallen. Anschließend gewichten Sie diese nach dem jeweiligen Schweregrad.

5. Abschließend dokumentieren Sie Ihre Erkenntnisse. Arbeiten Sie dabei möglichst visuell (z. B. mit Screenshots). Bedenken Sie zudem, wer noch Einsicht in Ihre Ergebnisdarstellung nehmen soll bzw. wird (z. B. die Web-/App-Entwickler).

Experten arbeiten am besten im Team

Auch für diese expertenorientierte Evaluation empfiehlt Ludewig (2020, S. 61), dass **mehrere Experten zunächst unabhängig voneinander** den Cognitive Walkthrough durchführen und erst im Nachgang ihre Ergebnisse und Lösungsansätze miteinander vergleichen und diskutieren, um zu einer konsistenten Lösung zu gelangen.

4.4.2.3 Checklisten

Hierbei kommen die bereits angesprochenen Standards und Usability-Guidelines zur Anwendung. Diese sind in Checklistenform aufbereitet und können während der Inspektion einfach abgehakt werden. In Checklisten sind alle relevanten Evaluationsparameter enthalten. Sie orientieren sich oft an Industriestandards. Die Experten gehen die Checklisten Punkt für Punkt durch und vergleichen die aufgelisteten Aspekte mit der Online-Anwendung und deren Funktionalität. So finden sie ein Maß für die Usability der Website oder App. Besonders empfehlenswert sind Checklisten dann, wenn mehrere Online-Angebote nach einem einheitlichen Standard miteinander verglichen werden sollen, beispielsweise in einem

Wettbewerbsvergleich. Die gewonnenen Erkenntnisse lassen sich gut vergleichen und miteinander verrechnen. Eine entsprechend große Expertenrunde vorausgesetzt, können sogar Prozentwerte für die Usability der beurteilten interaktiven Systeme angegeben werden. Allerdings muss auch hierbei bedacht werden, dass Experten, und nicht die Benutzer, die Checklisten (siehe dazu auch das Beispiel Tab. 4.27) ausgefüllt haben (Stoessel, 2002, S. 91).

Tab. 4.27 Website-Usability-Checklist

Zugriffsfähigkeit	Bewertung	Kommentare
1. Seitenladezeit ist angemessen	- ☐ +	
2. angemessener Text-zu-Hintergrund-Kontrast	- ☐ +	
3. Schriftgröße & Abstände schaffen gute Lesbarkeit	- ☐ +	
4. sparsame Verwendung von Flash & Add-ons	- ☐ +	
5. Bilder haben einen passenden Alt-Tag	- ☐ +	
6. Website hat eine individuelle 404-Seite	- ☐ +	
Identität		
7. Firmenlogo ist hervorgehoben platziert	- ☐ +	
8. Tagline/Untertitel verdeutlicht den Firmenzweck	- ☐ +	
9. Startseite ist in 5-Sekunden erfassbar	- ☐ +	
10. Firmeninformationen sind leicht auffindbar	- ☐ +	
11. Kontaktinformationen sind leicht auffindbar	- ☐ +	
Navigation		
12. Hauptnavigation ist leicht erkennbar	- ☐ +	
13. Navigationsnamen sind klar und konsistent	- ☐ +	
14. Anzahl an Button/Links ist angemessen	- ☐ +	
15. Firmenlogo linkt auf die Startseite	- ☐ +	
16. Links sind konsistent und gleich zu erkennen	- ☐ +	
17. Interne Sitesuche ist leicht erreichbar	- ☐ +	
Inhalt		
18. Hauptüberschriften sind klar und beschreibend	- ☐ +	
19. Wichtiger Inhalt ist „above the fold"	- ☐ +	
20. Stil und Farben sind konsistent	- ☐ +	
21. Hervorhebung z. B. Fett wird sparsam eingesetzt	- ☐ +	
22. Werbe-Anzeigen & Pop-Ups sind unaufdringlich	- ☐ +	
23. Hauptinhalt ist prägnant und einleuchtend	- ☐ +	
24. URLs sind sprechend und nutzerfreundlich	- ☐ +	
25. HTML Seitentitel sind ausreichend beschreibend	- ☐ +	

Quelle: © User Effect, www.usereffect.com, deutsche Übersetzung von Christopher Meil, www.optimeil.de, zitiert nach Meil (o. J., o. S.), Original-Checkliste von Dr. Peter Meyers

4.4.3 Online- oder Onsite-Befragungen

Die Online- oder Onsite-Befragungen zählen zu den quantitativen Methoden der Usability-Evaluation. Dabei geht es um das Sammeln großer Zahlenmengen. In diesem Kontext spielen die Repräsentativität und Signifikanz der Ergebnisse eine wichtige Rolle (Ludewig, 2020, S. 129).

Repräsentativität

„**Repräsentativität** bzw. **Repräsentanz** ist nur dann gegeben, wenn die Verteilung aller interessierenden Merkmale in der Stichprobe, der in der sie repräsentierenden Grundgesamtheit entspricht, die Teilmasse also ein verkleinertes, ansonsten aber wirklichkeitsgetreues Abbild der Gesamtmasse darstellt. Nur bei Erfüllung dieser Voraussetzung besteht die Möglichkeit zur verzerrungsfreien Hochrechnung der Stichprobenergebnisse auf die Grundgesamtheit. Daher ist nur dann eine Verallgemeinerung von Auswertungsergebnissen, die lediglich auf der Stichprobe basieren, für die Grundgesamtheit zulässig" (Pepels, 2011, S. 326).

Signifikanz

„Die **Signifikanz** von Informationen bedeutet, dass Ergebnisse sich nicht nur auf Grund von Zufallsmechanismen einstellen, sondern auf überzufällige Zusammenhänge oder Unterschiede zurückzuführen sind. Dies ist wichtig für die Übertragbarkeit von Aussagen von einer Stichprobe auf die Grundgesamtheit. Die Überprüfung erfolgt durch spezielle Tests" (Pepels, 2011, S. 346).

Bevor Sie eine Online- oder Onsite-Befragung durchführen, sollten Sie die folgenden **Überlegungen** anstellen (Richter & Flückiger, 2007, S. 63):

• Welche Fragen wollen Sie beantworten bzw. welche Hypothesen wollen Sie testen?
• Sollen reine Fakten erhoben, ein System beurteilt oder ein Vergleich durchgeführt werden?

- Welchen zeitlichen Ablauf der Untersuchung planen Sie? Wollen Sie die Befragung nur einmal durchführen (Querschnittuntersuchung) oder mehrmals hintereinander die gleichen Personen befragen (Längsschnittuntersuchung)?
- Sollen die Aussagen mehrerer Gruppen miteinander verglichen werden?
- Wie wollen Sie die zu befragenden Personen bzw. Nutzer auswählen – mithilfe einer Zufallsstichprobe oder nach bestimmten Kriterien?
- Wie viele Personen müssen Sie mindestens befragen, um statistisch gesicherte Ergebnisse zu erhalten?
- Mithilfe welchen Instrumentes soll die Befragung durchgeführt werden? Liegt bereits ein Fragebogen vor oder muss dieser erst noch entwickelt werden?

Benutzer- und Onsite-Befragung

„**Benutzerbefragung:** Eine Usability-Evaluierung, bei der Benutzer, ausgehend von ihren Erfahrungen bei der Benutzung eines interaktiven Systems, subjektive Daten in einem Fragebogen angeben" (Geis & Tesch, 2019, S. 206).

„Die Besucher eines Webangebots werden online vor, während oder nach der Nutzung zu soziodemografischen Merkmalen, Interessen und Meinungen, Nutzungsintentionen, Anforderungen und Erwartungen bei Inhalten, Funktionen, Service, Design etc. befragt" (Eberhard-Yom, 2010, S. 129). Diese Art der Online-Befragung wird **Onsite-Befragung** genannt.

An die Konstruktion und den Einsatz eines (Online-)Fragebogens werden einige methodische Anforderungen gestellt, die im Folgenden in ihren Grundzügen skizziert werden (Geis & Tesch, 2019, S. 208; Richter & Flückiger, 2007, S. 63–64):

- Wollen Sie mit geschlossenen oder offenen Fragen bzw. Antwortmöglichkeiten arbeiten? Bei geschlossen Fragen werden die Teilnehmer gebeten, aus vorgegebenen Antwortmöglichkeiten auszuwählen. Bei offenen Fragen können sie dagegen freie Antworten formulieren. Dies erlaubt es, Fragen breit zu diskutieren. Allerdings ist ihre Auswertung sehr aufwendig. Geschlossene Fragen liefern quantitatives Datenmaterial und offene Fragen qualitatives Datenmaterial.

- Sollen Skalen (z. B. trifft vollkommen zu, trifft zu, weder noch, trifft nicht zu, trifft überhaupt nicht zu) zum Einsatz kommen? Die Skalen müssen für die Teilnehmer verständlich formuliert sein. Dies ist später auch für die Auswertung und Interpretation der Daten von Bedeutung.
- Wie erfolgt die Instruktion zum Ausfüllen des (Online-)Fragebogens?

Fragebogen

„Ein **Fragebogen** ist ein Satz von Fragen, der verwendet wird, um Daten von Benutzern zu sammeln, oft innerhalb einer Benutzerbefragung" (Geis & Tesch, 2019, S. 207).

- Haben Sie alle Fragen für die Zielgruppe verständlich formuliert? Diese Frage können Sie nur beantworten, wenn Sie Ihren Fragebogen vorab an einer Versuchsstichprobe testen, ihn also einem sogenannten Pretest unterziehen. Sowohl Papierfragebögen als auch Online-Fragebögen müssen vor der eigentlichen Benutzerbefragung in einem solchen Pretest mit repräsentativen Benutzern auf Verständlichkeit und Relevanz der Fragen getestet werden.
- Wie lange benötigen die Teilnehmer, um den Fragebogen auszufüllen? Je länger der Fragebogen ist, desto größer ist die Abbruchquote und desto geringer fällt die Datenqualität aus. Insbesondere die hier interessierenden Online-Fragebögen müssen kürzer als schriftliche Fragebögen ausfallen.
- Die Fragen müssen für die Benutzer verständlich sein.
- Die Fragen müssen aus der Perspektive der Benutzer des interaktiven Systems relevant sein.
- Die voraussichtliche Bearbeitungsdauer sollte vor Beginn der Bearbeitung des Fragebogens deutlich gemacht werden.
- Der Fortschritt in Bezug auf die noch verbleibenden Fragen sollte immer deutlich werden (z. B. „Frage 5 von 15").

Befragungen werden vorrangig zur Evaluation der Usability und User Experience eingesetzt (Geis & Tesch, 2019, S. 207):

- **Antizipierte Nutzung:** Hier findet die Befragung bereits vor der Nutzung der Website bzw. App statt.

- **Zufriedenheit:** Die Befragung findet unmittelbar nach der Nutzung statt. In diesem Kontext werden die Befragungen auch als Post-Session-Interviews bezeichnet, die auch Teil eines Usability-Tests sein können.
- **Verarbeitete Nutzung:** Erst nach einer längeren Zeit findet die Befragung der Nutzer statt.

Ein Fragebogen-Beispiel sehen Sie in Tab. 4.28.

Mit der Befragung von Nutzern auf der eigenen Website sind zahlreiche **Vorteile** verbunden (Ludewig, 2020, S. 132):

- Mithilfe der Onsite-Befragung erreichen Sie die wirklichen Nutzer. Schließlich kommen diese ja nicht auf Ihre Website, um an der Befragung teilzunehmen. Vielmehr sind sie freiwillig und aus eigenem Antrieb auf Ihrer Website. Sie befragen also die „Richtigen".

Tab. 4.28 Der Fragebogen „System Usability Scale" (kurz SUS)

Frage	stimme überhaupt nicht zu				stimme voll zu
1. Ich denke, dass ich das System gerne häufig benutzen würde.	☐		☐	☐	☐ ☐
2. Ich fand das System unnötig komplex.	☐		☐	☐	☐ ☐
3. Ich fand das System einfach zu benutzen.	☐		☐	☐	☐ ☐
4. Ich glaube, ich würde die Hilfe einer technisch versierten Peron benötigen, um das System benutzen zu können.	☐		☐	☐	☐ ☐
5. Ich fand, die verschiedenen Funktionen in diesem System waren gut integriert.	☐		☐	☐	☐ ☐
6. Ich denke, das System enthielt zu viele Inkonsistenzen.	☐		☐	☐	☐ ☐
7. Ich kann mir vorstellen, dass die meisten Menschen den Umgang mit diesem System sehr schnell lernen.	☐		☐	☐	☐ ☐
8. Ich fand das System sehr umständlich zu nutzen.	☐		☐	☐	☐ ☐
9. Ich fühlte mich bei der Benutzung des Systems sehr sicher.	☐		☐	☐	☐ ☐
10. Ich musste eine Menge lernen, bevor ich anfangen konnte, das System zu verwenden.	☐		☐	☐	☐ ☐

Quelle: Reinhardt et al. 2008, zitiert nach Geis und Tesch 2019, S. 209

- Zum Zeitpunkt der Onsite-Befragung beschäftigen sich die Nutzer mit den Inhalten Ihrer Website und Ihrem Angebot.
- Sie können selbst entscheiden, wann und wie lange zur Onsite-Befragung eingeladen wird. Dadurch können Sie ungünstige Befragungszeitpunkte (z. B. die Sommerferien) umgehen.
- Und schließlich sehen die Nutzer einen persönlichen Vorteil in der Onsite-Befragung. Sie wollen Ihnen helfen, Ihr Online-Angebot zu optimieren und sind daher i. d. R. gewillt die Befragung ehrlich auszufüllen.

Als **Nachteile** nennt Puscher (2009, S. 213):

- Es kann zu „erwünschten" Antworten kommen.
- Zudem zeigt sich häufig eine Diskrepanz zwischen einem artikulierten Wunsch und dem tatsächlichen Verhalten.

Wenn Sie alle Daten erhoben haben und diese jetzt interpretieren wollen, sollten Sie die folgenden generellen **Urteilsfehler** kennen und bei Ihrer Interpretation berücksichtigen (Richter & Flückiger, 2007, S. 66):

- **Halo-Effekt:** Bei der Beurteilung der Website besteht immer die Gefahr, dass die Befragungsteilnehmer nicht zwischen den einzelnen Kriterien differenzieren, sondern sich von ihrem Gesamteindruck der Website beeinflussen lassen.
- **Milde-Härtefehler:** Es kann passieren, dass die Website systematisch zu niedrig/schlecht oder zu hoch/gut eingestuft wird. Dafür können individuelle Abneigungen oder Vorlieben der Teilnehmer ver- antwortlich sein.
- **Zentrale Tendenz:** Hierbei werden die Kriterien hauptsächlich im mittleren Bereich der Skala eingestuft. Sollte dies verstärkt auftreten, könnte sich darin eine geringe Kenntnis der Website wiederspiegeln.

Um die Teilnahmebereitschaft zu erhöhen, sollten Sie die folgenden **Tipps** von Elske Ludewig (2020, S. 132) beherzigen:

- Sowohl der Hinweis auf die Onsite-Befragung als auch der Fragebogen selbst, sollten im Design Ihrer Website gestaltet sein. Verwenden Sie

Ihr Logo und bauen Sie dadurch Vertrauen auf. Außerdem sollten Sie auf die Farben und Schriften Ihres Corporate Designs zurückgreifen und den Online-Fragebogen ansprechend gestalten. Dies erhöht ebenfalls die Vertrauenswürdigkeit.

- Halten Sie sich kurz und ermöglichen Sie es den Teilnehmern, den Fragebogen innerhalb von 10 min beantworten zu können. Bei längeren Umfragen besteht die Gefahr, dass die Teilnehmer die Befragung abbrechen oder gar nicht erst beginnen.
- Daher sollten Sie die wahrscheinliche Ausfülldauer auch nicht verschweigen. Sagen Sie den Teilnehmern, wie lange es dauern wird, den Fragebogen auszufüllen. Andernfalls könnte es passieren, dass einige Teilnehmer die Lust verlieren und die Befragung abbrechen.
- Durch ein kleines Dankeschön können Sie die Teilnahmebereitschaft erhöhen. Hier können auch Kleinigkeiten bzw. kleine Geschenke oder Gutscheine viel bewirken. Alternativ können Sie auch attraktive Preise – durchaus aus Ihrem Sortiment – verlosen.

Ihr Transfer in die Praxis:

- Sie können den Nutzungskontext für Ihre Anwendung analysieren und beschreiben.
- Sie sind in der Lage, für die jeweilige Projektphase den richtigen Marktforschungs- bzw. Usability-Ansatz auszuwählen und Schritt für Schritt durchzuführen.

Literatur

Balzert, H., Klug, U., & Pampuch, A. (2009). *Webdesign & Web-Usability. Basiswissen für Web-Entwickler* (2. Aufl.). W3L.

Bischof, A., Bischof, K., Edmüller, A., & Wilhelm, T. (2012). *Meetings planen und moderieren.* Haufe.

Broschart, S. (2010). *Suchmaschinenoptimierung & Usability. Website-Ranking und Nutzerfreundlichkeit verbessern.* Franzis.

Brosius, H.-B., Haas, A., & Unkel, J. (2022). *Methoden der empirischen Kommunikationsforschung. Eine Einführung* (8. Aufl.). Springer VS.

Bührer, D. (2007). *Toolbox Business-Kommunikation. Handwerkszeug für eine effizientere Kommunikation.* Gabal.

DATech. (2009). Leifaden Usability, Frankfurt am Main: Deutsche Akkreditierungsstelle Technik in der TGA. https://www.usability-ux.fit.fraunhofer.de/content/dam/usability/de/documents/DATech-Leitfaden-Usability.pdf. Zugegriffen am 24.03.2022.

Eberhard-Yom, M. (2010). *Usability als Erfolgsfaktor. Grundregeln, User Centered Design, Umsetzung.* Cornelsen.

Edmüller, A., & Wilhelm, T. (2012). *Moderation* (5. Aufl.). Haufe.

Erlhofer, S. (2016). *Suchmaschinen-Optimierung. Das umfassende Handbuch* (8. Aufl.). Rheinwerk.

Fantapié Altobelli, C. (2017). *Marktforschung. Methoden, Anwendungen, Praxisbeispiele* (3. Aufl.). UVK Verlagsgesellschaft/UVK/Lucius.

Geis, T., & Tesch, G. (2019). *Basiswissen Usability und User Experience. Systematisch und strukturiert vom Nutzungskontext zum gebrauchstauglichen Produkt. Aus- und Weiterbildung zum UXQB® Certified Professional for Usability and User Experience (CPUX) – Foundation Level (CPUX-F).* dpunkt.

Grund, M. (2004). Test-Effekt. In D. K. Tscheulin & B. Helmig (Hrsg.), *Gabler Lexikon Marktforschung A-Z* (S. 498). Gabler.

Hassenzahl, M. (2003). Fokusgruppen. In S. Heinsen & P. Vogt (Hrsg.), *Usability praktisch umsetzen. Handbuch für Software, Web, Mobile Devices und andere interaktive Produkte* (S. 137–152). Hanser.

Hug, T., & Poscheschnik, G. (2020). *Empirisch forschen* (3. Aufl.). UVK.

Ippen, J. (2016). *Web Fatale. Wie Du Webseiten gestaltest, denen niemand widerstehen kann.* Rheinwerk.

Jacobsen, J. (2004). *Website-Konzeption. Erfolgreich Web- und Mutlimedia-Anwendungen entwickeln* (2. Aufl.). Addison-Wesley.

Jacobsen, J., & Meyer, L. (2022). *Usability und UX. Was alle wissen sollten, die Websites und Apps entwickeln* (3. Aufl.). Rheinwerk.

Keßler, E., Rabsch, S., & Mandic, M. (2018). *Erfolgreiche Websites: SEO, SEM, Online-Marketing, Kundenbindung, Usability* (4. Aufl.). Rheinwerk.

Krug, S. (2006). *Don't make me think! Web Usability Das intuitive Web.* mitp.

Lorenzen-Schmidt, O. (2003). Testpersonen rekrutieren. In S. Heinsen & P. Vogt (Hrsg.), *Usability praktisch umsetzen. Handbuch für Software, web, Mobile Devices und andere interaktive Produkte* (S. 187–203). Hanser.

Ludewig, E. (2020). *Usability und UX für dummies.* Wiley-VCH.

Manhartsberger, M., & Musil, S. (2001). *Web Usability. Das Prinzip des Vertrauens.* Galileo Press.

Nielsen, J. (1994). Enhancing the explanatory power of usability heuristics. In J. Nielsen & R. L. Mack (Hrsg.), *Usability Inspection Methods*. Wiley. Zitiert nach: Thurnher, B. (2007). *Usability bei Web-Applikationen. Eine Empfehlung für anwenderfreundliche Prozessbeschreibungen* (S. 33–36). VDM.

o. V (2001a). Tagebuchverfahren. In H. Diller (Hrsg.), *Vahlens Großes Marketing Lexikon* (2. Aufl., S. 1645). C. H. Beck/Vahlen.

o. V (2001b). Usability-Test. In H. Diller (Hrsg.), *Vahlens Großes Marketing Lexikon* (2. Aufl., S. 1714). C. H. Beck/Vahlen.

o. V. (2004). Ziel. In *Gabler Wirtschaftslexikon*, S–Z (16. Aufl., S. 3432). Gabler.

o. V. (2022a). Use Case. https://t2informatik.de/wissen-kompakt/use-case/. Zugegriffen am 26.06.2022.

o. V. (2022b). Use Case Whitepaper. Alles Wichtige über Use Cases auf einen Blick: Use Case Diagramme, Use Case 2.0, Misuse Case. https://t2informatik.de/wissen-kompakt/use-case/. Zugegriffen am 26.06.2022.

Pepels, W. (2011). *Lexikon Marktforschung* (2. Aufl.). Symposion.

Pohlmann, M. (2022). *Einführung in die qualitative Sozialforschung*. UVK.

Puscher, F. (2009). *Leitfaden Web-Usability. Strategien, Werkzeuge und Tipps für mehr Benutzerfreundlichkeit*. dpunkt.

Rammelt, R., Cechini, J., & Rammelt, R. (2020). *Erfolgreiche Websites für dummies*. Wiley-VCH.

Reinhardt, W., Rügenhagen, E., & Rummel, B. (2008). System usability Scale – jetzt auch auf Deutsch. https://experience.sap.com/skillup/system-usability-scale-jetzt-auch-auf-deutsch/. Zugegriffen am 08.02.2019. Zitiert nach: Geis, T., & Tesch, G. (2019). Basiswissen Usability und User Experience. Systematisch und strukturiert vom Nutzungskontext zum gebrauchstauglichen Produkt. Aus- und Weiterbildung zum UXQB® Certified Professional for Usability and User Experience (CPUX) – Foundation Level (CPUX-F). dpunkt.

Richter, M., & Flückiger, M. (2007). *Usability Engineering kompakt. Benutzbare Software gezielt entwickeln*. Spektrum Akademischer.

Roland Berger Market Research (2004). Gruppendiskussion. In D. K. Tscheulin & B. Helmig (Hrsg.), *Gabler Lexikon Marktforschung A-Z* (S. 218–219). Gabler.

Sarodnick, F., & Brau, H. (2011). *Methoden der Usability Evaluation. Wissenschaftliche Grundlagen und praktische Anwendung* (2. Aufl.). Huber.

Sarodnick, F., & Brau, H. (2015). *Methoden der Usability Evaluation. Wissenschaftliche Grundlagen und praktische Anwendung* (3. Aufl.). Hogrefe.

Schröder, S. (2004). Beobachtung. In D. K. Tscheulin & B. Helmig (Hrsg.), *Gabler Lexikon Marktforschung A-Z* (S. 62–63). Gabler.

Semler, J., & Tschierschke, K. (2019). *App-Design. Das umfassende Handbuch* (2. Aufl.). Rheinwerk.

Sperling, J. B., & Wasserveld-Reinhold, J. (2011). *Moderation. Zusammenarbeit in Besprechungen und Projektmeetings fördern.* Haufe.

Stoessel, S. (2002). Methoden des Testings im Usability Engineering. In M. Beier & V. von Gizycki (Hrsg.), *Usability. Nutzerfreundliches Web-Design* (S. 75–92). Springer.

Thurnher, B. (2007). *Usability bei Web-Applikationen. Eine Empfehlung für anwenderfreundliche Prozessbeschreibungen.* VDM.

User Effect. (o.J.). www.usereffect.com, deutsche Übersetzung von Christopher Meil, www.optimeil.de, zitiert nach Meil (o.J., o. S.), Original-Checkliste von Dr. Peter Meyers.

Weis, H. C., & Steinmetz, P. (2008). *Marktforschung* (7. Aufl.). Kiehl.

Wenz, C., & Hauser, T. (2013). *Websites optimieren.* Addison-Wesley.

5

Welche Usability-Ansätze sind außerdem sinnvoll (?)

Was Sie aus diesem Kapitel mitnehmen:

* Wir erweitern den Fokus und zeigen Ihnen weitere Forschungskonzepte auf.
* Die Ansätze reichen vom Eyetracking bis hin zum Benchmarking.

5.1 Eyetracking-Studien

Beim Eyetracking handelt es sich um ein Messverfahren, bei dem die Bewegungen der Pupillen des Benutzers einer Website oder App registriert und mit dem Layout der einzelnen Webseiten verglichen wird. Damit werden Aussagen darüber möglich, was sich ein Benutzer wie lange anschaut. Die Datenerhebung und -auswertung im Rahmen des Eyetracking sind sehr kosten- und zeitintensiv. Außerdem ist die Surfsituation, insbesondere mit einer Eyetracking-Brille, nicht ganz natürlich. Darin sehen viele Marktforscher die wesentlichen Kritikpunkte des Eyetracking (Puscher, 2001, S. 169).

Das Eyetracking eignet sich nach Jacobsen und Meyer (2022, S. 214–215) und Jotz (2016, S. 1) für die folgenden **Einsatzbereiche:**

© Der/die Autor(en), exklusiv lizenziert an Springer Fachmedien Wiesbaden GmbH, ein Teil von Springer Nature 2023
C. Peinert-Elger, A. Magerhans, *Quick Guide Usability*, Quick Guide,
https://doi.org/10.1007/978-3-658-41469-6_5

Eyetracking

„Das **Eyetracking**, also die Blickverlaufsmessung, ist eine Methode zur Beantwortung von Fragestellungen rund um die Wahrnehmung bestimmter Elemente und der Informationsaufnahme. Bei korrekter Durchführung können Sie herausfinden, wie die Aufmerksamkeitsverteilung auf einer Website oder dem Screen einer App ist. Zu diesem Zweck werden die Blickbewegungen der Testpersonen mithilfe einer Kamera aufgezeichnet. Eine spezielle Software wertet die Bilder aus und hält die Fixationen, also die Betrachtungspunkte auf der jeweiligen Seite, und deren Dauer fest" (Jacobsen & Meyer, 2022, S. 214).

- Wie erkunden (explorieren) die Nutzer die Anwendung, das heißt, wie orientieren sie sich bei Erstkontakt mit der Anwendung?
- Welche Elemente werden zuerst wahrgenommen und in den ersten zwei bis drei Sekunden am intensivsten betrachtet?
- Wird ein bestimmtes Element auf einer Webseite der Anwendung überhaupt wahrgenommen? Wird es wahrgenommen, wenn es an einer anderen Stelle platziert oder größer dargestellt ist?
- Variantenvergleiche in der Konzeptionsphase, z. B. Startseiten, Landing Pages, Newsletter.
- Wahrnehmung bestimmter Seitenelemente: Ursachenforschung hinsichtlich fehlender Klicks auf einen Inhaltsbereich oder eine Funktion. Dies kann an mangelnder Nützlichkeit, Verständlichkeit oder an einem zu geringen Aufforderungscharakter liegen. Oder eben ihre Ursache in fehlender Wahrnehmung haben.
- Welche Eyecatcher werden auf einem Testobjekt identifiziert? Wie wird der Blick der Nutzer gelenkt (visuelles Guiding)? Entspricht der Blickverlauf Ihrer Nutzer und Kunden Ihren Wünschen und Vorstellungen?
- Wie lange werden einzelne Objekte betrachtet? Wann werden bestimmte Objekte das erste Mal angesehen (Blickdauer und Time-to-Contact)?
- Textoptimierung: Welche Inhaltsbereiche werden von den Nutzern nur überflogen und welche werden tatsächlich gelesen? Wie ist die Verteilung der Aufmerksamkeit zwischen Grafik- und Textelementen?

Das Eyetracking zählt zu den quantitativen und sehr zuverlässigen Usability-Methoden. Damit ist es möglich, die Betrachtungsreihenfolge und -intensität der Nutzer präzise zu erfassen. Eberhard-Yom (2010, S. 139) hebt hervor, dass dadurch auch Rückschlüsse auf unbewusste Wahrnehmungs- und Informationsverarbeitungsprozesse der Nutzer möglich sind. Dies gilt insbesondere dann, wenn das Eyetracking mit Verhaltensdaten und qualitativen Befragungsdaten kombiniert wird. Die gewonnenen Erkenntnisse können Sie anschließend für die Optimierung Ihrer Website bzw. App nutzen. Bitte beachten Sie jedoch, dass das Eyetracking-System für jeden Nutzer neu eingestellt bzw. kalibriert werden muss. Hinzu kommt, dass der Umgang mit dem Eyetracking-System während der Datenerhebung und -auswertung viel Erfahrung und Knowhow erfordert. Sie sollten daher mit einem Spezialdienstleister zusammenarbeiten, diesen sollten Sie jedoch fragen, wie viele Eyetracking-Studien er regelmäßig durchführt (Eberhard-Yom, 2010, S. 139–140).

5.2 Web-Analytics

Um den Erfolg Ihrer Website zu beurteilen und messbar zu machen, ist es erforderlich, dass Sie eine klare Zielvorstellung haben, das heißt, Sie müssen operationale Website-Ziele formulieren. Die Zielerreichung können Sie am besten mit Web-Analytics-Methoden bzw. -Werkzeugen überprüfen. Neben der Erfolgsmessung bieten die Web-Analytics-Tools eine breite Informationsbasis, die Sie für die Optimierung Ihrer Website bzw. App nutzen können. Sehen Sie sich doch einmal das Klickverhalten Ihrer Besucher etwas genauer an. Aber auch die Überprüfung von Abbruchraten kann Ihnen interessante Hinweise auf Optimierungspotenzial liefern (Keßler et al., 2018, S. 611).

Web-Analytics

„Bei **Web-Analytics** (auch Web-Controlling) geht es um die rechnergestützte Messung und Analyse des Klickverhaltens auf dem Webangebot. Die ursprüngliche Analyse von Server-Logfiles ist heute durch eine Client-basierte Datenanalyse abgelöst worden" (Eberhard-Yom, 2010, S. 140).

Mithilfe von Web-Analytics-Tools lassen sich die folgenden **Fragestellungen** beantworten (Keßler et al., 2018, S. 611–612):

- Wie viele Nutzer besuchen meine Website?
- Wie verhalten sich die Besucher auf der Website?
- Wie lange bleiben die Besucher auf meiner Website?
- Erreiche ich mehrere Marketingziele effektiv und effizient?
- Wo sind Schwachstellen auf der Website, die es sich lohnt zu optimieren?
- Wie steht meine Website im Vergleich zu Mitbewerbern dar?

Eine Auswahl an wichtigen Kennzahlen finden Sie in Tab. 5.1.

Tab. 5.1 Wichtige Kennzahlen zum Besucheraufkommen

Visitor (Besucher oder Nutzer)	- Ein Visitor ist ein Besucher einer Website. - Der Unique Visitor ist ein eindeutig identifizierter Besucher innerhalb eines bestimmten Zeitraums. - Webanalysetools bestimmen den Visitor entweder über ein Besucher-Cookie oder über eine Nutzer-ID, mit der Daten auch über verschiedene Geräte verknüpft werden können. - Die Kennzahl Visitor zählt zu den wichtigsten Zahlen im Online-Marketing und beschreibt die Reichweite einer Website. - Zudem wird häufig die Kennzahl neue Besucher oder Nutzer (New Visitor) ermittelt, womit analysiert werden kann wie viele Erstbesucher Sie haben, die bisher noch nicht auf Ihrer Website waren.
Visit bzw. Session (Besuch oder Sitzung)	- Als Visit oder Session wird der Besuch einer Website bezeichnet. - Üblicherweise endet ein Visit, wenn ein Besucher den Browser schließt oder nach 30 min Inaktivität, das heißt wenn eine halbe Stunde keine weitere Seite der Website mehr aufgerufen oder keine weitere Interaktion vom Nutzer ausgeführt wird. - So kann beispielsweise ein Besucher mehrere Besuche an einem Tag absolvieren. - Die Anzahl an Visits gibt an wie häufig eine Website aufgesucht wird und ist damit wohl die wichtigste Kennzahl zur Bewertung des Besucheraufkommens.

Quelle: Keßler et al. 2018, S. 612

Eine gute Usability und eine gute User Experience sind die wichtigsten Erfolgsfaktoren von Websites und Apps. Sie sollten daher wesentliche Bestandteile Ihrer Online-Strategie darstellen. Bedenken Sie, dass die Benutzerfreundlichkeit viel mehr ist als ein schönes Website-Design. Sie umfasst vielmehr alle Aspekte der Interaktion der Nutzer mit Ihrem Unternehmen, Ihrer Website bzw. App sowie Ihren Produkten und Dienstleistungen. Daher müssen Sie die Wünsche und Bedürfnisse der Nutzer erfüllen. Mithilfe von Web-Analytics können Sie sich auf Ihre tatsächlichen Nutzer und deren Surf- und Klickverhalten konzentrieren und ihr Verhalten sowie ihre Vorlieben erkennen. Sammeln und analysieren Sie daher die Daten zum Web-Traffic Ihrer Nutzer. So gewinnen Sie wertvolle Einblicke in das Besucherverhalten, Conversions, Absprungraten und vieles mehr. Dies bildet die Basis für eine kontinuierliche Verbesserung Ihrer Website bzw. App. Ihre Besucher werden es Ihnen durch längere Aufenthalte und eine größere Conversion-Rate danken (Szczepanska et al., 2022, S. 1).

Mouse-Tracking

„Als **Mouse-Tracking** wird eine spezielle Form von Web-Analytics bezeichnet, bei der die Mausbewegungen eines jeden Nutzers aufgezeichnet und ausgewertet werden. Auch dieses Verfahren ist anonym und passiert ohne Beeinflussung des Nutzers. Sie können damit detailliert nachverfolgen, wie sich die Maus bewegt, ob und wie tief der Nutzer scrollt und wo geklickt wird. Dies erlaubt vorsichtige Rückschlüsse, worauf sich die Aufmerksamkeit des Nutzers fokussiert. Aber Vorsicht: Sie wissen nicht automatisch, wo der Nutzer hingeschaut hat, nur weil Sie wissen, wo sich seine Maus befand" (Ludewig, 2020, S. 123).

In Tab. 5.2 sind wichtige Kennzahlen zum Besucherverhalten zusammengestellt. Zudem wird ihr Aussagewert erläutert.

Tab. 5.2 Wichtige Kennzahlen zum Besucherverhalten

Page Impression bzw. Page View (Seitenaufruf)	- Die Kennzahl Page Impressions (PI), auch Page View genannt, bezeichnet einen Seitenaufruf durch einen Nutzer. - Darüber lässt sich ermitteln, wie viele einzelne Seiten die Benutzer auf Ihrer Website abrufen. - Insbesondere für werbefinanzierte Websites ist die Kennzahl wichtig, da mit jedem Seitenaufruf mehr Werbung ausgespielt werden kann.
Exit (Ausstieg)	- Als Ausstieg wird das Verlassen einer Anwendung bezeichnet, die Ausstiegsseite ist demnach die letzte vom Besucher betrachtete Seite vor dem Verlassen. - Dies kann durch das Schließen des Browsers geschehen, das Aufrufen einer anderen Anwendung oder aber auch durch das Ablaufen der Sitzung. - Ausstiegsseiten deuten darauf hin, dass der Besucher dort nicht das gefunden hat, wonach er suchte – oder im Gegenteil, dass er hier gefunden hat, was er gesucht hat. - Ein Ausstieg setzt den vorherigen Besuch von mindestens zwei verschiedenen Seiten innerhalb der Anwendung voraus.
Bounce-Rate (Absprungrate)	- Die Kennzahl Absprungrate, auch Bounce-Rate genannt, bezeichnet das Verhältnis, wie viele Nutzer nach dem Aufrufen einer Seite keine weitere Aktion ausführen. - Eine hohe Bounce-Rate zeigt also Probleme mit der Website, seien es z. B. uninteressante Informationen, unpassende Gestaltung oder ein unzureichendes Navigationskonzept.
Events (Ereignisse)	- Ereignisse sind Nutzerinteraktionen mit Elementen oder Inhalten der Anwendung, die unabhängig von einem erneuten Laden einer Webseite oder eines Browserfensters erfasst werden können. - Zu solchen Aktionen gehören Downloads, Videowiedergaben oder Eingaben in Formularen.
Event Flow (Ereignisfluss)	- Ein Ereignisfluss fasst die Aktionen/Ereignisse zusammen, die ein Nutzer nacheinander ausübt und visualisiert deren Abfolge. - Mithilfe eines Ereignisflusses können auch Abbrüche während einer Interaktion mit mehreren Ereignissen und ohne Seitenwechsel, z. B. das Ausfüllen eines Formulars mit mehreren Feldern oder das Hinzufügen von Produkten aus einer Liste in den Warenkorb analysiert werden.

(Fortsetzung)

Tab. 5.2 (Fortsetzung)

Behaviour Flow (Verhaltensfluss)	- Der Verhaltensfluss umfasst neben Ereignissen auch Seitenwechsel. - Er zeigt den Pfad des Nutzers durch die Anwendung und visualisiert die Interaktion mit den Inhalten. - Auf Basis des Verhaltensflusses können Sie Schwächen in der Aufbereitung und Darstellung der Inhalte lokalisieren, um sie dann näher zu untersuchen.
Funnel (Trichter)	- Ein Trichter definiert die Seiten oder Ereignisse, die ein Nutzer bis zum Erreichen eines Ziels oder bis zum Ausführen einer Aktion (Konversion) durchlaufen soll. - Typische Beispiele sind der Bestellprozess in Online-Shops, Newsletter-Anmeldungen oder Anfragen über Formulare.
Zielvorhabenfluss/ Konversionspfad-analyse/ Trichteranalyse	- Bei der Konversionspfad- oder Trichteranalyse werden die besuchten Seiten oder ausgeführten Ereignisse des Nutzers innerhalb des definierten Trichters bis zur Konversion betrachtet. - Ziel ist es, eventuelle Abweichungen des Nutzers vom idealtypischen Verlauf, Abbrüche oder unerwartete Schleifen zu identifizieren.
Time-on-Site (Sitzungsdauer, Verweildauer)	- Die Kennzahl Verweildauer, auch Time-on-Site genannt, bezeichnet die Zeit, wie lange der durchschnittliche Nutzer auf Ihrer Website verbringt. - Damit können Sie erkennen, ob es nur wenige Sekunden sind oder mehrere Minuten. - Interessant ist die Kennzahl für Analysen, wenn Sie Änderungen an der Seite vornehmen oder neue aufmerksamkeitsstarke Inhalte zur Verfügung stellen.

Quelle: Jacobsen und Meyer 2022, S. 266; Keßler et al. 2018, S. 613

5.3 A-/B-Tests und multivariate Tests

Mithilfe Ihrer Website wollen Sie üblicherweise Ihre Besucher zu einer ganz bestimmten Ziel-Aktivität bewegen. Dabei kann es sich um die Bestellung eines Produktes, ein Newsletter-Abo oder die Buchung einer Dienstleistung handeln. Solch eine Ziel-Aktivität wird als **Conversion** bezeichnet. Die **Conversion-Rate** gibt an, wie viele Besucher Ihrer Website diese Ziel-Aktivität ausgeführt haben (Rammelt et al., 2020, S. 119).

Conversion-Rate

„Die **Conversion-Rate** beschreibt den Anteil der Benutzer einer Website/App, die eine Transaktion durchführen, in aller Regel einen Kaufprozess. Die Conversion-Rate ist sehr wichtig um zu erkennen, ob ein Internet-Angebot gut funktioniert. Während das absolute Besucheraufkommen durch Marketing zu erhöhen ist, kann die Conversion-Rate nur durch gute Angebote oder eine effektive Benutzerführung gesteigert werden. Besonders geringe Conversion-Rates weisen auf Usability-Probleme hin" (Puscher, 2001, S. 168).

Als Vergleichstest zwischen zwei oder mehreren Varianten zählen A-/B-Tests (vgl. dazu Abb. 5.1 und Tab. 5.3) und multivariate Tests zu den populären Verfahren im Usability-Testing. Streng genommen handelt es sich gar nicht um Testverfahren, sondern um die systematische Beobachtung von Nutzerverhalten unter realen Bedingungen. Es ist daher vielmehr eine Operation am „lebenden" Objekt. Während eines solchen Tests kann es vorkommen, dass sich die Performance des Gesamtsystems „Website" kurzfristig verschlechtert. Beispielsweise kann es zu sinkenden Umsätzen im Online-Shop kommen. Dies lässt sich dadurch erklären, dass sich Varianten im Test befinden, die schlechter konvertieren als das bestehende System (Puscher, 2009, S. 205).

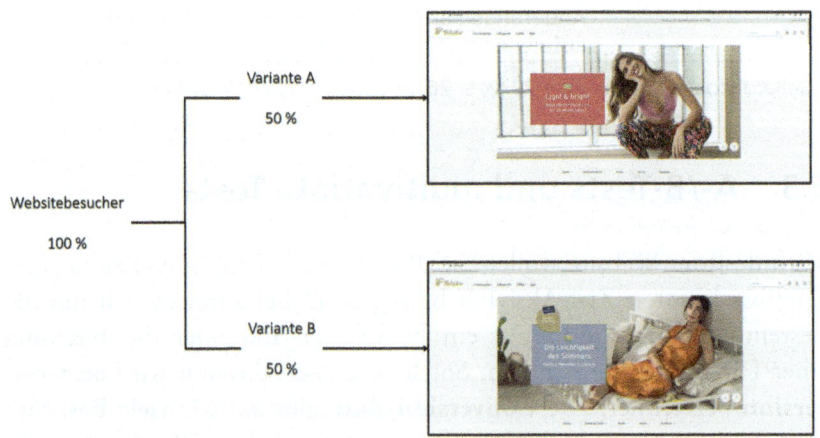

Abb. 5.1 Schema eines A-/-B-Tests

Tab. 5.3 Elemente eines A-/B-Tests

Erkenntnis	Die Webseite bringt nicht genug Nutzer dazu, sich anzumelden.
Fragestellung	Übersehen die Nutzer den Anmelde-Button und wissen daher nicht, dass wir einen Newsletter haben?
Hypothese	Die Nutzer übersehen den Anmelde-Button, weil er zu unauffällig gestaltet ist.
Variante A	Herkömmliche Gestaltung des Newsletter-Anmelde-Buttons
Variante B	Newsletter-Button in einer auffälligeren Farbe

Quelle: Jacobsen und Meyer 2022, S. 255

Als wichtige **Erfolgsgrößen** eines A-/B-Tests seien die folgenden KPIs genannt (Jacobsen & Meyer, 2022, S. 256):

- **Conversion-Rate:** Wie hoch ist der Anteil der Nutzer, die eine Ziel-Aktivität (z. B. Kauf oder Abo) ausführen?
- **Umsatz:** Wie viel kaufen die Besucher im Online-Shop ein?
- **Verweildauer:** Wie lange nutzen die Besucher die Website?
- **Bearbeitungszeit:** Wie lange benötigen die Besucher, um eine Aufgabe zu erledigen?

Da es sich beim A-/B-Testing um eine kostengünstige und dennoch effektive Prüfung von alternativen Varianten handelt, konnte es sich quasi als **Industriestandard** etablieren. Dabei werden im Wechsel zwei Variationen einer Website im Internet angeboten und anschließend geprüft, bei welche Variante von den Nutzern eher akzeptiert wurde bzw. welche Variante eine besser Conversion-Rate erzielte (Broschart, 2010, S. 313).

Multivariate Tests

„Bei **multivariaten Tests** handelt es sich um ein- oder mehrfaktorielle, experimentelle Untersuchungsdesigns. Bei einem einfaktoriellen Design (sogenannter **A-/B-Test**) wird nur ein Faktor (z. B. die Farbe des Bestellbuttons) in verschiedenen Ausprägungsstufen (rot/grün) variiert. Die Einblendung der Varianten auf der Live-Website erfolgt zufällig. Es wird dann überprüft, welche Wirkung die Gestaltungsvarianten auf verschiedene Zielgrößen (z. B. Conversion-Rate) hat. Werden mehrere Faktoren in einer größeren Anzahl von Ausprägungsstufen variiert (**multivariater Test**), so ergibt sich sehr schnell eine größere Anzahl an Gestaltungsvarianten" (Eberhard-Yom, 2010, S. 141).

A-/B-Tests und multivariate Tests können Sie einsetzen, wenn die folgenden **Voraussetzungen** erfüllt sind (Ludewig, 2020, S. 216):

- Spielen vermutlich unbewusste Entscheidungen von Nutzern eine besondere Rolle oder haben diese unbewussten Entscheidungen einen wesentlichen Einfluss auf das Nutzerverhalten?
- Ist die Besucherzahl auf Ihrer Website ausreichend groß, damit Sie statistisch signifikante Ergebnisse erzielen?

Der wesentliche **Vorteil** von A-/B-Tests besteht darin, dass Ihre tatsächlichen Nutzer mit den „Maustasten" abstimmen, welche Variante ihnen besser gefällt. Allerdings werden Internetnutzer ausgeschlossen, die Ihre Website bisher noch gar nicht nutzen. Für Ihre Nutzer bzw. Besucher liefert ein gut konzipierter A-/B-Test aber sehr gut verwertbare Ergebnisse (Puscher, 2009, S. 205).

Das A-/B-Testing zählt zu den iterativen Usability-Methoden. Daher werden immer mehrere Tests hintereinander durchgeführt, die jeweils unterschiedliche Fragestellungen beantworten. Im Idealfall erfolgt mit jedem Durchgang eine Steigerung der Conversion-Rate. Es wird also erwartet, dass sich die Website stetig an das Optimum annähert. Ist der Testzyklus schon weit fortgeschritten, dass sich der Zuwachs der Conversion-Rate stark vermindert, kann das A-/B-Testing beendet werden. Es ist kritisch anzumerken, dass nicht differenziert erklärt wird, warum eine Variante nicht funktioniert hat. Es kann lediglich festgestellt werden, welche Variante eine bessere Conversion-Rate zeigt (Broschart, 2010, S. 313).

In A-/B-Tests werden üblicherweise die folgenden **Elemente** variiert (Jacobsen & Meyer, 2022, S. 253; Ludewig, 2020, S. 217):

- Texte, z. B. Überschriften, Zwischenüberschriften, Benennungen, Handlungsaufforderungen oder Links
- (farbliche) Gestaltung von Call-to-Action-Buttons sowie deren Beschriftung
- die Anordnung von Seitenelementen (z. B. Buttons links/rechts, über/unter anderen Elementen)
- Grafiken, Bilder und/oder Fotos (z. B. verschiedene Motive)

Ein A-/B-Test läuft in den folgenden **Schritten** ab und lässt sich einfach umsetzen (Puscher, 2009, S. 205–206):

* **Schritt 1:** Zunächst wird das zu verändernde Element auf der Website identifiziert.
* **Schritt 2:** Anschließend erarbeiten die Online-Marketing-Manager mögliche Änderungsvarianten.
* **Schritt 3:** Diese Varianten werden in der Folge live geschaltet.
* **Schritt 4:** Der Traffic der Website wird derart aufgeteilt, dass die eine Hälfte der Besucher Variante A und die andere Hälfte der Besucher die Variante B zu sehen bekommt.
* **Schritt 5:** Sobald die Testperiode abgeschlossen ist, wird das Nutzerverhalten im Vergleich zur ursprünglichen Website analysiert. Dabei ist relativ schnell erkennbar, welche Variante besser funktioniert.
* **Schritt 6:** Danach folgt der nächste A-/B-Test. Als Website-Betreiber hangeln Sie sich gewissermaßen von Testergebnis zu Testergebnis und von Optimierung zu Optimierung.

Allerdings weisen Jacobsen und Meyer (2022, S. 253–254) darauf hin, dass es auch Fragestellungen gibt, für die A-/B-Tests nicht geeignet sind. Sobald Sie beispielsweise große Veränderungen (z. B. einen Relaunch) planen, können Sie keinen echten A-/B-Test durchführen, weil Sie nicht herausfinden, an welchen Änderungen die beobachteten Unterschiede in der Nutzung liegen.

Außerdem können sich während eines A-/B-Tests verschiedene **Störvariablen** bemerkbar machen und das Testergebnis beeinflussen (Jacobsen & Meyer, 2022, S. 256):

* Es können zufällige Schwankungen in der Stichprobe auftreten. Die Testteilnehmer sind dann nicht repräsentativ für die Nutzer der Website. Dies passiert, wenn zu kurz oder nur tagsüber getestet wird.
* Periodische Schwankungen des Nutzerverhaltens verzerren die Ergebnisse. Am Wochenende oder im Urlaub haben Ihre Besucher andere Interessen als in einer üblichen Arbeitswoche.
* Darüber hinaus können sich weitere Variablen störend bemerkbar machen. Zu denken ist an das Wetter oder aber politische Ereignisse).

5.4   Social-Media-Monitoring

Das Social Media Monitoring sollte ein ganz wesentlicher Bestandteil Ihrer Social Media Strategie sein und kann Ihnen darüber hinaus wichtige Impulse für die Optimierung der Usability Ihrer Website oder App geben. Damit können Sie Gespräche auf Social Media-Plattformen beobachten, Erwähnungen bestimmter Themen und Akteure ermitteln und wichtige Keywords für Ihre SEO-Maßnahmen identifizieren. Außerdem gewinnen Sie Einblicke in das Nutzerverhalten im Social Web, die Sie für die Optimierung der Usability Ihrer Social Media-Plattformen nutzen können (Grabs & Bannour, 2012, S. 123).

> **Social Media und Social Media Monitoring**
>
> „Der Begriff **Social Media** beschreibt das interaktive virtuelle Abbild von Beziehungen und der damit einhergehenden digitalen Kommunikation, die auf Basis von Web-2.0-Technologien wie sozialen Netzwerken, Blogs, Foren und Multimediaplattformen stattfinden" (Pein, 2015, S. 25).
>
> „Unter **Social Media Monitoring** versteht man die Identifikation, Beobachtung und Analyse der von den Nutzern erstellten Inhalte im Internet. Bei der Fülle an Daten im Internet wird der Fokus der Analyse von Marken und Produkten zunächst auf die verschiedenen Social-Media-Plattformen (Facebook, Twitter, Blog, Foren) gelegt. Während es beim Web Monitoring generell um die Erhebung und Analyse der Daten im „gesamten" Internet geht, kann Social Media Monitoring als Spezialisierung des Web Monitoring verstanden werden" (Aßmann & Röbbeln, 2013, S. 295).

Ein gut konzipiertes Social Media Monitoring gibt Ihnen Aufschluss über die folgenden **Aspekte** (Weinberg, 2012, S. 53):

- wie (und ob!) Ihr Unternehmen, Ihr Produkt und/oder Dienstleistung von Kunden wahrgenommen und bewertet werden,
- wie oft über Sie im Social Web gesprochen wird und welche Stimmung dabei vorherrschend ist,
- ob etwas im Gange ist, das evtl. Ihren Ruf schädigen könnte, zu denken ist beispielsweise an einen negativen Blogbeitrag eines verärgerten Kunden,

- welche Themen in Ihrer Branche derzeit heiß debattiert werden und was sich dabei zu einem wichtigen wirtschaftlichen Trend entwickeln könnte,
- welche Personen in Ihrer Branche als Experten, Meinungsführer und Influencer im Social Web anerkannt sind,
- wer und was auch außerhalb Ihrer Branche für Ihre Zielgruppe(n) als einflussreich und interessant angesehen wird,
- welche Social Media Kampagnen Ihre Konkurrenten durchführen und wie erfolgreich sie damit sind und
- was potenzielle Kunden von Ihnen erwarten.

Screening

„Vor dem Beginn des eigentlichen Monitorings ist ein **Screening** in Form einer Untersuchung des gesamten Internets sinnvoll. So werden relevante Quellen und sinnvolle Suchbegriffe identifiziert" (Pein, 2015, S. 175).

Der **Social Media Monitoring-Prozess** kann inhaltlich in drei Schritte unterteilt werden, die wir Ihnen im Folgenden vorstellen:

1. Schritt: Datenerhebung, -bereinigung und -aufbereitung
Die im Screening definierten Quellen und ausgewählten Stichwörter (Keywords) oder Kombinationen aus diesen bilden die Basis des ersten Prozessschrittes. Beispielsweise kommen die folgenden **Stichwörter** bzw. **Keywords** infrage, die (Pein, 2015, S. 175–176):

- das eigene Unternehmen betreffen (beispielsweise der Name des Unternehmens, der Produkte, der Marken und der Dienstleistungen),
- auf eine Beobachtung des Wettbewerbs und dessen Online-Angebote abzielen,
- wichtige Branchenbegriffe betreffen (wie z. B. „Versand" für Logistikunternehmen oder „Geschmack" für Lebensmittelhersteller oder „Usability" für einen Online-Shop),
- strategisch bedeutsame Begriffe darstellen (beispielsweise das Preis-Leistungs-Verhältnis, die Nutzungsdauer, Innovationen oder Nachhaltigkeit),

- potenzielle Krisenthemen definieren (z. B. Mindestlohn, Umweltver-schmutzung oder Tierquälerei) oder
- speziell auf ein Ereignis, Event oder eine Aktion angepasst sind.

Wie Sie sehen, können eine ganze Reihe sehr unterschiedlicher Begriffe im Screening definiert werden. Im hier interessierenden Kontext sind es vor allem die Begriffe „Usability", „Benutzerfreundlichkeit", „Übersicht-lichkeit", „Funktionalität", „Suchfunktion" usw.

Bezüglich der **Quellen** sollte der Fokus auf allen öffentlich verfüg-baren Daten im Internet liegen. Zu denken wäre hier an (Pein, 2015, S. 176):

- soziale Netzwerke (z. B. Facebook, XING oder LinkedIn)
- Foren, Blogs und Microblogs (z. B. Twitter)
- multimediale Plattformen (z. B. Flickr, Pinterest oder YouTube)
- Bewertungs- und Frage-Communities (z. B. Trustpilot)
- Wikis, Newsseiten und Verzeichnisse (z. B. Wikipedia)

Im Ergebnis erhalten Sie sehr viele Daten, die ohne weitere Aufbereitung kaum zu verwenden sind. Als nächstes sollten Sie diese um Spam und irrelevante Beiträge bereinigen. Dieser Schritt ist sehr aufwendig, da Sie alle Beiträge mindestens einmal manuell durchsehen müssen (Pein, 2015, S. 176).

2. Schritt: Analyse der Daten
Die Analyse der bereinigten Daten bzw. Ergebnisse stellt den auf-wendigsten Teil des Social Media Monitorings dar. Pein (2015, S. 178–179) differenziert in diesem Kontext zwischen einem quantitati-ven und einem qualitativen Analyseansatz:

- Im Rahmen der **quantitativen Analyse** wird alles betrachtet, was zählbar ist (vgl. dazu auch Tab. 5.4). Als Beispiele können einzelne Beiträge, Tweets und Kommentare der beteiligten Personen genannt werden. Dabei sollte auch immer ein Blick auf die Konkurrenz ge-worfen werden.

Tab. 5.4 Wichtige Social-Media-Kennzahlen

Mentions	- Anzahl der gefundenen Beiträge, die das Keyword beinhalten.
Reach	- Anzahl möglicher erreichbarer Kontakte (Reichweite) und Anzahl der User, die das Keyword verwenden, dividiert durch die Gesamtzahl der Beiträge, in denen das Keyword vorkommt.
Sentiment	- Damit ist die grundsätzliche Tonalität der Beiträge gemeint. - Unterteilt in „positiv", „neutral" und „negativ", werden normalerweise die „grundsätzlich positiven" Beiträge den „grundsätzlich negativen" gegenübergestellt.
Share of Voice	- Anzahl eigener Beiträge im Vergleich zum Mitbewerber oder zum Gesamtmarkt.
Passion	- Damit ist die Wahrscheinlichkeit gemeint, dass User mehrmals über die Marke schreiben bzw. dass das Keyword häufig verwendet wird.
Demografische Informationen	- Geschlecht, Alter, Standort, Sprache der User, die das Keyword erwähnen.
Influencer	- Damit sind jene User gemeint, die in ihrem Netzwerk Meinungsführer sind, viele Freunde haben und als themenkompetent wahrgenommen werden.
Top-Themen und Top-Keywords	- Welche Themen und Keywords werden in Bezug auf das gesuchte Keyword häufig noch verwendet/diskutiert?

Quelle: Grabs und Bannour 2012, S. 140

- Bei der **qualitativen Analyse** geht es um die nutzbaren Informationen, die zwischen den zählbaren Daten stehen. Analysegegenstand sind hierbei beispielsweise die Stimmung der Beiträge, die Meinungsführer, Trends und Themen sowie potenzielle Ansätze und Ideen für die Entwicklungsarbeit. Zu denken ist aber auch an konkrete Usability-Probleme, die die User beim Benutzen des Web-Angebotes haben und auf Social-Media-Plattformen artikulieren.

3. Schritt: Interpretation der Ergebnisse

Dies ist der letzte Schritt des Social Media Monitorings. Hierbei sollten Sie sich auf die Ableitung von praktikablen Handlungsempfehlungen für Ihr Unternehmen konzentrieren. Die folgenden **Fragestellungen** können Sie dabei zur Inspiration nutzen (Pein, 2015, S. 179):

- Auf welchen Social-Media-Plattformen ist Ihre Zielgruppe aktiv?
- Welche Themen werden im Zusammenhang mit Ihrem Unternehmen besprochen?
- Wie ist die Stimmung in Bezug auf Ihr Unternehmen, Ihre Marke, Ihre Produkte und/oder Dienstleistungen?
- Welches Image hat Ihr Unternehmen?
- Gibt es Probleme, die immer wieder besprochen werden?
- Welche Stärken und Schwächen werden Ihrem Unternehmen zugesprochen?
- Haben Ihre Kunden Ideen im Hinblick auf Verbesserung oder Innovation Ihrer Produkte und/oder Dienstleistungen?
- Wie schneiden Ihre Wettbewerber im Hinblick auf die vorherigen Fragen ab?

5.5   Zufriedenheitsanalysen

Es gibt zahlreiche Methoden, mit denen Sie die Zufriedenheit Ihrer Nutzer bzw. Kunden messen können. Um Basis-, Leistungs- und Begeisterungsfaktoren aufzudecken, stellen wir Ihnen im Folgenden die Kano-Analyse, die auf der Kano-Methode basiert, vor. Das Kano-Modell geht von einem multiattributiven, mehrfaktoriellen Zufriedenheitsverständnis aus. Es wird zudem angenommen, dass zwischen der Erwartungserfüllung und dem jeweiligen Zufriedenheitsgrad nicht immer ein linearer Zusammenhang besteht (Sauerwein, 2000, S. 25). Es wird vielmehr unterstellt, dass sowohl lineare als auch nicht lineare Zusammenhänge existieren (Bauer, 2000, S. 127). Die Visualisierung der Kano-Methode sehen Sie in Abb. 5.2.

Kundenzufriedenheitsmessung

„Die Kundenzufriedenheit stellt heute in vielen Unternehmen eine wichtige vorökonomische Zielgröße dar und wird gleichermaßen in der Wissenschaft intensiv diskutiert. Der **Messung von Kundenzufriedenheit**, ihrer Determinanten und damit der Ermittlung von Ansatzpunkten zur Steigerung derselben kommt folglich eine zentrale Bedeutung zu" (Bruhn & Siems, 2004, S. 302).

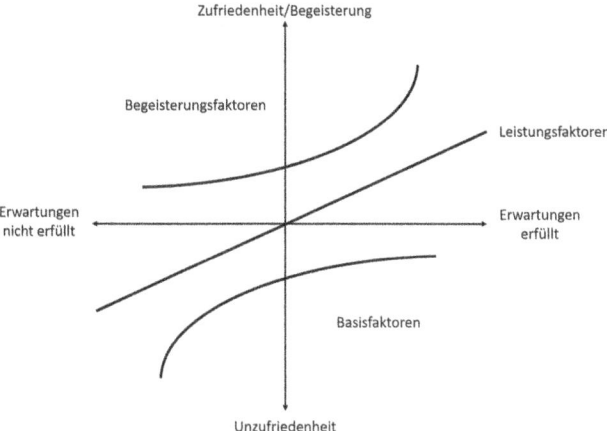

Abb. 5.2 Kano-Modell

Die zentrale Zielsetzung der Kano-Analyse besteht darin, die untersuchten Nutzer- bzw. Kundenanforderungen in Basis-, Leistungs- und Begeisterungsfaktoren zu unterteilen, da sich diese unterschiedlich auf die Kundenzufriedenheit auswirken (Bailom et al., 1998, S. 48–49).

Wenn Sie die Kano-Methode anwenden, können Sie die folgenden **Vorteile** realisieren (Berger et al., 1993, zitiert nach Raab & Lorbacher, 2002, S. 55–56):

- Ihr Usability-Team erhält ein besseres Verständnis der Produktanforderungen. Mithilfe der Kano-Analyse können Sie diejenigen Produktmerkmale identifizieren, die den größten Einfluss auf die Zufriedenheit der Kunden ausüben.
- Zudem lassen sich durch die Einstufung der Produktmerkmale in Basis-, Leistungs- und Begeisterungsanforderungen Prioritäten für die Produktentwicklung festlegen. Ihr Usability-Team sollte also nicht weiter in die Optimierung von Basisanforderungen investieren, wenn diese bereits zufriedenstellend erfüllt werden. Legen Sie dagegen den Fokus auf die Leistungs- und Begeisterungsanforderungen, die einen signifikant größeren Einfluss auf die Kundenzufriedenheit haben.
- Auch Trade-offs in der Produktentwicklung lassen sich mittels der Kano-Analyse beantworten. Angenommen, es ist nicht möglich, zwei

Produktanforderungen gleichzeitig zu erfüllen, dann ist diejenige Eigenschaft zu realisieren, die den größten Einfluss auf die Kundenzufriedenheit hat.

- Ein weiterer Vorteil ist die segmentspezifische Produktentwicklung. Da sich die einzelnen Kundensegmente in der Regel in Bezug auf die Einteilung der Produktmerkmale in Basis-, Leistungs- und Begeisterungsanforderungen unterscheiden, können Sie jedes Kundensegment mit einem anderen Produkt ansprechen. Durch derart maßgeschneiderte Produkte können Sie einen optimalen Zufriedenheitsgrad erzielen.
- Durch das Angebot von Begeisterungsfaktoren können Sie sich vom Wettbewerb differenzieren.
- Die Kano-Methode können Sie ideal mit dem Konzept des Quality Function Deployment (QFD) verbinden. Da die Kano-Analyse die Wichtigkeit einzelner Produkteigenschaften ermittelt, wird eine sehr gute Datenbasis für eine kundenzentrierte Produktentwicklung geschaffen.

Die Identifikation der Basis-, Leistungs- und Begeisterungsanforderungen erfolgt in **vier Schritten** (Sauerwein, 2000, S. 33):

1. Schritt: Zuerst müssen Sie die als relevant erachteten Kundenanforderungen ermitteln.
2. Schritt: Anschließend erstellen Sie den Kano-Fragebogen. Dabei müssen Sie für jede Kundenanforderung zwei Fragen formulieren. Eine funktionale Frage, wenn die Eigenschaft erfüllt ist und eine dysfunktionale Frage, wenn die Eigenschaft nicht erfüllt ist. Daher ergeben sich doppelt so viele Kano-Fragen wie Kundenanforderungen, die in den Fragebogen einfließen.
3. Schritt: Jetzt können Sie die Kundeninterviews durchführen. Wir empfehlen Ihnen dazu persönliche Interviews.
4. Schritt: Nachdem Sie die Kano-Daten erhoben haben, erfolgt die Datenauswertung.

5.6   Benchmarking

Benchmarking ist seit dem Jahr 1983 als Instrument zur Wettbewerbs-analyse bekannt. Aufgrund seiner Leistungsfähigkeit hat es in den letzten Jahren stark an Bedeutung gewonnen. Die steigende Globalisierung und Internationalisierung hat den Wettbewerbsdruck erheblich verstärkt. Ins-besondere Online-Anbieter sehen sich mit einem internationalen Wett-bewerberfeld konfrontiert. Hinzu kommt die gesteigerte Markttrans-parenz durch das Internet, die den Wettbewerbsdruck weiter verstärkt. Vergleichen Sie daher Ihre Website bzw. App, Ihre Produkte und Dienst-leistungen sowie Ihre Unternehmensprozesse mit den sogenannten Best Practices und verbessern Sie sich dadurch kontinuierlich hin zum Niveau des Klassenbesten (Georg & Kitzinger, o. J., S. 3).

Benchmarking und Best Practice

„**Benchmarking** ist der optimalerweise kontinuierliche, systematische Leistungsvergleich von Wirtschafts-Bereichen oder -Strategien (Makro Level) und von Organisationen, Funktionen oder Prozessen (Mikro Level) mit dem „Klassenbesten". Ziel des Benchmarkings ist die Er-mittlung von Verbesserungsmöglichkeiten durch Adaption von be-sonders erfolgreichen Strategien und Maßnahmen (Best Practice). Ein Benchmark kann grundsätzlich als ein Referenzpunkt zu einer ge-messenen Bestleistung definiert werden" (Büchin, 2004, S. 61).

„Der Begriff **Best Practice** („hervorragende Praxis") stammt ur-sprünglich aus der Betriebswirtschaftslehre und bezeichnet optimale Methoden, Praktiken oder Vorgehensweisen in einem Unternehmen" (Semler & Tschierschke, 2019, S. 241).

Mithilfe des Benchmarking lassen sich die folgenden **Ziele** bzw. **Vor-teile** realisieren (Sabisch & Tintelnot, 1997, S. 18, zitiert nach Georg & Kitzinger, o. J., S. 6):

- Sie wollen sich an Marktanforderungen, Kundenbedürfnissen und Wettbewerbsbedingungen orientieren.
- Sie identifizieren Einflussfaktoren auf Effizienz und Effektivität.
- Sie erhöhen die Transparenz Ihrer Prozesse.

- Sie sind flexibler bezüglich geänderter Anforderungen und technologischer Entwicklungen.
- Sie erkennen und nutzen Verbesserungsmöglichkeiten.
- Sie fördern Innovationsprozesse.
- Sie unterstützen Qualitätsmanagement-Prozesse.
- Sie erkennen zeitiger externe Entwicklungen.

Den Ablauf eines Benchmarking-Projektes sehen Sie in Tab. 5.5. Ihr Transfer in die Praxis:

- Sie können Ihr Verfahrensspektrum gezielt erweitern.
- Ihnen sind weitere Forschungsansätze in den Grundzügen bekannt und Sie können diese anwenden.

Tab. 5.5 Benchmarking-Prozess und phasentypische Kernaufgaben

Vorbereitung/ Setup Benchmarking	- Definition der Benchmarking-Ziele
	- Abgrenzung des Untersuchungsumfangs
	- Wahl der Benchmarking-Partner
	- Sicherstellung der Vergleichbarkeit
	- Erarbeitung der Analyseinstrumente (z. B. Interviewleitfaden, Fragebogen)
	- Klärung der Gegenleistung für Benchmarking-Partner
Generierung Benchmarking-Daten	- Erarbeitung der Benchmarking-Daten auf Grundlage des Analyseinstruments (unternehmensintern, je Benchmarking-Partner)
	- Ortsbesuche bei Benchmarking-Partnern (Planung inklusive Entwicklung Fragenkatalog, Durchführung inklusive Plausibilitätsprüfung, Ergebnissicherung)
Analyse Benchmarking-Daten	- Auswertung der Benchmarking-Rohdaten
	- Identifikation von Leistungs- und Kostenlücken einschließlich Ursachenanalyse
	- Identifikation übertragbarer „Best in Class"-Ansätze/Lösungen (wichtig: Vergleichbarkeit)
Kommunikation und Maßnahmenableitung	- interne Kommunikation der Ergebnisse mit betroffenen Unternehmensbereichen
	- Zurverfügungstellung der Ergebnisse an Benchmarking-Partner (evtl. mit Gegenbesuch)
	- Definition eigener Ziele zur Verbesserung auf Basis der Benchmarking-Ergebnisse und Ableitung von Aktions-/Maßnahmenplänen

Quelle: Schawel und Billing 2005, S. 40

Literatur

Aßmann, S., & Röbbeln, S. (2013). *Social Media für Unternehmen. Das Praxisbuch für KMU*. Galileo Computing.

Bailom, F., Tschermernjak, D., Matzler, K., & Hinterhuber, H. H. (1998). Durch strikte Kundennähe die Abnehmer begeistern. *Harvard Business manager, 20*(1), 47–56.

Bauer, M. (2000). *Kundenzufriedenheit in industriellen Geschäftsbeziehungen. Kritische Ereignisse, nichtlineare Zufriedenheitsbildung und Zufriedenheitsdynamik*. Deutscher Universitäts-Verlag.

Berger, C., Blauth, R., & Boger, D. (1993). Kano's Methods for Understanding Customer Defined Quality. *Centre for Quality Management Journal*, 3–35, zitiert nach Raab, G. und Lorbacher, N. (2002): *Customer Relationship Management. Aufbau dauerhafter und profitabler Kundenbeziehungen*. Sauer.

Broschart, S. (2010). *Suchmaschinenoptimierung & Usability. Website-Ranking und Nutzerfreundlichkeit verbessern*. Franzis.

Bruhn, M., & Siems, F. (2004). Kundenzufriedenheitsmessung. In D. K. Tscheulin & B. Helmig (Hrsg.), *Gabler Lexikon Marktforschung A-Z* (S. 302–304). Gabler.

Büchin, F. (2004). Benchmarking. In D. K. Tscheulin & B. Helmig (Hrsg.), *Gabler Lexikon Marktforschung A-Z* (S. 61). Gabler.

Eberhard-Yom, M. (2010). *Usability als Erfolgsfaktor. Grundregeln, User Centered Design, Umsetzung*. Cornelsen.

Georg, S., & Kitzinger, K. (o.J.). *Basiswissen Benchmarking*. Customized Budiness Service.

Grabs, A., & Bannour, K.-P. (2012). *Follow Me! Erfolgreiches Social Media Marketing mit Facebook, Twitter und Co* (2. Aufl.). Galileo Computing.

Jacobsen, J., & Meyer, L. (2022). *Usability und UX. Was alle wissen sollten, die Websites und Apps entwickeln* (3. Aufl.). Rheinwerk.

Jotz, M. (2016). Eye Tracking. Mit dem richtigen Einsatz zum Erfolg, Forschungsbeitrag der eResult GmbH. https://www.eresult.de/ux-wissen/forschungsbeitraege/einzelansicht/news/eyetracking-ein-ueberblick/. Zugegriffen am 12.06.2022.

Keßler, E., Rabsch, S., & Mandic, M. (2018). *Erfolgreiche Websites: SEO, SEM, Online-Marketing, Kundenbindung, Usability* (4. Aufl.). Rheinwerk.

Ludewig, E. (2020). *Usability und UX für dummies*. Wiley-VCH.

Pein, V. (2015). *Der Social Media Manager. Handbuch für Ausbildung und Beruf* (2. Aufl.). Bonn.

Puscher, F. (2001). *Das Usability Prinzip. Wege zur benutzerfreundlichen Website.* dpunkt.

Puscher, F. (2009). *Leitfaden Web-Usability. Strategien, Werkzeuge und Tipps für mehr Benutzerfreundlichkeit.* dpunkt.

Rammelt, R., Cechini, J., & Rammelt, R. (2020). *Erfolgreiche Websites für dummies.* Wiley-VCH.

Sabisch, H., & Tintelnot, C. (1997). *Integriertes Benchmarking für Produkte und Produktentwicklungsprozesse.* Springer. Zitiert nach: Georg, S., & Kitzinger, K. (o.J.). Basiswissen Benchmarking, Erfurt: Customized Budiness Service.

Sauerwein, E. (2000). *Das Kano-Modell der Kundenzufriedenheit. Reliabilität und Validität einer Methode zur Klassifizierung von Produkteigenschaften.* Deutscher Universitäts-Verlag.

Schawel, C., & Billing, F. (2005). *Top 100 Management Tools. Das wichtigste Buch eines Managers.* Gabler.

Semler, J., & Tschierschke, K. (2019). *App-Design. Das umfassende Handbuch* (2. Aufl.). Rheinwerk.

Szczepanska, A., Matuszewska, K., & Moryl, B. (2022). Wie Sie die User Experience mit Web Analytics verbessern. https://piwikpro.de/blog/user-experience-mit-web-analytics-verbessern/. Zugegriffen am 12.06.2022.

Weinberg, T. (2012). *Social Media Marketing. Strategien für Twitter, Facebook & Co.* O'Reilly.

6

Wohin geht die Usability-Reise (?)

Was Sie aus diesem Kapitel mitnehmen:

* Wir zeigen Ihnen die Bedeutung von Menschen und Daten für Ihren Produkterfolg auf.

Keinesfalls stellen die Methoden zur Optimierung von Usability, User Experience und Benutzungs- bzw. Käuferrate allumfassende Maßnahmen für einen Produkterfolg dar. Differenziert nach Branche, Zielgruppe und Entwicklungsniveau des Produktes muss individuell geprüft werden, welcher Ansatz und welches Methodenset am besten für welches Optimierungsziel geeignet ist.

Bei allen Methoden der UX- und Conversion-Optimierung, die Ihnen im Laufe des Buches vorgestellt wurden, kommt es immer wieder auf den ganzheitlichen Blick an. Demnach kann eine Entwicklungsphase zur Verbesserung nur so gut wie ihre Planung und ihre Auswertung sein. Daher kann das Design als Kennzeichnungsmerkmal angesehen werden, an welchem sich misst, ob es im Digital Business mithalten kann und worauf es dabei ankommt. Den allumfassenden Blick zu bewahren, bedeutet auch, den Fokus nicht zu verlieren und demnach den Menschen in den Mittelpunkt all seiner Entwicklungs- und Optimierungsprozesse

C. Peinert-Elger, A. Magerhans, *Quick Guide Usability*, Quick Guide, https://doi.org/10.1007/978-3-658-41469-6_6

zu stellen. Der Mensch – nicht nur zu verstehen als Nutzer interaktiver Systeme – ist auch Verbündeter als Kunde, Entwicklungspartner und Teamplayer. Um diesen zentral als Hauptakteur berücksichtigen zu können, ist die Auswertung von Daten zu Zielgruppe, Käufer-/Benutzungsgruppe und Art der Benutzung unumgänglich.

6.1 Menschen

Bei jeder Methode des iterativen Designprozesses geht es darum, Menschen zu fragen und zu prüfen, wie intuitiv und einfach ein Produkt verwendet werden kann. Somit ist es notwendig, immer wieder Bedürfnisse, Anforderungen und Erkenntnisse der Nutzer in den Usability-Tests abzufragen, um eine sehr gute User Experience zu entwickeln sowie ein besseres Produkt zu kreieren. Die Effizienz eines Produktes lässt sich somit auch sehr gut messen, indem Probleme identifiziert und gelöst werden.

Abhängig von Zielgruppe, Branche, Produkt und herstellendem Unternehmen sind wichtige Ziele, die mit User Tests verfolgt werden können folgende (Schneider, 2022, S. 1):

- Wird ihr Produkt gerne genutzt?
- Können vordefinierte Aufgaben erfolgreich von den Nutzern ausgeführt werden?
- Werden die Erwartungen des Benutzers von dem Produkt erfüllt?
- Wie einfach ist das Produkt zu nutzen?
- Gefällt das Design, also Farben und Formen sowie das Interface des Produktes?

Bevor diese Fragen beantwortet werden können, ist eine Analyse der tatsächlichen Produktnutzer notwendig. Wer also sind Ihre Nutzer und was wollen sie wirklich? Um das herauszufinden, gibt es unterschiedliche Ansätze und Beispiele der Kundenanalyse, die auf Grundlage umfangreicher Stammdaten durchzuführen sind (siehe Abb. 6.1). Jedes Unternehmen hat dies womöglich für sich bereits verinnerlicht, jedoch wird an dieser Stelle zur Vollständigkeit darauf eingegangen. zahlreiche Kundenanalysen können systematisch miteinander eingesetzt vielfach Hinweise vor allem für Produktverbesserungen geben.

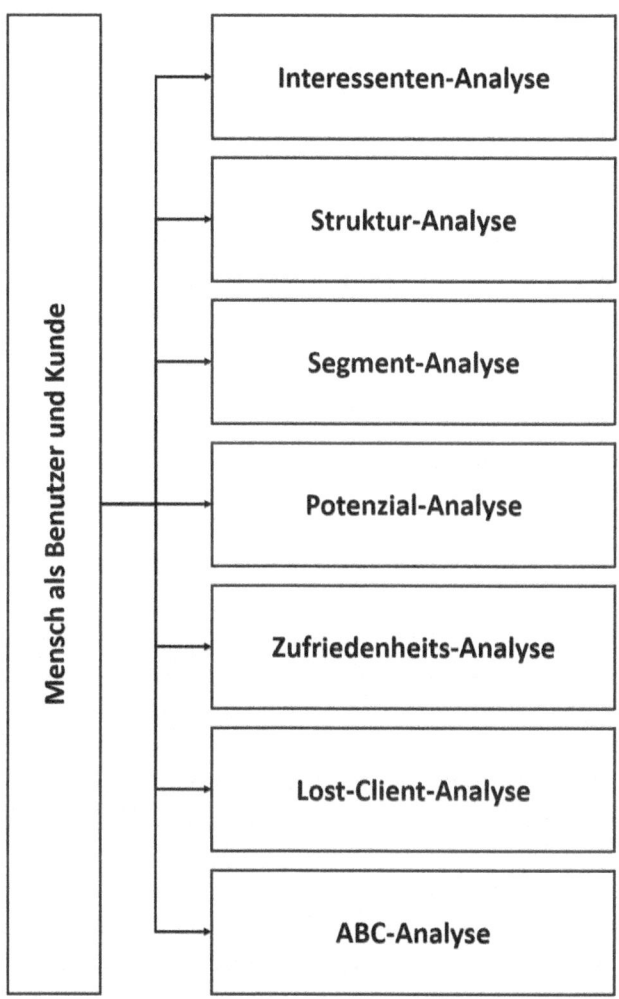

Abb. 6.1 Kundenanalysen im Überblick

Sie möchten wissen, wer Interesse für Ihr Produkt hat und wie man diese Menschen am besten dazu bewegt, auch zu kaufen und eine Conversion zu generieren. Hierbei ist der Ansatz der **Customer-Journey-Analyse** eine schöne Methode, Kontaktpunkte aufzuzeigen, die ein potenzieller Kunde bei der Suche nach einer optimalen Lösung für sich mit Ihrem Unternehmen erfährt. Sie ist eine kanalübergreifende Wirkungsanalyse der Kundenkontaktmaßnahmen, anhand deren Ergebnissen Verbesserungen für den gezielteren Einsatz von Werbeausgaben und kundenorientiertere Kommunikationsmaßnahmen entlang der Kaufentscheidungsabwägungen des Kunden abgeleitet werden können. Dabei wird der gesamte Prozess vor dem Kauf, während des Kaufes und nach dem Kauf beschrieben, den der Benutzer durchlebt und welche Erfahrungen er dabei macht. Hierbei spielt ebenso die Abbildung eines **Sales Funnel** große Bedeutung, der prozentual angibt, wie viele Kunden Produktinteresse aufgrund von Werbewirkungen entwickeln, wie viele davon wiederum einen Wunsch entwickeln, das Produkt zu nutzen bzw. zu kaufen und wie viele schlussendlich tatsächlich in Aktion treten. Daraus lässt sich ebenso eine **Statusanalyse** ableiten, in der charakterisiert wird, in welchem Verhältnis der Nutzer zum Unternehmen steht, also ob er Interessent, Erstkunde, Folgenutzer, Mehrfachnutzer, Stammkunde oder verlorengegangener Kunde (Lost-Client) ist (Scharna, 2016, S. 29–44).

Sobald Nutzer ihr Produkt kaufen oder benutzen, kann die **ABC-Kundenanalyse** angewandt werden. Diese gibt die Relevanz einzelner Kundengruppen für den Unternehmenserfolg wieder. Dabei werden die Umsatz- bzw. aktivsten User von den weniger wichtigen unterschieden und differenziert. Beispielsweise kann man somit abbilden, dass 20 % der gesamten Nutzer am aktivsten sind oder am meisten kaufen und somit bspw. 80 % des Umsatzes ausmachen, während vielleicht 50 % Ihrer Nutzer nur 15 % des Umsatzes ausmachen (siehe Abb. 6.2). Dies kann sich jedoch im Laufe der Zeit immer ändern, weswegen eine solche Analyse in gewissen Zeitabständen durchgeführt werden sollte. Mit dem Ergebnis wissen Sie zunächst, auf welche Kundengruppe Sie sich in Zukunft orientieren können, um diese zu binden (A) oder zufriedener zu stellen (C).

Die **Lost-Client-Analyse** dient dazu, Gründe aufzudecken, wieso die Kunden das Produkt nicht mehr in Anspruch nehmen oder die Nutzung abbrechen. Beispielsweise können Online-Shop-Betreiber die Suche der Shopbesucher analysieren. Oftmals werden Produkte gesucht, die gar nicht im Shop existieren. Hier gilt es, die Häufigkeiten derartiger Suchen auszuwerten und zu überprüfen, ob es sich lohnen würde, das Sortiment um die fehlenden Produkte zu erweitern. Wichtig ist hierbei auch oft, ein Recommendation-System zu besitzen, welches Alternativvorschläge zu

ABC-Kundenanalyse

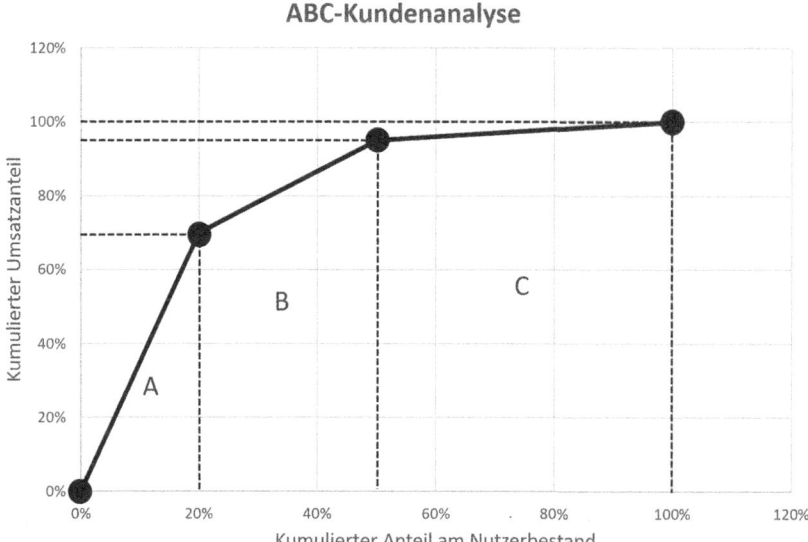

Abb. 6.2   ABC-Kundenanalyse

gesuchten Artikeln zu bietet. Zudem kann eine komplizierte Produktbeschreibung dazu führen, dass Produkte nicht gefunden werden, obwohl sie möglicherweise vorhanden sind. An dieser Stelle ist es dringend nötig, eine Analyse der Artikelbezeichnungen vorzunehmen. Auch kann der Ort bzw. die Stelle des Nutzungsabbruchs ausgewertet werden. Wenn es beispielsweise häufig zum Beenden der Anwendung beim Bezahlprozess kommt, muss nach Fehlern gesucht werden. Möglich ist, dass wichtige Bezahlmethoden nicht zur Verfügung gestellt werden oder dass eine Anmeldung vor der Bezahlung erfolgen muss, welche den Check-Out-Prozess verlangsamt und umständlich macht. An dieser Stelle ist es sinnvoll, einen Quick-Check-Out für Kunden ohne Account anzubieten. Zudem sollten Preis-Leistungs-Verhältnisse im Online-Bereich immer stimmen. Aufgrund der Transparenz der digitalen Welt ist es bspw. mittels Vergleichsportale möglich, immer den besten Anbieter zu finden. Damit das eigene Produkt hier auch aufgeführt wird, können Konkurrenzanalysen relevant sein, um eigene Alleinstellungsmerkmale und Qualitäten herauszuarbeiten, welche sich vom Wettbewerb abheben und Preise rechtfertigen.

Zudem hilft die Einführung eines **Beschwerdemanagements**, um Beanstandungen auszuwerten sowie Optimierungen abzuleiten. Eine große Chance hierbei besteht in der Umkehrung einer Unzufriedenheit in eine Zufriedenheit. Sollten Kundenprobleme schnell, effizient und zufriedenstellend gelöst werden, kann die Zufriedenheit höher ausfallen als vor einer Beschwerde, wodurch die Kundenbindung nachhaltig gestärkt wird. Ein weiteres Vorgehen zur Ermittlung der Kundenzufriedenheit ist die Entwicklung eines **Zufriedenheitsindexes**. In diesem können mehrere Kategorien festgelegt werden: Service, Preis/Leistung, Design, Zielerreichung, o. ä. Als nächsten Schritt werden Unterkategorien erstellt, diese können bei Design beispielsweise Farben, Handhabung, Übersichtlichkeit, Kontrast, Schriftgröße u. a. sein. Die Zufriedenheiten aller Aspekte kann vom Kunden auf einer Skala von 1 bis 10 abgefragt werden. Durch eine Gewichtung der Hauptkategorien werden nun Indizes gebildet. Somit beruht die Gesamtzufriedenheit auf den Bewertungen von Einzelaspekten (Purle et al., 2019, S. 234 ff.).

> **Unser B2B-Buchtipp** Wenn Sie umfangreiche Methoden zur Vertriebsplanung suchen, hält das Buch „Toolbox für den B2B-Vertrieb" von Purle, Steimer und Hamel (2019) viele Werkzeuge bereit. Nicht nur für den Business-to-Business-Bereich sind die Methoden anzuwenden; sie lassen sich auch hervorragend auf den Business-to-Customer-Bereich ummünzen.

Es gibt viele Möglichkeiten, sich zunächst ein oberflächliches und später sukzessive ein detailreiches Bild Ihrer Kunden und Benutzer mit ihren Wahrnehmungen, Wünschen und Gefühlen zu vergegenwärtigen. Wie bereits in diesem Kapitel angedeutet, geht dies aber vor allem über die Auswertung von Daten, Daten und noch viel mehr Daten.

## 6.2	Daten

Jene zu Beginn des Kapitels gestellten Fragen betreffen die Testung eines Produktes vor einer Markteinführung und nach einer Markteinführung. Alle Usability-Maßnahmen, die vor der Markteinführung erfolgen, sollten diese Fragen enthalten, damit ein möglichst erfolgreicher Produktlaunch stattfinden kann. Die erste Voraussetzung für ein weiterführendes Auswerten anderer Daten ist nämlich zunächst die Benutzung des Software-Produktes selbst. Damit nach dem Launch die Software verbessert werden kann, gilt es mithilfe von Analytic-Tools Gebrauchsdaten der Software zu messen. Was lässt sich alles messen?

Handelt es sich um eine App, eine Website oder ein Portal können folgende Fragestellungen relevant sein:

1. Wie viele Klicks, Downloads oder Registrierungen verzeichnet mein Produkt?
2. Über welchen Kanal wurde mein Produkt am meisten heruntergeladen bzw. erfolgten die meisten Registrierungen?
3. Wie viel Prozent der „Klickenden" haben mein Produkt nicht weiter benutzt und was hat sie davon abgehalten, es herunterzuladen oder sich zu registrieren?
4. Wie viele App- oder Website-Besucher nutzen das Produkt regelmäßig (täglich, wöchentlich)?
5. Welche Punkte der Software sind für einen Benutzungsabbruch verantwortlich?
6. Wie viel Prozent der Nutzer haben durch die Software ihr Ziel erreichen können? Wie qualitativ und zufriedenstellend war die Zielerreichung bzw. das Ergebnis für den Nutzer?

Damit derartige Fragen beantwortet werden können, ist es Voraussetzung, zu messende Daten auch zu definieren, die dann als Metriken dienen. Diese können beispielsweise in etwa so aussehen:

• Anzahl der Installationen bzw. Registrierungen
• Anzahl der Installationen bzw. Registrierungen nach Kanälen
• wiederkehrende Nutzer nach Zeitabständen (Tag, Woche, Monat, Vierteljahr)
• wiederkehrende Nutzer nach Zeitabständen differenziert nach Kanälen
• Anzahl der eingegebenen Daten
• Bounce-Rate
• Anzahl der Nutzer, die ihr Ziel mit dem Produkt erreicht haben (vgl. Alby, 2017, S. 491–493).

Derartige Metriken lassen sich insgesamt, aber auch innerhalb von Kampagnen gut messen. Hierbei können die Ergebnisse der Auswertungen die Erfolge unterschiedlicher Kampagnen aufzeigen.

6.2.1 Big Data

Nach dem WAS kommt das WIE. Qualitative Methoden haben wir bereits mit zahlreichen Usability-Werkzeugen erläutert. Darüber hinaus hält der Markt der Analytic-Tools einiges bereit, um genau jene Metriken zu messen. Ein weit verbreitetes und oft angewendetes Tool zur Datensammlung und Generierung ist Google Analytics. Jedoch ist zu beachten, dass jene Daten quantitativer Art sind und in Zusammenhang qualitativer Methoden durchgeführt werden sollten, damit ein ganzheitliches Benutzerbild entsteht.

Analytics Analytics als Synonym von Big Data „… umfasst die Methoden zur möglichst automatisierten Erkennung und Nutzung von Mustern, Zusammenhängen und Bedeutungen. Zum Einsatz kommen u. a. statistische Verfahren, Vorhersagemodelle, Optimierungsalgorithmen, Data Mining, Text- und Bildanalytik. Bisherige Datenanalyse-Verfahren werden dadurch erheblich erweitert". (Miebach, 2020, S. 248).

Warum sollten Sie Muster und Zusammenhänge automatisiert identifizieren wollen? Weil der Großteil anfallender Daten in Ihrem Unternehmen womöglich zu groß, zu umfangreich, permanent fluktuierend hinzukommt und vor allem chaotisch ist. Mehr Daten als je zuvor werden produziert und es können durch die Entwicklung neuer Hardware mehr Daten als je zuvor gespeichert werden. Somit ist es lediglich eine Kausalfolge, dass die Analyse und das Lernen aus riesigen Datenmengen weiterentwickelt werden (Wilkes, 2012, S. 26). Big Data wird vormals durch die drei Begriffe Velocity, Volume und Variety näher erläutert. Diese stehen für Geschwindigkeit sowie unlimitierte und unstrukturierte Datenmengen. Geschwindigkeit und Volumen stellen große Big-Data-Erfolgsfaktoren dar, denn nur wer schnell an viele Daten kommt, kann schnell Informationen sammeln sowie Entscheidungen aufgrund dieser treffen, womit ein Erfolg am Markt verzeichnet werden kann. Hierbei ist zu beachten, dass Variety für die Vielfalt und in gewissermaßen für Chaos steht (Baron, 2013, S. 23–25; Davenport et al., 2014, S. 1). Somit können strukturierte sowie unstrukturierte Daten gewonnen werden. Data Mining als Methode zur Analyse großer unstrukturierter oder teilweise strukturierter Datenmengen aus bspw. Mails und Chats, Bildern u.v.m. mithilfe von Lernalgorithmen sowie traditionelle und statistische Analyse von Datenbanken als Methode zur Auswertung strukturierter Daten bilden die Basis im gesamten Big Data (Miebach, 2020, S. 254) (sehen Sie dazu auch Abb. 6.3).

Daten entwirren
Data Mining kann Strukturen innerhalb chaotischer Daten und Informationen aufzeigen, welche auf den ersten Blick nicht zu erkennen sind. Zum einen können Hypothesen untersucht oder aber datengetriebene Untersuchungen angestellt werden (Bachmann et al., 2014, S. 165). Zur

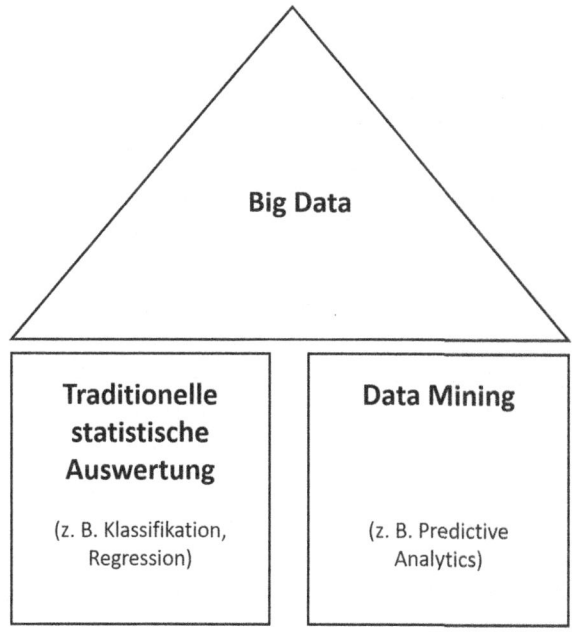

Abb. 6.3 Big Data

Ermittlung möglicher Hypothese-Ergebnisse werden Entscheidungsbäume hinzugezogen, welche gleichzeitig Algorithmen liefern. Dies stellt die Grundlage des Maschinenlernens dar, welches für die Hypothese wichtige Szenarien aufzeigt und Prognosen (Predictive Analytics) entwirft. Im Rahmen dieser Möglichkeiten lässt sich menschliches Verhalten bereits sehr gut vorhersagen. Demgegenüber ist eine weitere Methode das traditionelle Klassifikationsverfahren. Hierbei werden Cluster erstellt, d. h. einander ähnliche Daten werden als zusammengehörig identifiziert und in Klassen eingeordnet. Derart lassen sich beispielsweise Konsumenten anhand ihres früheren Kaufverhaltens klassifizieren und ihnen können individuell angepasste Angebote unterbreitet werden. Beide Verfahren ermöglichen es, ähnliche Menschen zusammenführen und das Potenzial zu schaffen, Wünsche und Bedürfnisse dieser Menschen bereits vor der eigenen Wahrnehmung zu erkennen. Diese Gruppierungen führen zu einer erhöhten Kundenzufriedenheit, denn man bringt Menschen mit anderen Menschen in Verbindung, man zeigt Vorlieben von Menschen anderen ähnlichen Menschen und diese Dynamik können Sie für sich nutzen (Miebach, 2020, S. 255–263; Baron, 2013, S. 27).

Daten vorhersehen
Zukünftige Werte können ebenfalls in Analysen einbezogen werden. Neben einer personalisierten Kaufempfehlung lassen sich Forecasts mithilfe von Predictive Analytics erstellen: es können Risikoabschätzungen, Umsatz- und Absatzprognosen sowie Früherkennungen auch im Bereich von Kündigungsvorhaben erfolgen. Hierbei werden vormals Regressionsmodelle als KI-bezogene Verfahren angewandt. Aufgrund der Perspektive in die Zukunft ist es möglich, das Marktgeschehen noch genauer zu betrachten und Unternehmensmaßnahmen besser auf die Marktdynamik abzustimmen, die Nutzerzentrierung erfolgreich im Unternehmen zu berücksichtigen und Bedürfnisse optimal abzufassen (Bachmann et al., 2014, S. 171).

Wichtiger Faktor bei sämtlichen Vorgehen zur Identifikation von Nutzerverhalten und -bedürfnissen ist die Zeit. Dabei gilt es, mehrere Perspektiven der Zeit zu betrachten. Zum einen ist die Schnelligkeit der

Datensammlung und Auswertung ausschlaggebend für frühzeitige Ergebnisse, welche sich auf Produktlaunches, -optimierungen, Kundenzufriedenheit, Absatz und demnach Unternehmenserfolg auswirken. Andererseits ist speziell in Bezug auf die Prognoseverfahren und Vorhersagemodelle festzulegen, wie weit in die Zukunft geblickt werden soll, was kurz-, mittel- und langfristige Prognosewerte beinhalten sollen und wie genau die Zeitabstände definiert sind. Wichtig ist ebenso die Betrachtung des gegenwärtigen Zustandes. Die Prognosen wirken sich auf aktuelle Unternehmensentscheidungen aus und es sollte berücksichtigt werden, welche Veränderungen anstehen, um die Prognose zu erfüllen oder zu verbessern. Die Betrachtung der Vergangenheit spielt ebenso eine bedeutsame Rolle. Sie ist der Grundstein und zeigt die Stabilität der nächsten Prognosen und sollte als Retrospektive nicht vernachlässigt werden (Bachmann et al., 2014, S. 174).

Menschen vorhersehen

Im Personalmanagement großer Unternehmen ist es bereits Gang und Gebe, Bewerber sowie Mitarbeitende eines Unternehmens im Rahmen des sogenannten People Analytics (PA) zu analysieren. Dieser Begriff ist daher etwas irreführend, da PA generell für die Auswertung personenbezogener Daten stehen kann und somit nichts Neues definiert, jedoch aufgrund der sprachlichen Parallele hervorhebt, dass People Analytics ein Teilgebiet von Predictive Analytics darstellt. Neben der Betrachtung von Nutzungsdaten, die wir bereits ausführlich besprochen haben, können innerhalb von PA die Zufriedenheit sowie Optimierungspotenziale mittels Vorhersagemodellen identifiziert werden. Das Ziel ist dabei, eine Ursache-Wirkungs-Forschung zu betreiben und kausale Zusammenhänge für die Zukunft aufzudecken und zu interpretieren. Bezüglich des HR-Bereiches möchte man insbesondere die Mitarbeiterbedürfnisse betrachten und bestmögliche Arbeitsbedingungen schaffen (Personio GmbH, 2020). Dies stellt auch für Sie vermutlich einen wichtigen Teilbereich dar, sofern Sie ein mitarbeiterfreundliches Unternehmen führen möchten. Die Zufriedenheit Ihrer Angestellten sollte als Voraussetzung guter qualitativer Arbeit und des Unternehmenserfolges zu sehen sein. Zudem können auch potenzielle Mitarbeiter, also Bewerber, genauer unter die Lupe genommen werden, während Lernalgorithmen und Maschinenlernen hierbei keine so starke Anwendung finden wie klassische Statistikauswertungsverfahren (Miebach, 2020, S. 271).

Unser Big Data-Buchtipp Wie man sich vorstellen kann, ist das Thema Datenschutz im Kontext von Big Data von besonderer Bedeutung. Damit Sie sicherstellen können, datenschutzrechtlich sauber zu bleiben, können Sie im Kap. 6 des Buches „Rethink Big Data" von Cornel Brücher (2013) wichtige Hinweise finden.

Gerade in Bezug auf die Nutzung und User Experience digitaler Produkte können im Rahmen von Big Data und insbesondere von Data Mining zusätzlich Social-Media-Daten wie Chats, Forenbeiträge, Blogkommentare oder Videos und ihr Feedback ausgewertet werden (Text Mining). Ebenso die Betrachtung persönlicher Daten, speziell Social-Media-Profile, sogar Aufzeichnungen sportlicher Aktivitäten oder generell das Suchverhalten innerhalb digitaler Produkte sowie Sensordaten (bspw. Fahrverhalten in Autos) können weiterhin Aufschluss über das Benutzungsverhalten, der Usability und für Produktverbesserungen geben. An dieser Stelle kann festgehalten werden, dass Big Data mehrere Methoden miteinander kombiniert, vor allem aber sehr große Datenmengen analysiert, in dem Durchschnitte dieser Daten gebildet und ausgewertet werden (Miebach, 2020, S. 249). Dies führt im Endeffekt dazu, dass traditionelle Forschungsmethoden wie Umfragen oder Fragebögen ergänzend zu der Analyse großer Datenmengen hinzugezogen werden können; es lässt sich aber aufgrund dieser hohen Datenlast menschliches Verhalten „näher betrachten" (Mainzer, 2016, S. 158). Demnach können aus quantifizierbaren Aktivitäten menschliche Handlungen und sogar Gefühle und Gemütsbewegungen in Daten ausgedrückt und messbar gemacht werden (Brücher, 2013, S. 162). Dabei ist jedoch anzumerken, dass im Gegensatz dazu auch aufgrund von Big Data Emotionen mit einer treffenden Marketing- oder Optimierungsreaktion auf Gebrauchsanalysen hinsichtlich Werbewirkungen oder Produkteigenschaften erzeugt werden können.

Letztlich erlaubt Big Data Ihnen, Zeit und Kosten einzusparen, neue Angebote aufgrund Ihrer Ergebnisse der Datenauswertungen zu entwickeln und interne Unternehmensentscheidungen besser einschätzen und treffen zu können. Allein Analytic-Tools werden für eine auf Daten fundierte Produktentscheidung nicht ausreichen. Der Mensch muss als Nutzer immer im Mittelpunkt dieser Überlegungen stehen. Dabei ist es hilfreich, Daten sinnvoll aufzubereiten, damit Abhängigkeiten und Zusammenhänge dieser besser zu erkennen sind. Wiederholende Tätigkeiten und Analysen großer Datenmengen können demgegenüber von Maschinen und Tools effizient bearbeitet werden. Somit ist eine Differenzierung wichtig, welche Aufgaben und Entscheidungen von Maschinen und welche von Verantwortlichen wie Data Managern bearbeitet werden. Für alle Mitarbeitenden ist es auch aufgrund der steigenden Komplexität genannter Analyseverfahren ebenso wichtig, den Informationskern zu verstehen und immer wieder aufgreifen zu können. Daher ist zu empfehlen, Datenbanken, Wikis und Intranet im Unternehmen sinnvoll aufzubereiten und jedem Mitarbeitenden zur Verfügung zu stellen.

6.2.2 Künstliche Intelligenz

Künstliche Intelligenz (KI) hält immer mehr Einzug in die Welt der digitalen Produkte und stellt einen erheblichen Erfolgsfaktor für Produkt-Usability dar. Vormals im Bereich der Spracherkennung und Übersetzung kommt künstliche Intelligenz in Verbindung mit Deep Learning zum Vorschein. Innerhalb der Sprachanalyse werden Lernalgorithmen genutzt, welche wie Vorhersagemodelle funktionieren. Derart kann aufgrund einer Wortfolge auf nächste Wörter und auf die Bedeutung ganzer Sätze geschlossen werden (Miebach, 2020, S. 276–278). In ähnlicher Art und Weise wird KI immer präsenter und es gibt bereits Ansätze zur Erstellung menschzentrierter KI, bei welchen technische Innovationen und Entwicklungen, ethische Vorstellungen und menschfokussiertes Design vereint werden. KI-Systeme sollen somit die Fähigkeiten der Menschen erweitern, nicht ersetzen. Hierbei sind jedoch noch einige Hürden zu nehmen, da der Mensch, insbesondere als Arbeitnehmer, der

KI nicht traut oder Ängsten einer möglichen Arbeitslosigkeit unterliegt. An dieser Stelle ist jedoch festzuhalten, dass KI sicherlich an vielen Stellen effizienter arbeitet als der Mensch selbst und dort auch eingesetzt werden kann, sofern der Mensch in der Lage ist, dies zu kontrollieren und eingreifen zu können. Denn Verantwortung an nicht menschliche Entscheidungsträger abzugeben – davon sind wir noch weit entfernt (UIG e.V., o. J.).

6.3   Daten & Menschen

Mit dem Aufkommen von Big Data sowie der nutzerzentrierten Herangehensweise digitaler Produktentwicklungen, insbesondere durch agile Entwicklungsprozesse, wurde der Nutzer als Mensch, aber auch der Nutzer als Datengeber in einen neuen Mittelpunkt der Softwareentwicklung gerückt. Vor allem wurden die Begrifflichkeiten von menschzentriertem Design und Usability-Test-Möglichkeiten erweitert. Nutzerdaten können nun viel mehr in die Arbeit von Designern und Entwicklern einbezogen werden. Wie bereits geschildert sind ein Großteil von Sensor-, Computer-, Labor-, Kamera- und Telefondaten Benutzerdaten und geben Aufschluss über ihr Verhalten. Neben dem Lernen aus Produktnutzungsdaten ist die Verbesserung der Nutzbarkeit von Daten selbst innerhalb der Unternehmen, die sie nutzen, eine Herausforderung für die Usability-Experten. Ein einziges Produkt kann weltweit auf mehreren hundert mobilen Geräten verfügbar sein und eine Person kann auf dasselbe Produkt von verschiedenen Geräten aus zugreifen. Derart ist die Anwendung analytischer Herangehensweisen im Rahmen von Big Data sehr bedeutend. Während bei der nicht-agilen Wasserfall-Methode davon ausgegangen wird, dass sowohl das Problem als auch die Lösung zu Beginn der Produktentwicklung bekannt sind, wird bei der agilen Methode davon ausgegangen, dass das Problem zwar bekannt ist, die beste Lösung doch unbekannt ist. Aus diesem Grund gehören zu den Grundsätzen der agilen Entwicklung die frühzeitige und häufige Auslieferung von funktionsfähiger Software (MVPs) an reale Benutzer, und zwar innerhalb von ein paar Wochen bis höchstens ein paar Monaten. Die Einführung von Big Data in das eigene Unternehmen birgt somit einige Vorteile für die Benutzerfreundlichkeit digitaler Systeme, insbesondere die Sichtbarkeit der Benutzer und ihr Verhalten, da die Benutzerdaten stets im Zentrum der Analysen stehen sowie bessere Optimierungen, da Daten im Zeitverlauf besser zu verfolgen sind (Wilkes, 2012, S. 25–32; ZWF, 2020, S. 655).

Der Mensch als Nutzer erscheint aufgrund der zunehmenden Einfachheit von Datensammlung und -auswertung mehr und mehr als gläsern. Wir können und sollten uns also fragen, ob es ein Limit an „Gläsernheit" gibt. Wo die Reise hingeht, ist also sehr schwer einzuschätzen. Durch die nahezu vollumfängliche Digitalisierung aller Lebensbereiche verändert sie sich noch immer und wird sich auch stets das Bewusstsein der Gesellschaft gegenüber der Nutzung digitaler Produkte in Verbindung mit dem Internet und gegenüber datenschutzrechtlicher Angelegenheiten erweitern. Wirtschaft und Staat müssen sich demnach auch weiterhin immer neuen Anforderungen der Gesellschaft stellen, welche sich maßgeblich auf die Weltwirtschaft und -politik ausüben (Bachmann et al., 2014, S. 93).

Ihr Transfer in die Praxis:

* Sie sind in der Lage die Bedeutung von Menschen, Daten und das Zusammenspiel von Menschen und Daten richtig einzuschätzen.

Literatur

Alby, T. (2017). Analytics im eBranding. In E. Theobald (Hrsg.), *Brand Evolution* (S. 489–501). Springer.

Bachmann, R., Kemper, G., & Gerzer, T. (2014). *Big Data – Fluch oder Segen? Unternehmen im Spiegel gesellschaftlichen Wandels*. mitp.

Baron, P. (2013). *Big Data für IT-Entscheider: Riesige Datenmengen und moderne Technologien gewinnbringend nutzen*. Hanser.

Brücher, C. (2013). *Rethink big data*. mitp.

Davenport, T. H., Paulus, P., Davenport, T. H., et al. (2014). *@Big Data work: Chancen erkennen, Risiken verstehen*. Vahlen.

Mainzer, K. (2016). *Künstliche Intelligenz – Wann übernehmen die Maschinen?* Springer.

Miebach, B. (2020). *Digitale Transformation von Wirtschaft und Gesellschaft: Wie KI, Social Media und Big Data unsere Lebenswelt verändern*. Springer.

Personio GmbH. (2020). People Analytics: So setzen Sie Big Data wirksam im Personalwesen ein. Personio. https://www.personio.de/hr-lexikon/people-analytics/. Zugegriffen am 19.06.2022.

Purle, E., Steimer, S., & Hamel, M. (Hrsg.). (2019). *Toolbox für den B2B-Vertrieb. Ein systematischer Werkzeugkasten für Ihren Kundenerfolg*. Schäffer-Poeschel.

Scharna, A. (2016). Die Customer-Journey-Analyse in der Touristik – eine Methode zur Steigerung der Werbeeffizienz und Kundenorientierung. In O. Ratajczak & A. Jockwer (Hrsg.), *Kundenorientierung und Kundenservice in der Touristik* (S. 29–44). Springer.

Schneider, B. (2022). Ein Leitfaden für Usability & User Testing. https://www.abtasty.com/de/blog/usability-user-testing/. Zugegriffen am 06.06.2022.

UIG e.V. (o.J.). Was haben Usability und User Experience mit Künstlicher Intelligenz zu tun? Kompetenzzentrum Usability. https://www.kompetenzzentrum-usability.digital/kos/WNetz?art=News.show&id=952. Zugegriffen am 19.06.2022.

Wilkes, S. (2012). Some impacts of „big data" on usability practice. Communication Design Quarterly Review, 13(2), 25–32.

ZWF. (2020). Big Data, KI und der Mensch. *Zeitschrift für wirtschaftlichen Fabrikbetrieb, 115*(10), 655–655.

7

10 Top-Tipps für eine bessere Usability

Als Quintessenz erhalten Sie in Tab. 7.1 10 Top-Tipps für eine bessere Usability.

Tab. 7.1 10 Top-Tipps für eine bessere Usability

Nr.	Checkpunkt	Erläuterung
1	Ziele definieren!	Legen Sie fest, was Ihre Website, Ihr Shop oder Ihre Webanwendung erreichen soll. Ohne Ziele sind Sie in der Usability-Optimierung halt- und ziellos unterwegs!
2	Zielgruppe definieren!	Eine Grundregel aus dem Marketing gilt auch in der Usability, lernen Sie Ihren Nutzer bzw. Kunden so gut wie möglich kennen!
3	Messen und testen!	Ohne Statistiken und Nutzertests fliegen Sie blind. Sie sollten sich nicht nur auf die eigenen Vorstellungen und Intentionen verlassen, sondern Ihre Zielgruppe zu Wort kommen lassen!

(Fortsetzung)

© Der/die Autor(en), exklusiv lizenziert an Springer Fachmedien Wiesbaden GmbH, ein Teil von Springer Nature 2023
C. Peinert-Elger, A. Magerhans, *Quick Guide Usability*, Quick Guide,
https://doi.org/10.1007/978-3-658-41469-6_7

Tab. 7.1 (Fortsetzung)

Nr.	Checkpunkt	Erläuterung
4	Verbesserungen umsetzen!	Große Investitionen in Data Mining, Tests und Statistiken helfen überhaupt nichts, wenn Sie daraus keine Konsequenzen ziehen. Also seien Sie konsequent und setzen Sie Verbesserungen auch um!
5	Testen, testen und nochmals testen!	Auf die Umsetzung folgt immer der nächste Test. Testen Sie so viel wie möglich. Halten Sie Tests lieber einfach, z. B. mit simplen A-/B-Tests oder reiner Nutzerbeobachtung, als dass Sie nur alle drei Jahre testen!
6	Website-Struktur hinterfragen!	Der Nutzer muss die Website-Struktur nicht verstehen, er sollte sich intuitiv zurechtfinden. Gehen Sie nicht von Ihrer Logik aus, sondern von der Logik des Nutzers!
7	Navigation verbessern!	Die Navigation ist die Stelle, an der der Nutzer mit der Website-Struktur in Berührung kommt, widmen Sie ihr besondere Sorgfalt!
8	Nutzerschnittstellen wie Formulare und Prozesse optimieren!	Wann immer der Nutzer mit Ihnen interagieren soll, verdienen diese Schnittstellen besondere Aufmerksamkeit!
9	Inhalte auf den Nutzer zuschneiden!	Hören Sie auf Ihren Nutzer und liefern ihm die Inhalte, die er bei Tests oder in Befragungen als besonders wertvoll empfunden hat!
10	Suche optimieren!	Die Suche ist eine oft unterschätzte Nutzerschnittstelle, bei der auch große und gute Websites oft noch immenses Optimierungspotenzial haben!

Quelle: Wenz und Hauser 2013, S. 256–257

Literatur

Wenz, C., & Hauser, T. (2013). *Websites optimieren*. Addison-Wesley.

Literatur

Alby, T. (2017). Analytics im eBranding. In E. Theobald (Hrsg.), *Brand Evolution* (S. 489–501). Springer.

Arend, J., & Zimmermann, V. (2009). Innovationshemmnisse bei kleinen und mittleren Unternehmen. *KfW-Reserach Mittelstands- und Strukturpolitik*, (43), 57–95. https://www.kfw.de/Download-Center/Konzernthemen/Research/PDF-Dokumente-KfW-Beitr%C3%A4ge-zur-Mittelstands-und-Strukturpolitik/KfW_VW-Beitrag_Nr_043_Langfassung.pdf. Zugegriffen am 22.08.2020.

Aßmann, S., & Röbbeln, S. (2013). *Social Media für Unternehmen. Das Praxisbuch für KMU*. Galileo Computing.

Astor, M., Dorn, F., Gerres, S., Glöckner, U., Hühnermund, P., Rammer, C., Riesenberg, D., & Schindler, E. (2013). *Untersuchung von Innovationshemmnissen in Unternehmen – insbesondere KMU – bei der Umsetzung von Forschungs- und Entwicklungsergebnissen in vermarktungsfähige Produkte und mögliche Ansatzpunkte zu deren Überwindung*. Zentrum für Europäische Wirtschaftsforschung ZEW.

Bachmann, R., Kemper, G., & Gerzer, T. (2014). *Big Data – Fluch oder Segen? Unternehmen im Spiegel gesellschaftlichen Wandels*. mitp.

© Der/die Herausgeber bzw. der/die Autor(en), exklusiv lizenziert an Springer Fachmedien Wiesbaden GmbH, ein Teil von Springer Nature 2023
C. Peinert-Elger, A. Magerhans, *Quick Guide Usability*, Quick Guide,
https://doi.org/10.1007/978-3-658-41469-6

Bailom, F., Tschermernjak, D., Matzler, K., & Hinterhuber, H. H. (1998). Durch strikte Kundennähe die Abnehmer begeistern. *Harvard Business manager, 20*(1), 47–56.

Balzert, H., Klug, U., & Pampuch, A. (2009). *Webdesign & Web-Usability. Basiswissen für Web-Entwickler* (2. Aufl.). W3L.

Baron, P. (2013). *Big Data für IT-Entscheider: Riesige Datenmengen und moderne Technologien gewinnbringend nutzen.* Hanser.

Bauer, M. (2000). *Kundenzufriedenheit in industriellen Geschäftsbeziehungen. Kritische Ereignisse, nichtlineare Zufriedenheitsbildung und Zufriedenheitsdynamik.* Deutscher Universitäts-Verlag.

Bauer, R. (2016). Der Flop als Forschungsgegenstand. *Physik in unserer Zeit, 47*(3), 123–129.

Berger, C., Blauth, R., & Boger, D. (1993). Kano's Methods for Understanding Customer Defined Quality. *Centre for Quality Management Journal, 3–35,* zitiert nach Raab, G. und Lorbacher, N. (2002): *Customer Relationship Management. Aufbau dauerhafter und profitabler Kundenbeziehungen.* Sauer.

Bischof, A., Bischof, K., Edmüller, A., & Wilhelm, T. (2012). *Meetings planen und moderieren.* Haufe.

Borsutzky, S. (2002). Web Usability – eine Einführung. Hrsg. v. interactive Tools GmbH. https://www.scoreberlin.de/usability-artikel/web-usability/. Zugegriffen am 24.08.2020.

Breiter, I. (2012). *Markensterben. Ursachen und auslösende Akteure der Markenwertvernichtung.* Zugl.: Bamberg, Univ., Diplomarbeit. Gabler Research.

Broschart, S. (2010). *Suchmaschinenoptimierung & Usability. Website-Ranking und Nutzerfreundlichkeit verbessern.* Franzis.

Brosius, H.-B., Haas, A., & Unkel, J. (2022). *Methoden der empirischen Kommunikationsforschung. Eine Einführung* (8. Aufl.). Springer VS.

Brücher, C. (2013). *Rethink big data.* mitp.

Bruhn, M., & Siems, F. (2004). Kundenzufriedenheitsmessung. In D. K. Tscheulin & B. Helmig (Hrsg.), *Gabler Lexikon Marktforschung A-Z* (S. 302–304). Gabler.

Büchin, F. (2004). Benchmarking. In D. K. Tscheulin & B. Helmig (Hrsg.), *Gabler Lexikon Marktforschung A-Z* (S. 61). Gabler.

Bührer, D. (2007). *Toolbox Business-Kommunikation. Handwerkszeug für eine effizientere Kommunikation.* Gabal.

Cooper, R. G. (2010). *Top oder Flop in der Produktentwicklung. Erfolgsstrategien: von der Idee zum Launch* (2. Aufl.). WILEY-VCH.

Cooper, A., Reimann, R., & Cronin, D. (2010). *About Face. Interface und Interaction Design.* mitp.

DATech. (2009). Leitfaden Usability, Frankfurt am Main: Deutsche Akkreditierungs-stelle Technik in der TGA. https://www.usability-ux.fit.fraunhofer.de/content/dam/usability/de/documents/DATech-Leitfaden-Usability.pdf. Zugegriffen am 24.03.2022.

Davenport, T. H., Paulus, P., Davenport, T. H., et al. (2014). *@Big Data work: Chancen erkennen, Risiken verstehen*. Vahlen.

Eberhard-Yom, M. (2010). *Usability als Erfolgsfaktor. Grundregeln, User Centered Design, Umsetzung*. Cornelsen.

Edmüller, A., & Wilhelm, T. (2012). *Moderation* (5. Aufl.). Haufe.

Erlhofer, S. (2016). *Suchmaschinen-Optimierung. Das umfassende Handbuch* (8. Aufl.). Rheinwerk.

Fantapié Altobelli, C. (2017). *Marktforschung. Methoden, Anwendungen, Praxis-beispiele* (3. Aufl.). UVK Verlagsgesellschaft/UVK/Lucius.

Frauenhofer. (2020). Persona „Paula". https://www.iese.fraunhofer.de/blog/pfaff-hack-2020-teil2/fraunhofer-iese-persona-paula/. Zugegriffen am 05.07.2022.

Geis, T., & Tesch, G. (2019). *Basiswissen Usability und User Experience. Systema-tisch und strukturiert vom Nutzungskontext zum gebrauchstauglichen Produkt. Aus- und Weiterbildung zum UXQB® Certified Professional for Usability and User Experience (CPUX) – Foundation Level (CPUX-F)*. dpunkt.

Georg, S., & Kitzinger, K. (o.J.). *Basiswissen Benchmarking*. Customized Budi-ness Service.

Grabs, A., & Bannour, K.-P. (2012). *Follow Me! Erfolgreiches Social Media Mar-keting mit Facebook, Twitter und Co* (2. Aufl.). Galileo Computing.

Grund, M. (2004). Test-Effekt. In D. K. Tscheulin & B. Helmig (Hrsg.), *Gabler Lexikon Marktforschung A-Z* (S. 498). Gabler.

Gürtler, J., & Meyer, J. (2016). *30 Minuten Design Thinking* (4. Aufl.). Gabal.

Gutjahr, G. (2019). *Markenpsychologie. Wie Marken wirken – Was Marken stark macht* (4. Aufl.). Springer.

Haller, P. (2018). Herausforderungen an die Markenführung. In M. Bruhn & M. Kirchgeorg (Hrsg.), *Marketing Weiterdenken* (S. 285–300). Springer.

Hassenzahl, M. (2003). Fokusgruppen. In S. Heinsen & P. Vogt (Hrsg.), *Usabi-lity praktisch umsetzen. Handbuch für Software, Web, Mobile Devices und an-dere interaktive Produkte* (S. 137–152). Hanser.

Hug, T., & Poscheschnik, G. (2020). *Empirisch forschen* (3. Aufl.). UVK.

Ippen, J. (2016). *Web Fatale. Wie Du Webseiten gestaltest, denen niemand wider-stehen kann*. Rheinwerk.

Jacobsen, J. (2004). *Website-Konzeption. Erfolgreich Web- und Mutlimedia-Anwen-dungen entwickeln* (2. Aufl.). Addison-Wesley.

Jacobsen, J., & Meyer, L. (2022). *Usability und UX. Was alle wissen sollten, die Websites und Apps entwickeln* (3. Aufl.). Rheinwerk.

Janda, V. (2019). Usability ist keine Eigenschaft von Technik. In C. Schubert & I. Schulz-Schaeffer (Hrsg.), *Berliner Schlüssel zur Techniksoziologie* (Bd. 3, S. 347–374). Springer.

Jendryschik, M. (2020). UX-Reifegradmodelle – UX in Organisationen verankern und dauerhaft managen. https://jendryschik.de/weblog/2020/06/28/ux-reifegradmodelle-ux-in-organisationen-verankern-und-dauerhaft-managen. Zugegriffen am 25.06.2022.

Jotz, M. (2016). Eye Tracking. Mit dem richtigen Einsatz zum Erfolg, Forschungsbeitrag der eResult GmbH. https://www.eresult.de/ux-wissen/forschungsbeitraege/einzelansicht/news/eyetracking-ein-ueberblick/. Zugegriffen am 12.06.2022.

Kano, N., Seraku, N., Takahashi, F., & Tsuji, S. (1996). Attractive quality and must-be quality. In *The best on quality. Targets, improvements, systems* (International Academy for Quality book series, Bd. 7, S. 165–186). ASQC Quality Press.

Kaps, K., Pfeil, S., Sauer, T., & Stoetzer, M.-W. (2010). Strategische Ausrichtung und Innovationstätigkeit von KMU im Raum Jena. Jenaer Beiträge zur Wirtschaftsforschung. Ernst-Abbe-Fachhochschule, Fachbereich Betriebswirtschaft 2010, 3, Jena.

Kempe, N. (2015). Usability- und UX-Agenturen – wie man sie findet und effektiv einsetzt. https://www.produktbezogen.de/usability-agenturen-finden-und-effektiv-einsetzen. Zugegriffen am 12.06.2022.

Kerguenne, A., Schaefer, H., & Taherivand, A. (2017). *Design Thinking. Die agile Innovations-Strategie*. Haufe.

Keßler, E., Rabsch, S., & Mandic, M. (2018). *Erfolgreiche Websites: SEO, SEM, Online-Marketing, Kundenbindung, Usability* (4. Aufl.). Rheinwerk.

Kollewe, T., & Keukert, M. (2014). *Praxiswissen e-Commerce. Das Handbuch für den erfolgreichen Online-Shop*. O'Reilly.

Krengel, M. (2013). Kategorisierungseffekte. Eine verhaltenswissenschaftliche Analyse der Wirkung von Sortimentskategorisierungen auf den Auswahlprozess für komplexe Gebrauchsgüter. Zugl.: Wuppertal, Univ., Diss. Springer Gabler (Forschungsgruppe Konsum und Verhalten).

Kreutzer, R., & Land, K.-H. (2017). *Digitale Markenführung. Digital Branding im Zeitalter des digitalen Darwinismus. Das Think!Book*. Springer Gabler.

Krug, S. (2006). *Don´t make me think! Web Usability Das intuitive Web*. mitp.

Langenfeld, K. (2019). *Design Thinking für Anfänger. Innovation als Faktor für unternehmerischen Erfolg*. Langenfeld.

Lombardi, V. (2013). *Why we fail. Learning from experience design failures.* Rosenfeld Media.

Lorenzen-Schmidt, O. (2003). Testpersonen rekrutieren. In S. Heinsen & P. Vogt (Hrsg.), *Usability praktisch umsetzen. Handbuch für Software, web, Mobile Devices und andere interaktive Produkte* (S. 187–203). Hanser.

Ludewig, E. (2020). *Usability und UX für dummies.* Wiley-VCH.

Mainzer, K. (2016). *Künstliche Intelligenz – Wann übernehmen die Maschinen?* Springer.

Manhartsberger, M., & Musil, S. (2001). *Web Usability. Das Prinzip des Vertrauens.* Galileo Press.

Meckel, A. (o.J.). Design. Gabler Wirtschaftslexikon. https://wirtschaftslexikon. gabler.de/definition/design-31354. Zugegriffen am 04.11.2020.

Meil, Chr. (o.J.). Praktische Website Usability Checklist mit 25 Punkten. https://www.optimeil.de/de/blog/posts/usability-checkliste-25.php. Zugegriffen am 10.06.2022.

Meyer, S. (2017). Die 6 Stufen der UX-Reifegrad Skala – Wie UX-fit ist dein Unternehmen? https://www.testingtime.com/blog/6-stufen-ux-reifegrad-skala/. Zugegriffen am 14.06.2022.

Miebach, B. (2020). *Digitale Transformation von Wirtschaft und Gesellschaft: Wie KI, Social Media und Big Data unsere Lebenswelt verändern.* Springer.

Moog, R. (2004). Flop-Raten. In D. K. Tscheulin & B. Helmig (Hrsg.), *Gabler Lexikon Marktforschung A-Z* (S. 185–186). Gabler.

Müller, T., & Schroiff, H.-W. (2013). *Warum Produkte floppen. Die 10 Todsünden des Marketings.* Haufe.

Nielsen, J. (1994). Enhancing the explanatory power of usability heuristics. In J. Nielsen & R. L. Mack (Hrsg.), *Usability Inspection Methods.* Wiley. Zitiert nach: Thurnher, B. (2007). *Usability bei Web-Applikationen. Eine Empfehlung für anwenderfreundliche Prozessbeschreibungen* (S. 33–36). VDM.

o. V (2001a). Tagebuchverfahren. In H. Diller (Hrsg.), *Vahlens Großes Marketing Lexikon* (2. Aufl., S. 1645). C. H. Beck/Vahlen.

o. V (2001b). Usability-Test. In H. Diller (Hrsg.), *Vahlens Großes Marketing Lexikon* (2. Aufl., S. 1714). C. H. Beck/Vahlen.

o. V. (2004). Ziel. In *Gabler Wirtschaftslexikon*, S–Z (16. Aufl., S. 3432). Gabler.

o. V. (2020). Reifegrad Wissensmanagement. https://www.wissensmanagement. gv.at/Reifegradmodell_Wissensmanagement. Zugegriffen am 14.06.2022.

o. V. (2022a). Use Case. https://t2informatik.de/wissen-kompakt/use-case/. Zugegriffen am 26.06.2022.

o. V. (2022b). Use Case Whitepaper. Alles Wichtige über Use Cases auf einen Blick: Use Case Diagramme, Use Case 2.0, Misuse Case. https://t2informatik.de/wissen-kompakt/use-case/. Zugegriffen am 26.06.2022.

Pein, V. (2015). *Der Social Media Manager. Handbuch für Ausbildung und Beruf* (2. Aufl.). Bonn.

Pepels, W. (2011). *Lexikon Marktforschung* (2. Aufl.). Symposion.

Personio GmbH. (2020). People Analytics: So setzen Sie Big Data wirksam im Personalwesen ein. Personio. https://www.personio.de/hr-lexikon/people-analytics/. Zugegriffen am 19.06.2022.

Pohlmann, M. (2022). *Einführung in die qualitative Sozialforschung*. UVK.

Purle, E., Steimer, S., & Hamel, M. (Hrsg.). (2019). *Toolbox für den B2B-Vertrieb. Ein systematischer Werkzeugkasten für Ihren Kundenerfolg*. Schäffer-Poeschel.

Puscher, F. (2001). *Das Usability Prinzip. Wege zur benutzerfreundlichen Website*. dpunkt.

Puscher, F. (2009). *Leitfaden Web-Usability. Strategien, Werkzeuge und Tipps für mehr Benutzerfreundlichkeit*. dpunkt.

Rammelt, R., Cechini, J., & Rammelt, R. (2020). *Erfolgreiche Websites für dummies*. Wiley-VCH.

Reinhardt, W., Rügenhagen, E., & Rummel, B. (2008). System usability Scale – jetzt auch auf Deutsch. https://experience.sap.com/skillup/system-usability-scale-jetzt-auch-auf-deutsch/. Zugegriffen am 08.02.2019. Zitiert nach: Geis, T., & Tesch, G. (2019). Basiswissen Usability und User Experience. Systematisch und strukturiert vom Nutzungskontext zum gebrauchstauglichen Produkt. Aus- und Weiterbildung zum UXQB® Certified Professional for Usability and User Experience (CPUX) – Foundation Level (CPUX-F). dpunkt.

Richtel, M. (1998). Making Web Sites More ‚Usable‘ IS Former Sun Engineer's Goal. Hrsg. v. New York Times. https://archive.nytimes.com/www.nytimes.com/library/tech/98/07/cyber/articles/13usability.html. Zugegriffen am 06.06.2022.

Richter, M., & Flückiger, M. (2007). *Usability Engineering kompakt. Benutzbare Software gezielt entwickeln*. Spektrum Akademischer.

Richter, M., & Flückiger, M. (2016). *Usability und UX kompakt. Produkte für Menschen* (4. Aufl.). Springer Vieweg.

Rockstroh, J., & Zahn, A. (2019). Der Nutzer meines Kunden ist mein Kunde – UX Design als Service Design und warum es nicht reicht, den eigenen Kunden glücklich zu machen. In H. Fischer & S. Hess (Hrsg.), *Mensch und Computer 2019 – Usability Professionals* (S. 84–89). Gesellschaft für Informatik e.V./German UPA e.V.

Roland Berger Market Research (2004). Gruppendiskussion. In D. K. Tscheulin & B. Helmig (Hrsg.), *Gabler Lexikon Marktforschung A-Z* (S. 218–219). Gabler.

Sabisch, H., & Tintelnot, C. (1997). *Integriertes Benchmarking für Produkte und Produktentwicklungsprozesse.* Springer. Zitiert nach: Georg, S., & Kitzinger, K. (o.J.). Basiswissen Benchmarking, Erfurt: Customized Budiness Service.

Sarodnick, F., & Brau, H. (2011). *Methoden der Usability Evaluation. Wissenschaftliche Grundlagen und praktische Anwendung* (2. Aufl.). Huber.

Sarodnick, F., & Brau, H. (2015). *Methoden der Usability Evaluation. Wissenschaftliche Grundlagen und praktische Anwendung* (3. Aufl.). Hogrefe.

Sauerwein, E. (2000). *Das Kano-Modell der Kundenzufriedenheit. Reliabilität und Validität einer Methode zur Klassifizierung von Produkteigenschaften.* Deutscher Universitäts-Verlag.

Schallmo, D. R. A. (2017). *Design Thinking erfolgreich anwenden. So entwickeln Sie in 7 Phasen kundenorientierte Produkte und Dienstleistungen.* Springer. Zitiert nach: Schallmo, D. R. A. (2018). Jetzt Design Thinking anwenden. In *7 Schritten zu kundenorientierten Produkten und Dienstleistungen.* Springer Gabler.

Schallmo, D. R. A. (2018). Jetzt Design Thinking anwenden. In *7 Schritten zu kundenorientierten Produkten und Dienstleistungen.* Springer Gabler.

Scharna, A. (2016). Die Customer-Journey-Analyse in der Touristik – eine Methode zur Steigerung der Werbeeffizienz und Kundenorientierung. In O. Ratajczak & A. Jockwer (Hrsg.), *Kundenorientierung und Kundenservice in der Touristik* (S. 29–44). Springer.

Schawel, C., & Billing, F. (2005). *Top 100 Management Tools. Das wichtigste Buch eines Managers.* Gabler.

Schneider, B. (2022). Ein Leitfaden für Usability & User Testing. https://www.abtasty.com/de/blog/usability-user-testing/. Zugegriffen am 06.06.2022.

Schröder, S. (2004). Beobachtung. In D. K. Tscheulin & B. Helmig (Hrsg.), *Gabler Lexikon Marktforschung A-Z* (S. 62–63). Gabler.

Semler, J., & Tschierschke, K. (2019). *App-Design. Das umfassende Handbuch* (2. Aufl.). Rheinwerk.

Skowronek, C. (2016). *Erfolgreiche Produktinnovation. Handlungsempfehlungen zur Reduktion von Flop-Raten.* Diplomica.

Sperling, J. B., & Wasserveld-Reinhold, J. (2011). *Moderation. Zusammenarbeit in Besprechungen und Projektmeetings fördern.* Haufe.

Statista GmbH. (2022). Ranking der größten Internetagenturen in Deutschland im Jahr 2020. https://de.statista.com/statistik/daten/studie/183783/umfrage/die-groessten-internetagenturen-in-deutschland/. Zugegriffen am 24.03.2022.

Stoessel, S. (2002). Methoden des Testings im Usability Engineering. In M. Beier & V. von Gizycki (Hrsg.), *Usability. Nutzerfreundliches Web-Design* (S. 75–92). Springer.

Szczepanska, A., Matuszewska, K., & Moryl, B. (2022). Wie Sie die User Experience mit Web Analytics verbessern. https://piwikpro.de/blog/user-experience-mit-web-analytics-verbessern/. Zugegriffen am 12.06.2022.

Thönnessen, F. (2020). Start-ups und Unternehmen zu Zeiten der digitalen Disruption. In S. G. Grivas (Hrsg.), *Digital Business Development. Die Auswirkungen der Digitalisierung auf Geschäftsmodelle und Märkte* (S. 27–52). Springer.

Thurnher, B. (2007). *Usability bei Web-Applikationen. Eine Empfehlung für anwenderfreundliche Prozessbeschreibungen*. VDM.

UIG e.V. (o.J.). Was haben Usability und User Experience mit Künstlicher Intelligenz zu tun? Kompetenzzentrum Usability. https://www.kompetenzzentrum-usability.digital/kos/WNetz?art=News.show&id=952. Zugegriffen am 19.06.2022.

User Effect. (o.J.). www.usereffect.com, deutsche Übersetzung von Christopher Meil, www.optimeil.de, zitiert nach Meil (o.J., o. S.), Original-Checkliste von Dr. Peter Meyers.

UXQB e.V. (Hrsg.). (2018, März 23). CPUX-F Curriculum und Glossar. Version 3.15 DE.

Weichert, S., Quint, G., & Bartel, T. (2018). *Quick Guide UX Management*. Springer.

Weinberg, T. (2012). *Social Media Marketing. Strategien für Twitter, Facebook & Co.* O'Reilly.

Weis, H. C., & Steinmetz, P. (2008). *Marktforschung* (7. Aufl.). Kiehl.

Wenz, C., & Hauser, T. (2013). *Websites optimieren*. Addison-Wesley.

Wilkes, S. (2012). Some impacts of „big data" on usability practice. Communication Design Quarterly Review, 13(2), 25–32.

ZWF. (2020). Big Data, KI und der Mensch. *Zeitschrift für wirtschaftlichen Fabrikbetrieb, 115*(10), 655–655.

The manufacturer's authorised representative in the EU is Springer Nature Customer Service Centre GmbH, Europaplatz 3, 69115 Heidelberg, Germany. If you have any concerns regarding our products, please contact ProductSafety@springernature.com

Printed and bound by CPI Group (UK) Ltd, Croydon, CR0 4YY

28/04/2026

02098509-0002